3 siècles de pensée économique

©2022. EDICO
Édition : JDH Éditions
77600 Bussy-Saint-Georges. France

Imprimé par BoD – Books on Demand, Norderstedt, Allemagne

Créations et illustrations originales de Yoann Laurent-Rouault
(SAS CAUSA LUDENDI : *causaludendiproduction@outlook.com*)

Réalisation et conception couverture : Cynthia Skorupa

ISBN : 978-2-38127-257-3
Dépôt légal : avril 2022

Nicolas Piluso

3 siècles de pensée économique

Une histoire comparative et illustrée

JDH Éditions
Les Pros de l'Éco

Éditeur je suis, économiste je reste.

Lorsque j'étais étudiant sur les bancs de Dauphine puis de la Sorbonne, lorsque j'assistais aux cours de grands professeurs comme Jean Parent, adepte de Schumpeter, ou de Pascal Salin, adepte de l'école autrichienne, ou encore d'autres, adeptes de Keynes pour les uns, de Marx pour les autres, il était difficile de m'y retrouver... Car les manuels d'Histoire de la Pensée économique, ces livres incontournables pour tout étudiant qui a besoin de situer la pensée de ses différents professeurs, et donc leur raisonnement, leur appréhension de l'économie... étaient trop linéaires. Oui, c'est le bon mot : linéaires. Comme des linéaires de boutiques. On y trouvait les théories, rangées de fort belle manière, les unes après les autres. La comparaison faisait défaut, ou bien elle se résumait en un tableau, en un schéma...

Un quart de siècle plus tard, en tant qu'éditeur, quelle ne fut pas ma surprise lorsque j'ai reçu le manuscrit de Nicolas Piluso, Maître de Conférences HDR, qui m'a présenté une histoire de la pensée économique comparative. On part d'une théorie, d'une époque, d'un contexte, et l'on compare avec une autre, pour revenir à la première et se questionner sur ses ramifications. Cela rend le texte vivant, et permet, du coup, de bien percevoir les influences des uns et des autres, les contextes dans lesquels les théories ont été élaborées. Je pense donc que ce nouveau manuel d'HPE, comme on dit à l'Université, va marquer son époque. Et, pour bien faire, j'ai tenu, avec l'accord de l'auteur, à faire illustrer le texte, en faisant appel à un Maître diplômé des Beaux-Arts de Rennes. Des portraits uniques, pris dans une ambiance, dans un jeu de couleurs, qui représentent au mieux la pensée de ces hommes et permettront au lecteur de visualiser un contexte, un visage, une expression... afin de mieux s'en imprégner. Keynes n'était-il pas l'homme qui murmurait aux oreilles du Bulldog ?

Voici donc une histoire comparative et illustrée de 3 siècles de pensée économique ! À mettre entre les mains de tous les étudiants en économie, et bien plus... entre les mains de tous les Français voulant découvrir et comprendre l'économie !

Jean-David Haddad
Professeur Agrégé de Sciences Économiques et Sociales
Éditeur

*Je remercie Éric Lasserre, André Segura
et Jean Cartelier à qui je dois tant.
Je leur exprime toute ma gratitude.*

Introduction

La découverte de l'histoire de la pensée économique permet de féconder la pensée contemporaine. Elle est un moyen d'intervenir dans le débat théorique dont l'intensité a pu traduire le désarroi des économistes face à une conjoncture difficilement maîtrisable.

Ainsi, la période qui suivit la crise de 1929 vit des économistes désemparés face au chômage de masse. Cette chronicité du chômage amena Keynes à penser que celui-ci est un des deux vices marquants du capitalisme. Ce désarroi n'émane pas d'un vide théorique, mais au contraire d'un débat, voire d'un affrontement. Lorsque la conjoncture remet en cause le courant dominant, le détour par l'histoire permet de se ressourcer et de renouveler la théorie.

C'est aujourd'hui le cas avec les thèses postkeynésiennes. Le courant théorique dominant d'après-guerre était le résultat d'une synthèse entre les approches néoclassiques et keynésiennes. Elle a été initiée par Hicks en 1937, poursuivie par Hansen en 1953 et consacrée avec Samuelson. Ce keynésianisme de la synthèse a inspiré les politiques économiques des principaux pays riches. Lorsque la conjoncture se retourna, c'est le keynésianisme de la synthèse et, plus fondamentalement, la théorie keynésienne qui furent remis en cause. Ce fut l'occasion pour les néoclassiques, et en particulier pour le monétarisme de Milton Friedman, de sortir de leur traversée du désert. Mais un autre courant théorique, le courant postkeynésien, fait une claire différence entre le keynésianisme de la synthèse et la théorie de Keynes. Le premier serait une forme pervertie de la seconde. Ce retournement de conjoncture a nécessité, pour les postkeynésiens, un renouvellement théorique qui est passé par un retour aux sources : le message délivré par Keynes dans la *Théorie générale de l'emploi, de l'intérêt et de la monnaie*. Il ne s'agissait non pas de reproduire à l'identique les enseignements de Keynes, mais de porter un regard critique sur sa construction théorique afin d'en dégager l'aspect novateur et le débarrasser de ses influences néoclassiques.

Le second exemple que l'on peut prendre est le retour de Keynes vers la pensée malthusienne et même mercantiliste. Keynes renoue avec une approche remettant en cause la loi des débouchés de Jean-Baptiste Say et s'inspire de Malthus pour construire son principe de la demande effective. Mais plus fondamentalement, Keynes renoue avec une tradition monétaire qui avait été censurée par le courant Smith-Ricardo, qui a développé une conception réelle de la richesse. C'est en s'inspirant d'une conception de la richesse fondée sur la monnaie que Keynes a pu écrire que le concept premier de l'analyse économique est l'unité de compte monétaire.

Il est possible de fournir un troisième exemple de la fécondité de l'histoire de la pensée économique avec la théorie sraffaïenne des prix de production. Sraffa propose dans son ouvrage *Production de marchandises par des marchandises* (1960) une critique à la fois interne et externe de la théorie néoclassique des prix, considérés comme des indicateurs de rareté relative. Il construit une théorie des prix en relation avec la répartition des richesses qui prend racine dans les enseignements de Ricardo présentés dans l'*Essai sur l'influence d'un bas prix du blé sur les profits* (1815) et les *Principes de l'Économie Politique et de l'Impôt* (1817). Suite au modèle de Sraffa, certains économistes postkeynésiens ont tenté de réaliser une « synthèse post-classique » en combinant à l'analyse de Keynes des éléments de théorie sraffaïenne pour fournir une alternative solide au courant néoclassique.

Il faut tout de même souligner que malgré cette fécondité du détour par l'histoire de la pensée économique, cette contribution peut être ambigüe étant donné qu'une même théorie peut donner naissance à des courants théoriques inconciliables. C'est le cas de la théorie de Ricardo qui aurait donné naissance aux courants marxien, néoclassique et sraffaïen.

Ainsi, John Bates Clark a présenté en 1899 sa théorie de la répartition des richesses comme le résultat d'une généralisation de la théorie ricardienne de la rente foncière à l'ensemble des catégories de la répartition. Mais cette théorie néoclassique aboutit finalement à une remise en cause de la théorie ricardienne puisqu'elle développe une conception des prix étrangère à la théorie de la valeur-travail.

Du côté de Sraffa, celui-ci s'inspire des enseignements de Ricardo dans le cadre de sa théorie de la valeur. Ricardo montre que lorsque la structure des capitaux diffère d'une branche à l'autre, les prix relatifs ne dépendent plus des seules quantités de travail incorporées dans les marchandises, mais aussi de la répartition du produit entre salaire et profit. Ricardo n'en tient cependant pas compte au motif que l'impact quantitatif de la répartition sur les prix relatifs est faible. Sraffa va au contraire prendre cet écueil de la théorie ricardienne de la valeur pour point de départ. Il va développer une théorie des prix en lien avec la répartition dans laquelle la théorie ricardienne de la valeur-travail sera réduite à un cas spécial restrictif. Par ailleurs, la théorie des prix de Sraffa remet en cause de manière radicale la conception néoclassique des prix puisque dans cette dernière, les prix de production sont déterminés indépendamment de l'offre et de la demande.

Si l'on sort à présent de l'espace de l'Économie Politique pour entrer dans sa critique, certains commentateurs considèrent que Ricardo a aussi eu pour disciple Karl Marx. Schumpeter considère ainsi que Marx fait partie du groupe ricardien car, d'après lui, Marx accepte la théorie ricardienne de la valeur et en fait le fondement de son analyse économique. Or, Marx s'oppose à Sraffa en ce qu'il considère que la théorie de la valeur est nécessaire à la construction d'une théorie des prix.

Par conséquent, la théorie ricardienne peut être considérée comme une plaque tournante qui a donné naissance à trois courants de pensée dont les conclusions sont inconciliables.

Chapitre 1

Ricardo

La préface de l'ouvrage majeur de Ricardo, *Principes de l'Économie Politique et de l'Impôt*, laisse penser que l'auteur s'inscrit dans la tradition ouverte par Adam Smith et Thomas Robert Malthus. Il annonce en effet que l'objet central de son livre est l'étude de la distribution de la richesse entre la rente, les profits et les salaires. En fait, il n'en est rien : Smith et Malthus ont en effet abordé le problème de la répartition, mais en lien avec la question de l'origine et de l'accroissement des richesses. Or, Ricardo récuse la pertinence de cette question dans une lettre adressée à Malthus du 9 octobre 1820 : « L'Économie Politique est selon vous une enquête sur la nature et les causes de la richesse. J'estime au contraire qu'elle doit être définie comme une enquête au sujet de la distribution du produit de l'industrie entre les classes qui concourent à sa formation. On ne peut rapporter à aucune loi la quantité des richesses produites, mais on peut en assigner une assez satisfaisante à leur distribution. De plus en plus, je suis plus convaincu que la première étude est vaine et décevante et que la seconde constitue l'objet propre de la science. »
La raison de cette conception de l'économie politique est-elle liée à son adhésion à la loi de Say selon laquelle l'offre crée sa propre demande ? Ricardo affirme en effet que « M. Say a prouvé de la manière la plus satisfaisante qu'il n'y a point de capital, quelque considérable qu'il soit, qui ne puisse être employé dans un pays, parce que la demande des produits n'est bornée que par la production. Personne ne produit que dans l'intention

de consommer ou de vendre la chose produite, et on ne vend jamais que pour acheter quelque autre produit qui ne puisse être d'une utilité immédiate, ou contribuer à la production future [...]. Il ne saurait donc y avoir dans un pays de capital accumulé, quel qu'en soit le montant, qui ne puisse être employé productivement, jusqu'au moment où les salaires auront tellement haussé par l'effet du renchérissement des choses de nécessité, qu'il ne reste plus qu'une part très faible pour les profits du capital » (Ricardo, 1817, p. 254). En vertu de cette loi donc, le rythme d'accumulation du capital et donc le rythme d'accroissement des richesses est conditionné par les profits parce que les entreprises, dans la conception de Ricardo, ne sont pas confrontées à une contrainte de débouchés. La question pertinente est donc celle de l'évolution des profits, autrement dit celle de la répartition des richesses.

La question de la répartition est au centre des *Principes de l'Économie Politique et de l'Impôt* mais aussi de son ouvrage précédent, intitulé *Essai sur l'influence d'un bas prix du blé sur les profits* (1815). Dans les *Principes*, Ricardo souhaite généraliser les lois établies dans l'*Essai* par le biais de la construction d'une théorie de la valeur (paragraphe 1).

La détermination des lois qui gouvernent la répartition des richesses (paragraphes 2 et 3) lui permet d'établir que les conditions dans lesquelles le revenu des propriétaires terriens (la rente foncière) croît sont les mêmes que celles qui président à l'installation d'un état stationnaire dans une économie fermée aux échanges commerciaux avec l'extérieur. La théorie des avantages comparatifs lui permet d'étendre à l'ensemble des produits l'impératif de libre-échange comme source d'accroissement de la richesse des nations.

I – L'*Essai sur les profits* ou la nécessité d'une théorie de la valeur

Nous rapportons dans ce paragraphe le point de vue de Piero Sraffa selon lequel Ricardo ne fait référence à aucune théorie de la valeur dans l'*Essai*. Ce serait la volonté de Ricardo de généraliser les lois énoncées dans l'*Essai* qui l'aurait poussé à adopter une théorie de la valeur.

Ricardo finit par penser qu'une théorie de la valeur est nécessaire pour résoudre le problème posé par sa théorie de la rente exposée dans l'*Essai* en raison d'une critique que lui adresse Malthus le 5 août 1814. Dans l'*Essai*, en effet, Ricardo développe une théorie de la rente foncière sur la base de l'hypothèse d'une homogénéité entre les biens produits et le capital nécessaire à cette production dans la branche agricole (cela revient à soutenir par exemple que du blé est produit avec du blé…). Malthus soulève sur ce point un manque de réalisme. La prise en compte de cette critique implique, dans l'esprit de Ricardo, de formuler une théorie de la valeur.

Présentons la théorie ricardienne de la rente dans l'*Essai sur les profits*.

Grâce à des capitaux circulants, les capitalistes mettent en valeur des terres appartenant à des propriétaires terriens. Ces capitaux circulants servent à payer les salaires des travailleurs. La technique de production d'une marchandise [i] est connue et est définie par la quantité de marchandises [j] nécessaire pour sa production. On notera donc X_{ij} la quantité de marchandise [j] nécessaire à la production du bien [i] ; elle désigne donc sa technique de production.

Supposons que le salaire versé aux travailleurs agricoles est payé en blé ; il est déterminé par la quantité de nourriture nécessaire à leur subsistance. Il est considéré comme fixe à court terme.

L'économie est composée de trois catégories de terres que l'on nommera [A], [B] et [C] qui sont classées par ordre de fertilité décroissante : moins la fertilité de la terre est importante, plus il faut de capital circulant pour obtenir la même quantité de bien agricole.

À la période 0, la satisfaction de la demande de blé nécessite seulement de mettre en culture la terre [A]. Pour obtenir la quantité de blé X^A_1 sur la terre [A], il est nécessaire d'avancer le capital circulant X^A_{11}. Il est alors possible de calculer le taux de profit réalisé par le capitaliste en exploitant la terre [A] :

$$(X^A_{11})(1+r^0) = X^A_1 \text{ d'où } r^0 = (X^A_1 - X^A_{11})/X^A_{11}$$

Avec r^0 le taux de profit en période 0.

Supposons qu'à la période 1, la demande de blé augmente. Il faut alors mettre en culture la terre [B] en plus de la terre [A] déjà cultivée. La mise en culture de cette seconde terre impose d'avance le capital circulant X^B_{11} qui est supérieur à X^A_{11} puisqu'elle est moins fertile. La quantité produite obtenue X^B_1, malgré un capital circulant plus important, sera identique à celle de la terre [A].

Le taux de profit, dès lors, est déterminé sur la terre [B] de la manière suivante :

$$(X^B_{11})(1+r^1)= X^B_1 \text{ d'où } r^1=(X^B_1- X^B_{11})/X^B_{11}$$

Comme le taux de profit a diminué en raison de la mise en culture d'une terre moins fertile, l'équation de la terre [A] est modifiée ; c'est désormais le taux de profit r^1, plus faible que r^0, qui s'applique :

$$(X^A_{11})(1+r^1)+L^A_1= X^A_1$$

L^A_1 représente la rente. Comme le taux de profit est désormais plus faible, le rétablissement de l'égalité au sein de l'équation de la terre [A] nécessite l'introduction de ce nouveau terme. La rente foncière apparaît sur la terre la plus fertile en raison de la mise en culture de la terre [B] qui a fait baisser le taux de profit.

Continuons le raisonnement et supposons que la demande augmente à la période 2, nécessitant la mise en culture de la terre [C] en plus des terres [A] et [B] déjà cultivées. Le taux de profit sera alors déterminé sur cette troisième terre qui est la moins fertile.

$$(X^C_{11})(1+r^2)= X^C_1 \text{ d'où } r^2=(X^C_1- X^C_{11})/X^C_{11}$$

Les équations relatives aux terres [A] et [B] deviennent alors respectivement :

$$(X^A_{11})(1+r^2)+L^A_2= X^A_1$$
$$(X^B_{11})(1+r^2)+L^B_2= X^B_1$$

Comme nous avons $r^2<r^1<r^0$, une rente apparaît à la période 2 (L^B_2) et celle qui existait sur la terre [A] augmente par rapport au niveau qui était connu à la période 1.

Hypothèse d'hétérogénéité et taux de profit

Imaginons que Ricardo réponde à l'objection de Malthus qui voit dans l'hypothèse d'homogénéité du capital et du produit une marque d'irréalisme en supposant que le capital avancé pour produire le blé est hétérogène, et donc que produit et capital sont hétérogènes :

$$(X^a_{11}+ X^a_{12})(1+r^1)= X^a_1$$
$$\text{d'où}$$
$$r^1=[X^A_1- (X^A_{11}+ X^A_{12})]/(X^A_{11}+ X^A_{12})$$

Or, l'addition d'éléments hétérogènes est impossible (il est impossible d'additionner du blé avec des pommes). Le taux de profit est alors indéterminé. Il n'est pas possible de prendre en compte l'objection de Malthus dans les limites de l'*Essai* puisque dans ce dernier, Ricardo raisonne en termes de quantités physiques.

II – La théorie de la valeur dans les *Principes*

On peut légitimement penser que c'est pour répondre à l'objection de Malthus que Ricardo a reformulé dans les *Principes* sa théorie de la rente dans le cadre d'une théorie de la valeur. La théorie de la valeur, en permettant la constitution d'un espace homogène de mesure, permet de penser l'hétérogénéité en termes physiques.

Sa théorie de la valeur est construite par étapes successives au cours d'un raisonnement qui va de la fiction vers la réalité.

Comme la théorie de la valeur a pour objet, *in fine*, la détermination des prix, il est important de souligner que Ricardo fait la distinction entre prix naturels et prix courants. Les prix courants, déterminés par le rapport de la demande à l'offre, peuvent temporairement dévier des prix naturels mais tendent vers ces derniers de manière constante. C'est la recherche du taux de profit maximum qui assure que les prix courants tendent vers les prix naturels. Si dans une branche [A], le prix courant s'élève au-dessus du prix naturel, les entreprises réalisent un sur-profit. Les entreprises de la branche [B] migrent alors vers la branche [A] tant que les perspectives de sur-profit existent. Cette migration fait augmenter l'offre de marchandises dans la branche [A], ce qui fait baisser le prix courant qui rejoint le niveau du prix naturel. L'équilibre ou l'égalité entre prix courants et prix naturels dans chaque branche est le signe que le taux de profit est uniforme dans toutes les branches de l'économie.

Par conséquent, le problème de la détermination des prix naturels a pour cadre d'analyse l'économie capitaliste. C'est bien dans ce cadre que Ricardo raisonne.

Dans une première étape de son raisonnement, Ricardo imagine une société dans l'enfance dans laquelle les agents économiques produisent à mains nues. La production ne requiert alors que du travail direct. La valeur d'échange entre deux marchandises dans une telle société imaginaire ne dépend que de la quantité comparative de travail direct qui a été employée pour leur production respective. Les interprètes de Ricardo parlent de théorie de la valeur-travail incorporée, parce que l'auteur fait dépendre la valeur de la quantité de travail que renferme chaque marchandise.

Soulignons toutefois que la valeur que Ricardo analyse est une valeur relative : si une marchandise renferme 100 heures de travail et qu'une seconde marchandise en renferme 200, son propos n'est pas de dire que la valeur de la première est de 100 et que la valeur de la seconde est de 200 ; il affirme seulement que le rapport d'échange entre les deux marchandises est de 1 contre 2.

Dans une seconde étape de raisonnement, Ricardo introduit l'idée que les marchandises peuvent être produites avec la combinaison du travail et d'outils. Cette complexification de l'analyse ne remet pas en cause son affirmation selon laquelle « la valeur échangeable des objets produits est proportionnée au travail employé à leur production » (Ricardo, 1817, p. 35). Cependant, le travail dont il est question est la somme du travail direct, celui qui est dépensé directement pour la production de la marchandise, et du travail indirect, à savoir celui qui est dépensé pour la fabrication des outils. Le rapport d'échange entre deux marchandises est donc déterminé par le rapport des additions du travail direct et du travail indirect.

Si Ricardo affirme que l'introduction des outils dans le raisonnement ne remet pas en cause sa thèse sur les déterminants de la valeur échangeable, c'est parce qu'il suppose que le rapport entre travail direct et indirect est le même dans toutes les branches de la production ; autrement dit, la structure du capital productif est identique, quel que soit le secteur de l'économie. Ainsi, le rapport d'échange de deux marchandises est indépendant de la manière dont sont répartis les salaires et les profits.

Dans une troisième étape, Ricardo remet en cause l'hypothèse d'identité de structure du capital avancé : « À tous les âges de la société, les proportions dans lesquelles peuvent être mélangés les capitaux qui paient le travail, et ceux engagés sous forme d'outils, de machines, de bâtiments, varient à l'infini. » (Ricardo, 1817, p. 40.)

Si les proportions dans lesquelles sont combinés les travaux direct et indirect varient selon les branches, une nouvelle cause peut modifier le rapport d'échange entre les marchandises, indépendamment des quantités de travail : c'est la variation du niveau des salaires. Les valeurs relatives sont dépendantes de la répartition des richesses et non plus seulement des quantités de travail. Cependant, si ce résultat est de nature à remettre totalement en cause son analyse, Ricardo estime que l'impact quantitatif de la répartition sur les valeurs échangeables est faible et que, par conséquent, il n'en tiendra pas compte. Il conclut ainsi que « les grandes oscillations qu'éprouve la valeur relative des marchandises » est le résultat « de la quantité de travail plus ou moins grande nécessaire à leur production » (Ricardo, 1817, p. 45).

Dans une quatrième et dernière étape, Ricardo lève une dernière hypothèse irréaliste, celle selon laquelle une même marchandise ne peut être produite qu'avec une seule et unique technique de production. Or, s'il existe une pluralité de techniques pour produire une même marchandise dans l'économie, se pose la question de savoir laquelle détermine la valeur échangeable. À cette question, Ricardo répond que « la valeur dépend de la plus grande quantité de travail industriel que sont forcés d'employer ceux qui n'ont point de [...] facilités, et ceux qui, pour produire, ont à lutter contre les circonstances les plus défavorables, celles sous l'influence desquelles il est plus difficile d'obtenir la quantité nécessaire de produits » (Ricardo, p.62). La valeur échangeable d'une marchandise dépend donc de la quantité de travail la plus importante de l'économie, dans le cadre des conditions de travail les plus défavorables.

Ricardo passe alors de la problématique de la valeur à celle des prix.
Le chapitre 4 des *Principes* est entièrement consacré au problème de la distinction entre prix naturels et prix courants. Ricardo affirme que « nous avons regardé le travail comme fondement de la valeur des choses, et la quantité de travail nécessaire à leur production, comme la règle qui détermine les quantités respectives des marchandises qu'on doit donner en échange pour d'autres ; mais nous n'avons pas prétendu nier qu'il n'y eut dans le prix courant des marchandises quelque déviation accidentelle et passagère de ce prix primitif et naturel » (Ricardo, 1817, p.77). Pour illustrer son raisonnement, Ricardo part d'une situation où les prix naturels sont égaux aux prix courants et où subitement, suite à un changement dans les modes, la demande de soie augmente au détriment de la demande de laine qui diminue. L'augmentation de la demande de soie fait augmenter le prix courant qui dépasse alors le prix naturel des soies. Inversement, la baisse de la demande de laine fait baisser le prix courant de la laine qui descend sous son niveau naturel. Ces

mouvements de prix courants entraînent une modification des taux de profit : ce dernier augmente dans la branche des soies et diminue dans la branche de la laine. La rationalité capitaliste implique un déplacement des capitaux de la laine vers la soie, ce qui ne manque pas de faire augmenter le prix courant de la laine (raréfaction de l'offre de laine) et diminuer le prix courant de la soie (augmentation de l'abondance d'offre de soie). Les prix courants s'alignent donc de nouveau sur les prix naturels : c'est la rationalité capitaliste qui assure un tel alignement à long terme.

Remarquons que dans le raisonnement de Ricardo, l'égalité des prix naturels et des prix courants assure que le taux de profit est uniforme dans toute l'économie. C'est une autre manière d'affirmer que la répartition des richesses entre salaires et profits n'affecte pas le taux d'échange entre marchandises. Ricardo conserve implicitement l'hypothèse selon laquelle la structure des capitaux (en termes de travail direct et de travail indirect) est la même dans toutes les branches.

III – La théorie ricardienne de la rente

Le lecteur des *Principes* a l'impression de prime abord que Ricardo expose deux versions de sa théorie de la rente foncière.

Il énonce la première version de la manière suivante :

« Supposons que des terrains n°1, 2 et 3 rendent moyennant l'emploi d'un même capital un produit net de 100, 90 et 80 quarters de blé. Dans un pays neuf, où il y a quantité de terrains fertiles par rapport à la population, et où par conséquent il suffit de cultiver le numéro 1, tout le produit net restera au cultivateur, et sera le profit du capital qu'il aura avancé. Aussitôt que l'augmentation de la population sera devenue telle que l'on soit obligé de cultiver le numéro 2, qui ne rend que 90 quarters, les salaires des laboureurs étant déduits, la rente commencera pour la terre n°1 ; car il faut, ou qu'il ait deux taux de profits du capital agricole, ou que l'on enlève 10 quarters de blé, ou leur équivalent, du produit n°1, pour les consacrer à un autre emploi. Ces dix quarters constitueront toujours la rente, puisque le cultivateur du n°2 obtiendrait le même résultat avec son capital, soit qu'il cultivât le n°1, en payant quarters de blé de rente, soit qu'il continuât à cultiver le numéro 2 sans payer de loyer. » (Ricardo, 1817, p.60.)

La seconde version est la suivante :

« Il arrive souvent qu'avant de défricher les terrains de qualité inférieure, on peut employer les capitaux d'une manière plus productive dans les terres déjà cultivées » dans la mesure où une quantité supplémentaire de capital appliqué à la terre n°1 donne un produit supérieur à son application sur la terre n°2. « Dans ce cas, le capital sera employé de préférence sur le vieux terrain, et constituera également une rente, la rente étant toujours la différence entre les produits obtenus par l'emploi de deux quantités égales de capital et de travail. » (Ricardo, 1817, p. 61.) Une rente se forme car il ne peut y avoir deux taux de profit différents, taux de profit déterminé par la productivité de la dernière dose de capital employée ; elle est fonction de la quantité de capital utilisée.

Dans la proposition 1, la rente apparaît car la mise en culture d'une terre moins fertile fait décroître le rendement et donc la quantité de blé obtenue. Dans la proposition 2, une surface plus grande d'une même terre est mise en culture grâce à l'emploi d'une dose de capital supplémentaire. La décroissance de la productivité du capital est au fondement de l'apparition de la rente foncière.

On constate donc en apparence un fondement de la rente différent d'une version à l'autre : dans la première, c'est l'inégale fertilité des terres, qui renvoie non pas à la quantité mais à la qualité des terres employées, qui explique l'apparition de la rente, alors que dans la seconde version, c'est l'augmentation de la quantité de capital utilisée qui fait décroître le rendement de la terre dont la qualité reste ici homogène. Si le lien entre productivité et quantité de capital employé est totalement descriptif dans la version 1, ce lien constitue une relation fonctionnelle dans la version 2.

En réalité, la théorie ricardienne de la rente ne renvoie qu'à un seul et même fondement, car la relation fonctionnelle mentionnée plus haut est nécessaire à la relation descriptive : la loi des rendements décroissants du capital de la seconde version est nécessaire au fonctionnement de la première.

En effet, si les rendements du capital sont constants, on ne comprend pas pourquoi le capitaliste louerait une nouvelle terre de fertilité inférieure.

Par contre, si le rendement du capital sur une même terre décroît de façon significative, il peut être plus intéressant pour le capitaliste d'investir une nouvelle terre, même si sa fertilité est inférieure à la première. Par conséquent, la cause profonde de l'apparition d'une rente rémunérant les propriétaires fonciers est la loi des rendements décroissants appliquée au capital.

L'apparition de la rente est contemporaine d'une baisse du taux de profit dans le secteur agricole puisqu'au fur et à mesure que la production agricole augmente, les rendements se détériorent. Mais Ricardo, comme Adam Smith, considère que le taux de profit doit être uniforme dans toute l'économie. C'est la rationalité capitaliste qui l'impose : comment imaginer qu'un capital rapportant 10% dans une branche puisse s'y investir durablement si, dans une autre branche, le même capital rapporterait 15% ?

Si les taux de profit des branches sont uniformes, comment expliquer que la baisse du taux de profit agricole se transmette aux autres secteurs de l'économie alors que, par ailleurs, les conditions de la production des autres secteurs ne se détériorent pas comme dans le secteur agricole ? L'explication de la généralisation de la baisse du taux de profit que donne Ricardo est celle de l'augmentation des salaires consécutive à l'augmentation du prix du blé qui elle-même a provoqué l'augmentation de la rente. Rappelons que pour Ricardo, « le blé ne renchérit pas parce qu'on paie une rente ; mais c'est au contraire parce que le blé est cher que l'on paie une rente » (Ricardo, 1817, p.63).

IV – La détermination des salaires

Pour que la théorie de la rente soit compatible avec l'hypothèse d'uniformité des taux de profit, il faut que le salaire des travailleurs dépende du prix des marchandises agricoles. Ricardo établit cette dépendance en supposant d'une part que le salaire dépend du prix des subsistances, et d'autre part que ces subsistances sont d'origine essentiellement agricole : « Les salaires sont réglés par le prix des denrées de première nécessité, et le prix de ces dernières tient principalement à celui des aliments. » (Ricardo, 1817, p.103.)

Le salaire qui dépend du prix des produits alimentaires est le salaire naturel qu'il faut distinguer du salaire courant.

Le salaire naturel

Ricardo appelle salaire naturel « le prix naturel du travail ». Il le définit de la façon suivante : il est « celui qui fournit aux ouvriers, en général, les moyens de subsister et perpétuer leur espèce sans accroissement ni diminution. Les ressources qu'a l'ouvrier pour subvenir à son entretien et à celui de la famille nécessaire pour maintenir le nombre des travailleurs ne tiennent pas à la quantité d'argent qu'il reçoit pour son salaire, mais à la quantité de subsistances et d'autres objets nécessaires ou utiles dont l'habitude lui a fait un besoin, et qu'il peut acheter avec l'argent de ses gages. Le prix naturel du travail dépend donc du prix des subsistances et de celui des choses nécessaires ou utiles à l'entretien de l'ouvrier et de sa famille » (Ricardo, 1817, p.81).

Une remarque supplémentaire peut être formulée. Le prix naturel reste-t-il toujours constant si le prix des subsistances ne varie pas ? À cette question, Ricardo répond que le salaire naturel varie selon les lieux et les époques : ce qui contribue au bien-être minimal d'un ouvrier est fort différent d'une décennie à l'autre ou d'un pays à l'autre. D'une manière générale, les progrès de la société tendent à faire augmenter à long terme le prix naturel du travail en raison de l'augmentation du prix des denrées agricoles.

Le prix naturel du travail ne représente cependant pas ce que touche effectivement l'ouvrier. Comme le prix des marchandises, seul le salaire courant a une réalité dans les échanges. Le salaire courant, comme les prix courants, est déterminé par le rapport de la demande à l'offre. Il s'agit ici de la demande et de l'offre de travail, « le travail étant cher quand les bras sont rares, et à bon marché lorsqu'ils abondent » (Ricardo, 1817, p.82).
Les déterminants du salaire naturel et du salaire courant sont certes différents, mais le premier constitue l'axe de gravitation du second. Il se peut que le salaire courant dévie temporairement du salaire naturel, mais il tend constamment vers ce dernier. Le mécanisme de gravitation est cependant différent de celui des prix : ce n'est pas la rationalité capitaliste qui explique ce mouvement, mais la loi de population :
« C'est lorsque le prix courant du travail s'élève au-dessus de son prix naturel que le sort de l'ouvrier est réellement prospère et heureux, qu'il peut se procurer en plus grande quantité tout ce qui est utile ou agréable à la vie, et par conséquent élever et maintenir une famille robuste et nombreuse.

Quand, au contraire, le nombre d'ouvriers s'accroît par le haut prix du travail, les salaires descendent de nouveau à leur prix naturel, et quelquefois, même l'effet de réaction est tel qu'il tombe encore plus bas. Quand le prix courant du travail est au-dessous de son prix naturel, le sort des ouvriers est déplorable, la pauvreté ne leur permettant plus de se procurer les objets que l'habitude leur a rendus absolument nécessaires. Ce n'est que lorsqu'à force de privations, le nombre d'ouvriers se trouve réduit, ou que la demande de bras s'accroît, que le prix courant du travail remonte de nouveau à son prix naturel. » (Ricardo, 1817, p. 82.)

Autrement dit, lorsque le salaire courant augmente et dépasse le salaire naturel, la population ouvrière voit son effectif augmenter, ce qui fait croître l'offre de travail et baisser le salaire courant qui revient vers son niveau naturel. À l'inverse, lorsque le salaire courant descend sous le niveau naturel, la population ouvrière en proie à la pauvreté voit son effectif diminuer ; l'offre de travail diminue et en conséquence le salaire courant est revu à la hausse. L'effectif de la population joue ainsi un rôle important dans les fluctuations du salaire courant. Mais il ne faut pas omettre que l'évolution du salaire courant dépend également de la demande de travail des capitalistes, autrement dit de l'accumulation du capital, « cette partie de la richesse de la nation qui est employée à la production ». Ce capital avancé pour l'embauche des ouviers est constitué « des matières alimentaires, des vêtements, des instruments et ustensiles, des machines, des matières premières... nécessaires pour rendre le travail productif » (Ricardo, 1817, p. 83).

V – La nécessité du commerce international

Ricardo met en avant l'idée qu'il existe un moyen d'empêcher la réalisation des conditions d'apparition ou d'augmentation de la rente, et donc celles de la baisse du taux de profit. C'est la libre importation de denrées alimentaires. Une politique économique de libre-échange a un effet bénéfique non seulement pour les capitalistes qui voient la baisse de leur taux de profit retardée, mais aussi pour l'ensemble de la population d'une nation qui échappe au moins temporairement à l'état stationnaire caractérisé par la fin de l'enrichissement continu de l'économie.

Pour Ricardo, la dynamique de l'économie fermée se caractérise par une hausse du prix naturel du travail et une diminution du taux de profit. Or, ce dernier est ce qui motive les capitalistes à accumuler du capital et constitue la source de financement de cette accumulation. Si le profit diminue, l'accumulation ralentit pour finir par cesser totalement. L'état stationnaire est alors atteint : « Le renchérissement des articles de première nécessité et des salaires a cependant des bornes ; car aussitôt que les salaires auront monté au total de la recette du fermier, il ne pourra plus y avoir d'accumulation, puisqu'aucun capital ne saurait plus donner de bénéfices [...]. Bien avant ce terme même, la réduction des profits aura arrêté toute accumulation ; et presque la totalité des produits du pays, les ouvriers une fois payés, appartiendra aux propriétaires fonciers. » (Ricardo, 1817, p.104.)

La décroissance de la productivité du capital associée à la mise en culture de moins en moins fertile fait augmenter le prix des denrées agricoles et donc le salaire naturel des ouvriers. Comme salaires et profits sont complémentaires, la hausse des salaires fait diminuer les profits, ce qui fait tendre l'économie vers un état stationnaire. Pour empêcher une telle évolution, il faut faire en sorte qu'en réponse à l'accroissement de la population, des terres supplémentaires ne soient pas mises en culture. L'importation de denrées agricoles apparaît comme une solution.

On peut ajouter que si les marchandises agricoles composent l'essentiel du panier de consommation des travailleurs, elles ne sont pas les seules. Les biens manufacturés en font aussi partie. Ricardo considère que les progrès de la société tendent à faire baisser le prix des produits manufacturés et constituent donc une force qui fait baisser le prix naturel du travail. Il existe un autre moyen de faire baisser le prix de ces produits : leur importation en provenance de pays où la production est moins coûteuse.

Par conséquent, le libre-échange généralisé à toutes les marchandises constitue un contexte favorable à l'accumulation et à la croissance des richesses.

Pour Ricardo, le libre-échange participe à l'amélioration du bien-être de la population non seulement par le biais du maintien ou de la hausse du taux de profit, mais aussi par la spécialisation internationale qui permet l'obtention d'une plus grande quantité de produits. C'est la théorie des avantages comparatifs qui parvient à cette conclusion.

Quelles sont les hypothèses de son modèle ?

Sur le marché des produits, la concurrence est supposée parfaite et la mobilité des capitaux et des personnes ne souffre aucun obstacle sur le plan intérieur. Par contre, cette mobilité est inexistante à l'échelle internationale. Les nations sont définies par des stocks de facteurs de production qui sont une donnée ; les coûts de production sont établis à partir des quantités de travail nécessaires pour la production des marchandises.

Présentons maintenant la situation des économies fermées.

Ricardo prend l'exemple de deux pays, le Portugal et l'Angleterre, qui produisent tous deux du vin et du drap avec des conditions de production différentes. Cette différence se traduit en termes de productivité, donc en heures de travail nécessaires pour la production de ces biens. Si le nombre d'heures de travail par homme est le même dans les deux pays, le coût de production peut être évalué en termes de nombre d'hommes nécessaires pour la production d'une unité de bien.

	Coût du vin (en nombre d'hommes)	Coût du drap (en nombre d'hommes)
Portugal	CvP=80	CdP=90
Angleterre	CvA=120	CdA=100

Dans cet exemple, on voit que les coûts de production en nombre d'hommes sont plus faibles au Portugal qu'en Angleterre pour les deux biens : le Portugal dispose donc d'un avantage absolu dans la production des deux biens.

Néanmoins, la valeur relative du vin par rapport au drap (ou coût comparatif) est différente d'un pays à l'autre : pour le Portugal, le coût relatif est de CvP/CdP=80/90=0.89, alors qu'en Angleterre, le coût relatif est de CvA/CdA=120/100=1.2.

Qu'est-ce que cela signifie ? Ces valeurs relatives indiquent qu'au Portugal, une unité de vin s'échange contre 0.89 unité de drap, alors qu'en Angleterre, une unité de vin s'échange contre 1.2 unité de drap. Le Portugal dispose donc d'un avantage relatif dans la production de vin, car son coût relatif est plus faible qu'en Angleterre (0.89 contre 1.2). En calculant les rapports inverses, à savoir CdP/CvP puis CdA/CvA, on constate également que l'Angleterre dispose d'un avantage relatif dans la production de drap, puisque son coût relatif est plus faible qu'au Portugal.

Que se passe-t-il quand les économies ouvrent leurs frontières au commerce ?

Les avantages relatifs ou comparatifs vont dicter la spécialisation internationale des pays. Puisque l'Angleterre dispose d'un avantage relatif dans le drap, elle devra se spécialiser dans cette production pour l'exporter, en échange de l'importation du vin. Réciproquement, le Portugal devra se spécialiser dans le vin et importer du drap.

Pour que les pays aient intérêt à la spécialisation et l'échange international, il ne suffit cependant pas d'avoir un avantage comparatif.

Le Portugal trouvera un intérêt à produire exclusivement du vin si le commerce international lui permet d'obtenir en échange du vin plus que 0.89 unité de drap (son prix relatif interne). L'Angleterre trouvera un intérêt à se spécialiser dans le drap si un peu moins de 1.2 unité de drap anglais peut être échangée contre 1 unité de vin portugais.

Selon ce raisonnement, le commerce est profitable si le taux d'échange international est compris entre les prix relatifs internes à chaque pays. La condition de gain mutuel est :

$$(CvA/CdA) > (CvI/CdI) > (CvP/CdP)$$

Avec (CvI/CdI), le prix du vin en termes de drap à l'échelle internationale.

Il faut donc que le taux d'échange international ne respecte pas la règle de la valeur relative à l'intérieur de chaque pays. Ricardo exprime l'idée en ces termes : « L'Angleterre peut se trouver dans des circonstances telles qui lui faille, pour fabriquer le drap, le travail de cent hommes par an, tandis que, si elle voulait faire du vin, il lui faudrait peut-être le travail de cent vingt hommes par an : il serait donc de l'intérêt de l'Angleterre d'importer du vin, et d'exporter en échange du drap. En Portugal, la fabrication du vin pourrait ne demander que le travail de quatre-vingts hommes pendant une année, tandis que la fabrication du drap exigerait le travail de quatre-vingt-dix hommes. Le Portugal gagnerait donc à exporter du vin en échange du drap. Cet échange pourrait même avoir lieu dans le cas où on fabriquerait en Portugal l'article importé à moindres frais qu'en Angleterre. Quoique le Portugal pût faire son drap en n'employant que quatre-vingt-dix hommes, il préfèrerait le tirer d'un autre pays où il faudrait cent ouvriers pour le fabriquer, parce qu'il trouverait plus de profit à employer son capital à la production de vin, en échange duquel il obtiendrait de l'Angleterre une quantité de drap plus forte que celle qu'il pourrait produire en détournant une portion de son capital employé à la culture des vignes, et en l'employant à la fabrication des draps. » (Ricardo, 1817, p.117.)

Supposons que le taux d'échange international est de 1 unité de vin = 1 unité de drap. (CvI/CdI =1)

En échange d'une unité de son vin qui lui coûte 80 hommes, le Portugal obtient une unité de drap anglais qui lui aurait coûté en autarcie 90 hommes. Son gain est donc de 10 hommes par unité de vin exportée, et par unité de drap importé.

En échange d'une unité de drap qui lui coûte 100 hommes, l'Angleterre obtient une unité de vin qui lui aurait coûté en autarcie 120 hommes. Son gain est de 20 hommes par unité de vin importée, et par unité de drap exportée.

On voit que l'Angleterre tire un gain supérieur à celui du Portugal en participant au commerce international alors même qu'elle ne possédait aucun avantage absolu. La répartition des gains entre pays dépend du prix relatif international qui se pratique entre les nations.

Dans la théorie de Ricardo, le fondement de l'avantage comparatif est la différence dans les techniques de production utilisées dans les différents pays.

Chaque pays dispose de sa propre technique de production, ce qui explique des écarts entre les productivités du travail et donc entre les coûts relatifs.

VI – Ricardo et la théorie quantitative de la monnaie

D'après la théorie quantitative de la monnaie, formulée pour la première fois par Jean Bodin en 1577, tout accroissement de la masse monétaire entraîne, toutes choses étant égales par ailleurs, une augmentation des prix exprimés en monnaie dans la même proportion.

Ricardo semble apparemment ne pas adhérer à un tel résultat puisqu'il considère que « la valeur échangeable des choses ne dépend que de la quantité comparative de travail qui a été employée à la production de chacun d'eux » (Ricardo, 1817, p.26) ; par ailleurs, « la même règle générale qui détermine la valeur des produits agricoles et des objets manufacturés s'applique également aux métaux. Leur valeur [...] dépend [...] de la quantité de travail totale nécessaire à l'extraction du métal et à son transport » (Ricardo, 1817, p.74). Autrement dit, le fait que le métal « or » joue un rôle monétaire ne modifie pas le principe de détermination de sa valeur : « L'or et l'argent, ainsi que toutes les autres marchandises, n'ont de valeur qu'en proportion de la quantité de travail nécessaire pour les produire et les faire arriver au marché. » (Ricardo, p. 311.) D'après l'auteur, les progrès de la société s'accompagnent de la découverte de nouvelles mines d'or plus productives, qui permettent d'extraire plus de métal avec une moindre avance de capitaux. Il s'ensuit alors une baisse de la valeur des métaux qui ne s'échangent alors que contre une plus petite quantité de marchandises.

Mais comment comprendre que le prix naturel de l'or diminue lors de la découverte de mines plus productives alors que, par ailleurs, Ricardo affirme que « la valeur échangeable d'une denrée quelconque, qu'elle soit le produit d'une manufacture, d'une mine ou de la terre, n'est jamais réglée par la plus petite somme de travail pour sa production dans des circonstances extrêmement favorables [...]. Cette valeur dépend au contraire de la plus grande quantité de travail que sont forcés d'employer ceux qui n'ont point de pareilles facilités, et ceux qui, pour produire, ont à lutter contre les circonstances les plus défavorables » (Ricardo, 1817, p.62).

En outre, nous savons que Ricardo adhère à la loi de Jean-Baptiste Say, puisqu'il affirme que personne ne produit que dans l'intention de consommer lui-même la chose produite ou de la vendre : l'offre crée sa propre demande. Par conséquent, les producteurs d'or échangent immédiatement le métal extrait des mines contre des produits. L'or est jeté dans la circulation des marchandises dans le but de s'échanger contre des marchandises. La thésaurisation est absente : « On n'achète des produits qu'avec des produits et le numéraire n'est que l'agent au moyen duquel l'échange s'effectue. » (Ricardo, 1817, p.254.) Dit d'une autre manière, l'or n'est qu'un simple moyen d'échange et ne peut être demandé pour lui-même. Ricardo doit donc considérer, comme le fait la théorie quantitative de la monnaie, que la valeur de l'or dépend de la quantité d'or existante : « La demande de numéraire n'est réglée que par sa valeur, et sa valeur dépend de sa quantité. » (Ricardo, 1817, p.170-171.)

Résumons le raisonnement de Ricardo. La valeur de l'or dépend, comme celle de n'importe quelle marchandise, de la quantité de travail qu'elle incorpore. Cette dernière détermine le prix naturel de l'or. Mais comme Ricardo adhère à la loi des débouchés de Jean-Baptiste Say, il considère l'or comme un simple moyen de circulation des marchandises ; il ne peut être demandé pour lui-même. En conséquence, la valeur de l'or dépend de sa quantité. Cette valeur correspond au prix courant de l'or. Comme pour les autres marchandises, Ricardo distingue donc prix naturel de l'or, déterminé par la quantité de travail, et prix courant de l'or, déterminé par la quantité d'or jeté dans la circulation. Pour comprendre à présent comment la découverte de mines d'or plus productives entraîne une baisse de la valeur courante de l'or et donc une augmentation du prix monétaire courant des marchandises, deux hypothèses sont possibles.

Soit on considère que la découverte des mines d'or plus productives entraîne la fermeture des mines plus anciennes : « à la vérité, les mines les moins productives ne pourraient plus être exploitées » (Ricardo, 1817, p.170) parce qu'elles ne permettent plus aux capitaux de rapporter le taux général de profit. L'abandon des mines les moins productives permet de rendre intelligible le fait que la découverte de nouvelles mines dans lesquelles la productivité est plus grande fait baisser le prix naturel de l'or, même si on fait l'hypothèse que la valeur échangeable de l'or est déterminée dans les conditions de production les moins favorables. Ces conditions les moins favorables se modifient avec la fermeture des anciennes mines dans le sens d'une diminution du temps de travail nécessaire à l'extraction de l'or. Ainsi, lorsque la quantité d'or augmente suite à la découverte de mines plus productives, le prix courant de l'or diminue et le prix courant des marchandises exprimé en monnaie augmente (théorie quantitative ou loi de quantité). Mais la fermeture des mines les moins productives fait que le prix naturel de l'or diminue et s'aligne sur le prix courant de l'or.

Soit on considère que l'augmentation de la quantité d'or disponible, suite à la découverte de nouvelles mines, va entraîner dans un premier temps une baisse du prix courant de l'or (et une augmentation du prix monétaire des marchandises), puis, dans un second temps, une augmentation du prix courant de l'or qui revient alors vers son niveau naturel parce que la circulation de l'or est internationale.

Imaginons en effet que toutes les mines aient toutes la même productivité. On ne peut plus supposer que les anciennes mines ferment à la suite de la découverte de nouvelles mines. Cependant, il faut prendre en compte le fait que l'augmentation du prix monétaire courant des marchandises consécutive à l'augmentation de la quantité d'or disponible (on a une baisse du prix courant de l'or) pénalise la compétitivité des marchandises sur le marché international et met en déficit la balance commerciale. Un tel déficit implique un règlement en or à destination du reste du monde. Cela fait baisser la quantité d'or en circulation à l'échelle nationale et le prix courant de l'or revient vers son niveau naturel.

Il semble donc que la théorie quantitative de Ricardo, selon laquelle les prix monétaires sont réglés par la quantité de monnaie en circulation dans l'économie, soit en parfait accord avec la théorie de sa valeur-travail.

Chapitre 2

Ricardo : ses prédécesseurs, ses contemporains

Ricardo partage un certain nombre de points communs avec des prédécesseurs et collègues contemporains, mais il introduit aussi des ruptures. C'est ce que nous allons étudier en abordant les questions de la valeur, des rapports de la demande à l'offre, de la répartition des richesses ou encore de la dynamique macroéconomique.

I – La problématique

Nous avons vu que pour Ricardo, la question centrale de l'économie politique est celle de la répartition de la richesse entre les différentes « classes ». Il n'en est rien pour Smith : « Le grand objet de l'économie politique de tout pays est d'accroître les richesses et le pouvoir de ce pays. » (Smith, 1776, p.428.) Le titre de son ouvrage le plus connu est très parlant : *Enquête sur la nature et les causes de la Richesse des Nations*. Placer la problématique de l'origine de la richesse et des moyens de l'accroître n'est pas un acte pionnier puisqu'avant lui, les mercantilistes et les physiocrates ont bâti leurs analyses autour de cette thématique. Néanmoins, Smith se détache de ses prédécesseurs du point de vue de la conception de la richesse. Pour ce dernier, la richesse n'est pas monétaire ; elle est assimilée au pouvoir d'acheter « toutes les choses nécessaires et commodes à la vie ». Par conséquent, « tenter d'accroître la richesse en y introduisant ou en y retenant une quantité inutile d'or ou d'argent est aussi absurde que tenter d'accroître la bonne chère des familles privées, en les obligeant à garder un nombre inutile d'ustensiles de cuisine. De même que la dépense consacrée à l'achat de ces ustensiles inutiles diminuerait au lieu d'augmenter la quantité ou la bonté des vivres de la famille, de même la dépense consacrée à l'achat d'une quantité d'or et d'argent doit, dans tout pays, tout aussi nécessairement diminuer la richesse qui nourrit, habille, et loge la population qui l'entretient et l'emploie » (Smith, 1776, p.464). Smith rejette donc avec virulence la conception des mercantilistes qui associe la richesse aux métaux précieux/à la monnaie. Pour cet auteur, la richesse est un pouvoir d'achat sur le travail d'autrui, autrement dit un pouvoir de commander le travail d'autrui.

Depuis la conception smithienne de la richesse, l'économie politique a fait le choix d'exclure la monnaie pour fonder la théorie économique et en faire une discipline autonome. Il s'agit d'une représentation « naturelle » de la société, qui ne suppose aucun lien social *a priori*, et qui repose uniquement sur l'hypothèse d'une liste de marchandises (les richesses réelles) et d'une liste d'agents économiques. Le fonctionnement de la société est uniquement le résultat du choix d'individus libres et égoïstes. Smith inaugure donc le rejet d'une vision traditionnelle de la société dans laquelle la monnaie, qui renvoie à la puissance du Prince, est constitutive des relations sociales faites de rapports hiérarchiques.

En recherchant les causes de l'accroissement de la richesse, Smith recherche les causes qui conduisent à augmenter la productivité du travail. Le travail devient de plus en plus productif au fur et à mesure de sa division : chaque individu doit uniquement se consacrer à la tâche productive pour laquelle il a le plus de talent : « Les plus grandes améliorations dans la puissance productive du travail, et la plus grande partie de l'habileté, de l'adresse et de l'intelligence avec laquelle il est dirigé ou appliqué, sont dues, à ce qu'il semble, à la division du travail. » (Smith, 1776, p.71.) Smith donne alors l'exemple aujourd'hui très célèbre de la fabrique d'épingles. Lorsqu'un ouvrier accomplit seul toutes les tâches liées à la fabrication d'une épingle, il en produit tout au plus une dans la journée. Si ces différentes tâches sont réparties entre dix ouvriers, la productivité s'en trouverait décuplée : la production pourrait monter à quarante-huit mille épingles, soit quatre mille huit cents par ouvrier.

La raison de cette augmentation drastique de la productivité a selon Smith trois causes : elle permet un accroissement de l'habileté de l'ouvrier, qui devient de plus en plus adroit dans l'accomplissement de sa tâche ; elle permet des gains de temps, car l'ouvrier non spécialisé perd du temps en passant d'une tâche à une autre ; et enfin elle favorise l'invention de nouvelles machines ou de nouvelles méthodes de production. Autrement dit, les talents des ouvriers, leur puissance productive ne sont pas une donnée, mais le résultat de la division du travail.

Cette division du travail est le résultat du penchant naturel des hommes à échanger : Smith ne dit-il pas en effet qu'« elle est la conséquence nécessaire, quoique lente et graduelle, d'un certain penchant naturel à tous les hommes, qui ne se proposent pas des vues d'utilité aussi étendues ; c'est le penchant qui les porte à trafiquer, à faire des trocs et des échanges d'une chose pour une autre » (Smith, 1776, p.81). Cette tendance propre à l'homme d'échanger est motivée par son propre intérêt : « Ce n'est pas de la bienveillance du boucher, du marchand de bière ou du boulanger que nous attendons notre dîner, mais bien du soin qu'ils apportent à leurs intérêts. Nous ne nous adressons pas à leur humanité, mais à leur égoïsme ; et ce n'est jamais de nos besoins que nous leur parlons, c'est toujours de leur avantage. » (Smith, 1776, p.82.)

La présentation de Smith peut surprendre le lecteur, car celui-ci confond la division sociale du travail, à savoir la spécialisation de producteurs dans la fabrication de biens spécifiques, dont la coordination est réalisée par le marché, avec la division technique du travail, à savoir la spécialisation de la main-d'œuvre dans la réalisation de tâches précises au sein d'une seule et même entreprise. Or, dans le cadre de la division technique, le travail est coordonné par une autorité centrale, et non par le marché. Smith confondrait-il donc un modèle d'économie centralisée avec celui d'une économie décentralisée ?

Rappelons tout d'abord que Smith raisonne ici dans le cadre d'une société primitive, dans laquelle il n'existe pas de classe capitaliste et de classe de propriétaires terriens. Les producteurs sont indépendants et récoltent l'intégralité du fruit de leur travail. En outre, d'après Daniel Diatkine, spécialiste de la pensée smithienne, Smith réalise dans son raisonnement deux identifications :

– le travail est identifié au produit du travail, ce qui signifie qu'il est équivalent, dans l'esprit de l'économiste, d'échanger les travaux et les produits des travaux (il revient donc au même qu'ils coopèrent au sein d'une fabrique en échangeant leur travail, ou qu'ils échangent le produit de leur travail) ; cette identification est faite du point de vue des gains de productivité qui seraient les mêmes dans l'une ou l'autre situation, par rapport à une configuration d'absence de spécialisation ;

– l'échange de produits est identifié à l'échange « du prix des produits », ce qui signifie que le troc entre marchandises est équivalent à l'échange monétaire. Pour Smith, les produits s'échangent contre les produits et la monnaie n'a qu'un rôle instrumental de fluidifiant des échanges. Il revient donc au même pour des producteurs d'échanger des produits au sein de la manufacture que d'échanger des produits contre de la monnaie sur un marché.

C'est cette double identification qui permet à Smith de ne faire aucune distinction entre la division sociale du travail (entre différentes branches de l'économie) et la division technique du travail (entre différents travailleurs d'une même usine). Smith conclut ainsi que « cette grande multiplication dans les produits de tous les différents arts et métiers, résultant de la division du travail, est ce qui, dans une société bien gouvernée, donne lieu à cette opulence générale qui se répand jusque dans les dernières classes du peuple. Chaque ouvrier se trouve avoir une grande quantité de son travail dont il peut disposer, outre ce qu'il en applique à ses propres besoins ; et comme les autres ouvriers sont aussi dans le même cas, il est à même d'échanger une grande quantité des leurs, ou, ce qui est la même chose, contre le prix de ces marchandises » (Smith, 1776, p.77-78).

Pour résumer, la division du travail a pour origine l'échange qui permet de développer le bonheur des individus et la richesse des nations. Rendre intelligible le fonctionnement de la société passe donc par l'analyse de l'échange et donc de la valeur d'échange.

On peut remarquer que Malthus partage le même point de vue que Smith tant sur le plan de la problématique que sur la conception de la richesse. Celui-ci définit en effet l'économie politique comme « une science dont le but principal est la recherche des causes qui influent sur les progrès de la richesse » (Malthus, 1820, p.3). Et par richesse, l'économiste entend « les objets matériels nécessaires, utiles ou agréables à l'homme, et qui sont volontairement appropriés par les individus ou les nations aux besoins qu'ils éprouvent [...]. Un pays sera donc riche ou pauvre, selon l'abondance ou la rareté des objets matériels dont il est pourvu, relativement à l'étendue de son territoire ; et un peuple sera riche ou pauvre, selon l'abondance ou la rareté de ces mêmes objets, relativement à la population [...]. Cette doctrine [...] est au fond celle qui a été établie par Adam Smith » (Malthus, 1820, p.14).

Les conceptions smithiennes et malthusiennes constituent aussi une critique externe de celle des économistes physiocrates dont le principal représentant est Quesnay. Pour ce dernier, certes, « l'argent n'est pas la richesse dont les hommes ont besoin » (Quesnay, 1766, p.809), mais « les vraies richesses sont les productions qui renaissent annuellement de la terre » (Quesnay, 1757, *Maximes*). Si pour Smith et Malthus, la richesse est constituée par « toutes les choses nécessaires et commodes à la vie », toute activité est productive à compter du moment où elle donne naissance à ces choses. L'industrie, dans les conceptions de Smith et Malthus, est productrice de richesses au même titre que l'agriculture.

II – La question de la valeur

Ricardo occupe une place singulière au sein des économistes habituellement dénommés « classiques », car son point de vue sur la question de la valeur tranche avec celle de ses collègues.

Smith a un point commun avec Ricardo : il rejette toute référence à l'utilité comme fondement de la valeur, et il défend ce point de vue à travers son exposé du paradoxe de l'eau et du diamant : « Les choses qui ont la plus grande valeur d'usage ont souvent peu ou pas de valeur d'échange ; et, au contraire, celles qui ont la plus grande valeur d'échange ont souvent peu ou pas de valeur d'usage. Rien n'est plus utile que l'eau. Mais l'eau n'achète presque rien ; on ne peut presque rien obtenir en échange. Au contraire, un diamant n'a presque aucune valeur d'usage, mais on peut souvent obtenir en échange une très grande quantité d'autres marchandises » (Smith, 1776, p.31).

Les similitudes avec l'analyse de Ricardo s'arrêtent ici. La théorie de la valeur qu'il élabore est en effet fort différente et peut être qualifiée de «théorie de valeur-travail commandée».

Smith commence son analyse dans un cadre fictif (il parle d'un «état primitif») caractérisé par le fait que le producteur d'un bien perçoit l'intégralité de son produit en guise de salaire. Prenons l'exemple d'un chasseur qui, au cours d'une journée de travail de chasse, parvient à tuer dix oiseaux. Les dix oiseaux incorporent une journée de travail (disons dix heures de travail), et le chasseur se rémunère à la hauteur du produit de sa chasse, c'est-à-dire 10 oiseaux. La quantité de travail incorporée par chaque oiseau est de 10 heures/10, soit 1 heure. Cette heure de travail incorporée détermine la valeur échangeable d'un oiseau.

Supposons à présent que le chasseur soit le salarié d'un capitaliste qui lui avance 5 oiseaux pour sa rémunération. Néanmoins, en guise de rémunération pour cette avance, le capitaliste récupère les 5 oiseaux restant du produit de la chasse. Le produit de la journée de travail (10 heures) ne revient plus intégralement au chasseur. Une partie prend la forme d'un profit qui vient rémunérer le capitaliste. Désormais, la valeur échangeable d'un oiseau est de 2 heures, car pour rémunérer l'ensemble des participants à l'activité productive, il faut verser ce qui correspond à 1 heure de travail pour le chasseur et à 1 heure de travail pour le capitaliste. En fait, le chasseur à qui il reste 5 oiseaux va vendre cette quantité d'oiseaux pour l'équivalent de 10 heures de travail (sa journée de travail), alors qu'en réalité, ces oiseaux ne représentent que 5 heures de travail incorporées. Même chose pour le capitaliste : il vendra ses 5 oiseaux pour la valeur de la journée de travail, soit 10 heures.

Autrement dit, dans une société de classes divisée entre capitalistes et travailleurs, la valeur échangeable d'une marchandise est déterminée par la quantité de travail que cette marchandise commande. Cette quantité de travail commandée correspond à la somme des salaires et des profits distribués à l'occasion de la production.

Lorsqu'on ajoute la classe des propriétaires terriens à l'analyse, la valeur échangeable, ou prix, devient la somme des salaires, des profits et de la rente.

Ricardo met en lumière la distance qui le sépare d'Adam Smith : « Adam Smith, après avoir défini avec tant de précision la source primitive de toute valeur échangeable, aurait dû, pour être conséquent, soutenir que tous les objets acquéraient plus ou moins de valeur selon que leur production coûtait plus ou moins de travail. Il a pourtant créé lui-même une autre mesure de la valeur, et il parle de choses qui ont plus ou moins de valeur selon qu'on peut les échanger contre plus ou moins de cette mesure. » (Ricardo, 1817, p.27.)

De la même manière que Ricardo distingue prix naturel et prix courant d'une marchandise, Smith relève la différence entre le concept de prix naturel, déterminé par la quantité de travail que le produit permet de commander, et le concept de prix de marché, déterminé par l'offre et la demande.

Smith formule une théorie de la détermination du prix de marché qui se distingue nettement de la conception standard, et qui se rapproche de l'analyse fournie par Cantillon : « Le prix de marché de chaque marchandise particulière est déterminé par la proportion entre la quantité de cette marchandise existant actuellement au marché, et les demandes de ceux qui sont disposés à en payer le prix naturel ou la valeur entière des fermages, profits et salaires qu'il faut payer pour l'attirer au marché. On peut les appeler demandeurs effectifs, et leur demande, demande effective, puisqu'elle suffit pour attirer la marchandise effectivement marché. » (Smith, 1776, p.126.)

La demande effective dont parle Smith est un pouvoir d'achat qui s'exprime sur le marché, une quantité de marchandises demandées pour un prix égal au prix naturel. Ce pouvoir d'achat est établi avant l'ouverture sur marché. Les producteurs ne connaissant pas la quantité demandée xi pour le prix naturel pi amènent à l'aveugle une certaine quantité de marchandises qi. Le prix de marché pmi s'établit en même temps que la réalisation des transactions de la manière suivante :

$$pmi = \frac{(xi * pi)}{qi}$$

Si à l'échelle du marché dans son ensemble, la valeur de la production offerte au prix de marché pmi est intégralement écoulée, il est tout à fait possible que des consommateurs ou des producteurs soient en situation de déséquilibre, à compter du moment où leurs anticipations de prix sont erronées. Mais les échanges ont lieu malgré tout, ce qui est impensable dans la théorie standard néoclassique. Cette règle de fixation des prix de marché constitue une hypothèse institutionnelle totalement différente de la loi bien connue de l'offre et de la demande et mérite donc toute notre attention.

Revenons pour ce faire aux enseignements de Cantillon, que Smith reprend à son compte dans la *Richesse des Nations*. Ils permettent de montrer quelles sont les conséquences de l'abandon de la référence à l'équilibre de marché pour le déclenchement des transactions dans un cadre standard. Cantillon donne l'exemple suivant :

« Plusieurs maîtres d'hôtel ont reçu l'ordre, dans la première saison, d'acheter des pois verds. Un Maître a ordonné l'achat de dix litrons pour 60 livres. Un autre de dix litrons pour 50 livres. Un troisième en demande dix pour 40 livres et un quatrième dix pour 30 livres. Afin que ces ordres puissent être exécutés, il faudroit qu'il y eut au marché 40 litrons de pois verds. Supposons qu'il ne s'y en trouve que vingt : les vendeurs voïant beaucoup d'acheteurs soutiendront leur prix, et les acheteurs monteront jusqu'à celui qui leur est prescrit ; de sorte que ceux qui offrent 60 livres pour dix litrons seront les premiers servis. Les vendeurs voïant ensuite que personne ne veut monter au-dessus de 50 livres lâcheront les deux autres litrons à ce prix, mais ceux qui avoient ordre de ne pas excéder 40 et 30 livres s'en retourneront sans rien emporter. »

Dans cette théorie de la détermination des prix, on voit que le prix de vente d'une marchandise n'est jamais que le rapport entre la valeur monétaire de la demande et le nombre d'unités de biens offertes.

Ainsi, dans l'exemple, le premier maître paye son litron de « pois verds » 6 livres (demande monétaire de 60 livres/10 unités de pois offertes), et le second maître paye son litron 5 livres (demande monétaire de 50 livres/10 unités de pois offertes).

Par ailleurs, Cantillon affirme que les transactions se réalisent et que les prix sont fixés même s'il n'existe pas d'équilibre entre l'offre et la demande. Dans l'exemple qu'il nous donne, les maîtres qui offraient 40 livres et 30 livres pour 10 litrons se retrouvent insatisfaits car ils ne peuvent réaliser la transaction souhaitée. La demande est supérieure à l'offre.

Le déséquilibre se constate à l'échelle individuelle : si l'agent qui souhaite acheter un bien anticipe un prix trop faible par rapport au prix effectif, il obtient une quantité de bien inférieure à celle qu'il avait anticipée (c'est le cas des deux derniers maîtres dans l'exemple de Cantillon). Les agents économiques peuvent percevoir également une quantité de monnaie supérieure ou inférieure à celle qu'ils avaient prévue (si le vendeur de « pois verds » anticipe un prix de 6 livres par litron pour la totalité de son stock, il obtient une quantité de monnaie inférieure à celle qu'il avait prévue puisqu'une partie de ses marchandises est vendue à 5 livres le litron). Le déséquilibre des individus est donc à la fois réel et monétaire.

Jean-Baptiste Say a un point de vue fort différent de celui de Ricardo.

Selon J.B Say, un produit est un objet fabriqué dont le prix de vente couvre *a minima* les frais de production, c'est-à-dire la somme des rémunérations attribuées aux apporteurs des services producteurs, augmentée du profit de l'entrepreneur. Cette valeur « frais de production » doit être distinguée de la valeur-utilité qui correspond à la satisfaction qu'apporte un produit à son utilisateur ou consommateur. D'après Say, « la satisfaction qu'on retire d'un produit peut être, de son côté, appréciée en argent » (Say, 1953, p.2019) et par conséquent, il est tout à fait possible de mesurer l'écart entre la valeur « frais de production » et la valeur-utilité. Pour Say, l'utilité des objets est le premier fondement de la valeur, mais l'utilité constitue une sorte de plafond au prix du produit. L'écart entre le prix déterminé par l'utilité et le prix effectif déterminé par les frais de production est une « richesse naturelle qui vous est donnée gratuitement par l'auteur de la nature » (Say, 1953, p.95-96).

Par conséquent, le prix d'un produit est égal, au maximum, à sa valeur-utilité et au minimum, à sa valeur « frais de production ». Entre ces deux bornes, le rapport de la demande à l'offre fixe le prix du produit. La parenté entre les analyses de Smith et celle de Say est forte, et par conséquent la distance qui sépare Say de Ricardo est tout à fait significative sur cette question de la valeur.

III – La loi de Say

Dans le chapitre consacré à Ricardo, nous avons supposé que le recentrage de sa problématique autour de la question de la répartition des richesses était imputable à son adoption de la loi des débouchés. Néanmoins, cette supposition mérite d'être questionnée, car Adam Smith formule une proposition similaire à la loi des débouchés avant même que Say ne la produise.

La loi de Say

Selon J.B Say, « les produits s'échangent contre les produits », et de ces prémisses, il en tire la conclusion suivante dans une lettre adressée à Malthus : « Puisque chacun de nous ne peut acheter les produits des autres qu'avec ses propres produits ; puisque la valeur que nous pouvons acheter est égale à la valeur que nous pouvons produire, les hommes achèteront d'autant plus qu'ils produiront davantage. De là cette conclusion que vous refusez d'admettre [...] que c'est la production seule qui ouvre des débouchés aux produits. » (Say, 1953, p.227.)

Si les produits s'échangent contre les produits, cela signifie que la monnaie est réduite à n'être qu'un simple intermédiaire des échanges qui en facilite ou accélère le déroulement. Si la monnaie n'a pas d'autre rôle que celui-ci, toute la monnaie qui entre sur les marchés circule et toute variation de la quantité de monnaie n'a un impact que sur le niveau général des prix. J.B Say exprime clairement cette idée lorsqu'il affirme que « la quantité de monnaie que l'on verserait en France ne changerait rien au besoin de monnaie qu'éprouve la nation. Elle n'aurait toujours pas à offrir contre de la monnaie que la même quantité de marchandises, et demanderait à en acheter la même quantité ; conséquemment, si l'on jetait dans la circulation de la France 4 milliards de francs, au lieu de 2 milliards que, dans notre hypothèse, elle possède maintenant, ces 4 milliards ne pourraient toujours pas acheter que la même quantité de biens ; ils ne pourraient servir qu'à conclure le même nombre de marchés. La seule différence qu'il y aurait, serait que l'on donnerait deux francs où l'on donne un ; une pièce de vingt sous ne vaudrait plus que ce que vaut actuellement une pièce de dix sous ; et il faudrait deux écus de cinq francs pour acheter ce qu'on obtient maintenant avec un seul» (Say, 1953, p.321). Autrement dit, le doublement de la masse monétaire entraîne un doublement des prix monétaires et une division par deux de la valeur réelle des pièces en circulation.

Néanmoins, le fait que J.B Say affirme que toute la monnaie gagnée par la vente d'un produit ne peut être dépensée dans l'achat d'un autre produit pose question dans une économie salariale dans laquelle les revenus sont perçus par la vente des services producteurs comme le travail, le capital ou la terre. Soit la loi des débouchés n'est plus valable dans une telle économie, soit il faut considérer que les services producteurs sont des produits comme les autres.

Say considère que « si le propriétaire foncier ne vend pas [...] la portion de récolte qui lui revient à titre de propriétaire, son fermier la vend pour lui. Si le capitaliste qui a fait des avances à une manufacture pour en toucher des intérêts ne vend pas lui-même une partie des produits de la fabrique, le manufacturier les vend pour lui» (Say, 1953, p.211). Apparemment donc, les apporteurs de services producteurs vendent des produits indirectement. Mais par ailleurs, il affirme aussi que «les propriétaires de fonds productifs vendent leurs services, les services de leurs fonds, à un entrepreneur d'industrie, et par cette vente lui cèdent tous leurs droits sur le produit; dès lors, l'entrepreneur d'industrie [...] devient légitimement maître de ce produit» (Say, 1953, p.183). Par conséquent, l'entrepreneur vend les produits fabriqués non pas pour les apporteurs de services productifs, mais pour lui-même. L'intérêt, par exemple, provient de la vente directe par le capitaliste des services du capital à l'entrepreneur. Il faut donc considérer que pour J.B Say, les services productifs sont dans la même catégorie que celle des produits. Il faut également inclure dans cette catégorie le service productif rendu par l'entrepreneur et rémunéré par le profit. Rappelons que l'économiste considère que le prix d'équilibre d'un produit inclut les frais de production augmentée d'un profit. Si un revenu ne peut être perçu que par la vente d'un produit (au sens large), le profit est aussi considéré comme le prix d'un service productif.

En dehors de cet équilibre, le prix d'un produit peut être supérieur ou inférieur à la «valeur-frais de production». Prenons l'exemple de deux branches structurant l'économie. À l'échelle macroéconomique, loi de J.B Say oblige, tout le revenu est dépensé. Mais il se peut qu'à l'échelle d'une branche, il y ait déséquilibre. Si la valeur de la demande qui s'exprime dans la branche [1] est supérieure à celle de l'offre (il y a sous-production dans cette branche), le prix se fixe au-dessus de la valeur correspondant aux frais de production. Les entrepreneurs de la branche [1] réalisent un surprofit. La loi de Say implique que, nécessairement, il y a surproduction dans la branche [2] car les déséquilibres se compensent à l'échelle macroéconomique. Il y aura donc une valeur de demande inférieure à la valeur de l'offre dans la branche [2]. Les entrepreneurs de cette seconde branche réalisent un sous-profit ou bien des pertes.

La sous-production de la première branche a pour autre face la surproduction de la seconde. Un déséquilibre sectoriel ne signifie en rien surproduction générale. C'est la thèse de Say lorsqu'il affirme que « si certaines marchandises ne se vendent pas, c'est parce que d'autres produits ne se produisent pas » (Say, 1953, p.227).

Comme chez David Ricardo, les déséquilibres de branche ne sont que temporaires. La rationalité des capitalistes pousse à un alignement des prix vers la « valeur-frais de production ». Attirés par les perspectives de surprofit, les entrepreneurs de la branche [2] affluent vers la branche [1], ce qui fait augmenter l'offre de produit dans la première branche, et diminuer l'offre dans la seconde.

Ricardo annonce explicitement son adhésion à la loi des débouchés. Ainsi dit-il que « Monsieur Say a prouvé de la manière la plus satisfaisante qu'il n'y a point de capital, quelque considérable qu'il soit, qui ne puisse être employé dans un pays, parce que la demande des produits n'est bornée que par la production. Personne ne produit que dans l'intention de consommer ou de vendre la chose produite, et on ne vend jamais que pour acheter quelque autre produit qui puisse être d'une utilité immédiate, ou contribuer à la production future. Le producteur devient donc consommateur de ses propres produits, ou acheteur et consommateur des produits de quelque autre personne. Il n'est pas présumable qu'il reste longtemps mal informé des choses pour lesquelles il n'y aurait pas de demande » (Ricardo, 1817, p.254). Il en tire donc la conclusion suivante : « Il peut être produit une trop grande quantité d'une certaine denrée [...]. Mais ce trop-plein ne saurait avoir lieu pour toutes les denrées. » (Ricardo, 1817, p.255.)

Smith adopte aussi la loi de Say avant Say lui-même.
À propos du prix naturel, Smith écrit que « dans toute société, le prix de toute denrée se résout en dernière instance en l'une ou l'autre de ces parties, ou en toutes les trois ; et dans toute société amélio-rée, toutes les trois entrent plus ou moins, comme parties composantes, dans le prix de la partie de loin la plus grande des denrées » (Smith, 1776, p.57).
On distingue trois éléments qui concourent à l'activité productive : le travail, le capital et la terre. Les porteurs de ces trois éléments peuvent percevoir une rémunération qui correspond à leur revenu : le salaire, le profit et la rente respective-ment. La somme de ces trois revenus constitue le

prix naturel d'une denrée. Ces revenus sont soit consommés, soit épargnés. Et pour Adam Smith, l'acte d'épargne n'est rien d'autre qu'une réorientation de la demande : « Ce qui est annuellement épargné est aussi régulièrement consommé que ce qui est annuellement dépensé, et presque dans le même temps aussi ; mais ce n'est par une catégorie différente de gens. » (Smith, 1776, p.388.) L'épargne ne se distingue pas de l'investissement. Si tous les revenus sont consommés ou investis, alors tous les revenus sont dépensés et l'intégralité de la production trouve nécessairement des débouchés.

On peut malgré tout soulever une certaine ambiguïté chez Smith. Dans sa théorie de la société « à l'état primitif », il examine les conditions de l'approfondissement de la division du travail, et donc les conditions de l'accroissement des richesses. Dans cette perspective, il souligne que le développement de la division du travail est limité par l'étendue du marché : « Puisque c'est la faculté d'échanger qui donne lieu à la division du travail, l'accroissement de la division du travail doit toujours être par conséquent limité par l'étendue de la faculté d'échanger ou, en d'autres termes, par l'étendue du marché. Si le marché est très petit, personne ne sera encouragé à s'adonner entièrement à une seule occupation, faute de pouvoir trouver à échanger tout le surplus du produit de son travail qui excèdera sa propre consommation, contre un pareil surplus du produit du travail d'autrui qu'il voudrait se procurer. » (Smith, 1776, p.85.) Smith affirme donc ici que le développement de la division du travail dépend de l'importance du pouvoir d'achat présent sur le marché. Nous verrons dans l'étude de la dynamique macroéconomique que Smith envisage que les progrès de la richesse, autrement dit la croissance économique, s'accompagnent d'une baisse du taux de profit. Cette diminution a lieu parce qu'il considère implicitement que le pouvoir d'achat présent sur le marché est une donnée inchangée, et par conséquent, l'accroissement de la quantité de capital engagé ne peut être absorbé que par une baisse du taux des profits.

À l'inverse, Malthus critique la loi de Say et s'y oppose.

Selon Malthus, valeur et richesse ne se confondent pas, mais elles entretiennent un lien étroit : « Le rapport le plus intime qui existe, peut-être entre la richesse et la valeur, tient à ce que la seconde est constamment nécessaire pour la production de la première [...]. C'est la valeur attachée aux produits qu'on peut regarder, dans l'état actuel de la société, comme la seule cause de l'existence de la richesse. C'est cette valeur qui est le grand stimulant à la production de toute espèce de richesse. » (Malthus, 1820, p.244.) Et à travers la valeur, c'est la demande qui est le moteur du développement de la richesse. En effet, d'après Malthus, « un produit ne peut être fabriqué que si son prix couvre la valeur des frais de production et celle d'un profit ordinaire » (Malthus, 1820, p.243). Et le prix dépend du rapport de l'offre à la demande : il dit en effet que « le rapport entre l'offre et la demande est le principe dominant qui fixe le prix courant aussi bien que le prix naturel » (Malthus, 1820, p.47). Comme la demande est co-déterminant de la valeur d'échange ou du prix d'un produit, celle-ci est un facteur explicatif fondamental du développement de la richesse. Malthus ajoute même que « le progrès de la richesse se trouverait arrêté par le défaut de demande effective » (Malthus, 1820, p.305).

Qu'est-ce que la demande ? À cette question, Malthus répond qu'il s'agit de « la volonté d'un individu d'acquérir un bien combinée aux moyens dont ils disposent, à savoir ses revenus » (Malthus, 1820, p.333). Ces revenus peuvent être de trois types : le salaire, le profit ou encore la rente. Le problème est qu'habituellement, « les propriétaires fonciers et les capitalistes, titulaires de la rente et du profit, n'ont pas la volonté de consommer autant qu'il le faudrait pour assurer un progrès régulier de la richesse » (Malthus, 1820, p.333).

Pour Malthus donc, l'offre ne crée pas automatiquement sa propre demande. Comment remédier à un défaut de demande ? L'économiste écarte l'idée d'une augmentation des salaires qui ferait diminuer les profits et l'incitation à accumuler. Il propose plutôt le développement « d'une classe nombreuse d'individus ayant à la fois la volonté et la faculté de consommer plus qu'ils ne produisent [...]. Dans cette classe, les propriétaires fonciers occupent, sans contredit, le premier rang » (Malthus, 1820, p.330). Autrement dit, Malthus propose de multiplier le nombre de personnes titulaires d'une rente foncière par le morcellement des terres qui permet de créer un grand nombre de nouveaux consommateurs : « Trente ou quarante propriétaires ayant des revenus de 1 000 à 5 000 livres feraient naître une demande effective bien plus forte pour un pain de froment, de la bonne viande ou des produits manufacturés, qu'un seul propriétaire ayant 100 000 livres de rente. » (Malthus, 1820, p.304). Il ne faut cependant pas que le morcellement soit trop important, car cela pourrait limiter de manière trop brutale les possibilités de production agricole. Tout est donc question de proportion.

De la même façon, le développement de classe des travailleurs improductifs est un levier important d'augmentation de la demande effective. Mais il doit être également proportionné : il faut maintenir, pour assurer les progrès de la richesse, une certaine proportion de travailleurs productifs. Par travailleurs improductifs, Malthus entend « les serviteurs, les hommes d'État, les soldats, les juges, les avocats, les médecins et les prêtres » (Malthus, 1820, p.335). Ainsi, l'auteur affirme que « l'utilité des consommateurs improductifs vient de ce qu'ils maintiennent entre les produits et la consommation un équilibre qui tend à donner la plus grande valeur d'échange aux fruits de l'industrie nationale. Si le travail improductif prédomine, la petite quantité comparative de produits matériels apportés au marché abaissera la valeur de la totalité des produits, en raison de la réduction de la quantité. Si, d'un autre côté, les classes productives surabondent, la valeur de la totalité des produits tombera en raison de l'excès d'approvisionnement. Il est évident que c'est d'une certaine proportion entre ces deux classes que résulte tout accroissement de la valeur ainsi que le pouvoir de disposer d'une plus grande quantité de travail national et étranger » (Malthus, 1820, p.340).

IV – La répartition de la richesse

Nous consacrerons un paragraphe spécifique à la rente foncière. Nous traitons ainsi ici uniquement des catégories « salaire » et « profit ». On constatera que de Smith à Ricardo, il existe une certaine continuité dans l'analyse.

Selon Smith, le profit et la rente ont une dimension historique car ils résultent de l'introduction du capital et de l'appropriation des terres dans la production. Par contre, le salaire est une catégorie de la répartition qui est éternelle : « Le produit du travail constitue la récompense naturelle du travail ou son salaire naturel. Dans un état primitif des choses qui précède à la fois l'appropriation de la terre et l'accumulation de fonds, le produit du travail tout entier appartient au travailleur. Il n'a ni propriétaire foncier ni maître pour partager avec lui. » (Smith, 1776, p.75.)

Mais à partir du moment où la société n'est plus dans cet état primitif, le produit du travail n'appartient plus intégralement à l'ouvrier qui doit le partager avec le propriétaire du capital qui le fait travailler. D'après Smith, il y aurait donc une complémentarité entre salaire et profit. D'ailleurs, lorsqu'il évoque le rapport de force entre capitalistes et salariés au sujet de la répartition des richesses, il souligne que « les ouvriers désirent obtenir autant que possible, les maîtres donner aussi peu que possible. Les premiers sont portés à se coaliser pour faire hausser les salaires du travail, les seconds pour les faire baisser » (Smith, 1776, p.79).

Les capitalistes ont souvent l'avantage dans ce rapport de force, mais ils ne peuvent faire descendre le salaire sous un certain plancher pendant une longue période. Sans cela, « le dénuement, la famine et la mortalité prévaudraient » (Smith, 1776, p.85). Et il est tout à fait possible que le salaire augmente au-dessus de ce niveau plancher lorsque la pénurie de main-d'œuvre entraîne une concurrence entre capitalistes pour embaucher.

Chez Smith, il existe donc un prix naturel du travail qui est un minimum physiologique, et un prix courant du travail qui dépend du rapport de l'offre et de la demande de travail.

Malthus développe une conception similaire. Pour ce dernier, il convient de faire une double distinction : tout d'abord, entre salaires nominaux et salaires réels (« les salaires nominaux consistent en argent [...], les salaires réels consistent dans les objets de nécessité, d'utilité ou d'agrément, que les salaires en argent lui permettent d'acheter » [Malthus, 1820, p.173]) ; ensuite, entre salaire courant, réglé par la loi de l'offre et de la demande, et salaire naturel, minimum physiologique.

La légère différence qui sépare Smith et Malthus d'un côté, et Ricardo de l'autre, est que le prix naturel du travail chez Ricardo n'est pas un minimum physiologique, mais socio-physiologique. Ricardo précise en effet qu'« on aurait tort de croire que le prix naturel du travail est absolument fixe et constant, même en les estimant en vivres et autres articles de première nécessité ; il varie à différentes époques dans un même pays, et il est très différent dans des pays divers » (Ricardo, 1817, p.84).

Par contre, sur la problématique des profits, Ricardo et Smith se rejoignent sans nuance.

Smith considère que le profit n'est pas un revenu comme les autres. Il est déterminé par un principe totalement différent : les profits « sont entièrement réglés par la valeur des fonds employés, et sont tous plus ou moins grands à proportion de l'étendue de ceux-ci » (Smith, 1776, p.54).

Le profit n'est pas déterminé comme la rente, qui, d'après Smith, est un prix de monopole, ni comme le salaire qui a un niveau plancher. Il est déterminé en proportion du capital engagé ; il existe dans l'économie un certain taux de profit qui est uniforme dans toutes les branches. Ceux qui engagent un grand capital percevront un grand profit, tandis que ceux qui engagent un capital d'un faible montant percevront un faible profit. Smith justifie son point de vue en soulignant qu'un capitaliste « n'aurait aucun intérêt à employer de grands fonds plutôt que de faibles si ses profits n'avaient aucune proportion avec l'étendue des fonds » (Smith, 1776, p.54).

Remarquons que chez Smith, le taux de profit reste indéterminé. Il le considère en effet comme une composante du prix naturel des marchandises, qui suppose que soit connu le taux de profit. Mais par ailleurs, le profit est donné par la différence entre les quantités de travail commandées et incorporées, qui supposent que soit connu le prix naturel.

Revenons à la conception smithienne du profit comme revenu proportionnel à la masse de capitaux avancée. L'hypothèse d'uniformité des taux de profits est également centrale chez Ricardo puisque repose sur elle sa thèse de la gravitation des prix courants autour des prix naturels, ainsi que sa théorie de la rente foncière.

Sur cette question, Malthus se démarque de Ricardo : « Toute théorie des profits établie en dehors du principe de l'offre et de la demande et de la concurrence est nécessairement inexacte. » (Malthus, 1820, p.139.) Pour l'auteur, il est nécessaire d'évaluer les avances et les revenus du capital au moyen de la valeur et non de la quantité. Cela ne vient pas seulement du fait que les avances et les produits sont physiquement hétérogènes. Il s'écoule en effet un certain temps entre le moment où les avances sont faites et le moment où le produit est vendu. Le prix des produits, durant cette période de temps, peut varier ; et malgré l'excès de produit physique sur les avances physiques, « le profit en valeur peut être nul en raison de l'évolution du rapport de l'offre et de la demande des produits » (Malthus, 1820, p.212).

Chez Ricardo, au contraire, le taux de profit est déterminé par les seules conditions de production et le prix du travail, en dehors de toute référence à l'offre et à la demande.

V – La rente

Ricardo se positionne comme opposant aux théories de la rente développées par Smith, Malthus, mais aussi les physiocrates.

Pour Smith, la rente est un prix de monopole : il n'est pas du tout proportionné aux dépenses du propriétaire foncier pour améliorer les terres. « Considérée comme prix payé pour l'usage de la terre, la rente est naturellement la plus élevée que le tenancier puisse payer dans les conditions effectives de la terre. » (Smith, 1776, p.169.)

Si le propriétaire foncier a la possibilité de percevoir une rente payée par le fermier, c'est grâce à la générosité de la nature : « Dans presque toutes les situations, la terre produit plus de nourriture qu'il n'en faut pour entretenir tout le travail nécessaire pour la mettre sur le marché, et ce de la façon la plus libérale dont ce travail a jamais été entretenu. En outre, ce surplus est plus que suffisant pour remplacer les fonds ayant employé ce travail, avec leurs profits. Il reste donc toujours quelque chose pour une rente au propriétaire foncier. » (Smith, 1776, p.172.)

Ricardo critique Smith sur la question de la rente. Il conteste l'idée selon laquelle il reste toujours quelque chose à payer au propriétaire foncier : « Mais quelle preuve en donne-t-il ? Aucune [...]. Je crois que dans tout pays des terres d'une qualité telle qu'elles ne rendent pas le produit suffisant pour remplacer le capital qui y est employé, avec les profits qu'on retire ordinairement des capitaux dans chaque pays [...]. Si l'esprit pénétrant d'Adam Smith se fut arrêté sur ce point, il n'eut jamais soutenu que la rente est un des éléments du prix des produits agricoles. » (Ricardo, 1817, p.289-290.)

Ricardo conteste donc le rapport que Smith met en avant entre prix et rente. Pour Smith, le prix d'un produit est la somme des rémunérations qui ont dû être versées pour sa production, à savoir la somme des salaires, profit et rente. Mais la rente, toujours selon Smith, a un caractère résiduel. Le niveau des salaires et des profits détermine le prix des marchandises, mais l'existence de la rente est une conséquence du prix. Elle peut donc ne pas exister si le nouveau prix du produit est insuffisant pour la payer.

Par ailleurs, Ricardo ne considère pas la rente comme un prix de monopole comme le fait Smith : elle n'est qu'une partie du surplus et n'est pas payée sur la terre marginale.

La différence d'analyse entre Smith et Ricardo s'étend à la question de politique économique.

Pour Adam Smith, l'accumulation du capital permet la progression de la productivité grâce au recours à de nouveaux équipements et/ou à l'approfondissement de la division du travail. L'auteur soutient que « le développement de la division du travail est plus facile dans l'industrie que dans l'agriculture, car l'industrie se localise dans les villes où se concentre une grande partie de la population » (Smith, 1776, p.772). Le lecteur peut donc en déduire que l'emploi d'une quantité supplémentaire de capital dans l'industrie a plus d'impact dans l'enrichissement des nations que lorsque cet emploi est réalisé dans l'agriculture. Smith inverse pourtant le classement et considère, quitte à se contredire lui-même, que l'agriculture est le secteur de l'économie dans lequel l'accumulation du capital produit le plus d'effets positifs sur la productivité. Il justifie ce classement par le fait que la productivité du travail est renforcée par celle de la terre. Donc pour Smith, il faut investir prioritairement le capital dans l'agriculture, puis dans l'industrie, et enfin, en dernier lieu, dans le commerce.

Ricardo, comme nous le savons à présent, s'oppose à ce point de vue, puisqu'il considère qu'un pays doit se détourner de l'agriculture pour empêcher l'accroissement de la rente qui est à l'origine d'une baisse du taux de profit.

Pour Malthus, la rente est « l'excédent du produit total, sur ce qui est nécessaire pour payer les salaires des journaliers et les profits du capital employé à la culture de la terre » (Malthus, 1820, p.101). Quelles sont les causes qui produisent un tel excédent ? Elles seraient au nombre de trois, d'après l'économiste.

Tout d'abord, la condition première d'apparition d'une rente est la qualité du sol, qui doit être suffisamment productive. Ensuite, comme la rente est la différente entre le prix du produit total obtenu avec la terre et la valeur des coûts de production, il faut que le rapport de l'offre et de la demande soit tel que le prix du produit soit suffisamment élevé. Selon Malthus, le surplus de produit engendré par l'activité agricole autorise un accroissement de la population et donc une augmentation de la demande, qui, rapportée à l'offre, permet de fixer un prix suffisamment élevé.

La troisième cause est que « le prix des produits bruts monte naturellement assez haut pour payer les frais que coûte la production, opérée au moyen de machines moins parfaites, et par des procédés plus dispendieux ; et comme il ne peut y avoir deux prix pour du blé de la même qualité, toutes les autres machines dont l'action exige moins de capital, comparativement au produit, doivent rapporter un revenu proportionné à la bonté relative de chacune d'elles » (Malthus, 1820, p.139). La rente n'est donc pas payée sur les terres les moins fertiles.

Malthus analyse l'augmentation tendancielle de la rente en mentionnant quatre facteurs explicatifs qui ont un impact sur les prix ou sur les coûts de production : l'accumulation du capital (qui engendre la mise en culture de terres de moins en moins fertiles), l'augmentation de la population (qui pousse à l'augmentation de la production agricole), l'amélioration de la productivité dans l'agriculture, et enfin une augmentation du prix des produits du sol. Cette dernière conditionne la hausse du niveau de production dans le secteur agricole, puisque la rente doit augmenter pour que de nouvelles terres soient mises en culture.

D'après Malthus, la dynamique de l'accumulation du capital, en provoquant la mise en culture de terres moins fertiles, entraîne une baisse du taux de profit, ce qui finit par causer un arrêt de l'accumulation comme chez Ricardo.

Il n'existe aucune continuité entre les analyses des physiocrates et celles de Ricardo.

Selon Quesnay, économiste physiocrate, la richesse relève de la production issue de la terre, qui peut se renouveler annuellement. L'exemple le plus parlant est celui du grain de blé qui, après germination, donne un épi portant un nombre de grains supérieur à 1. La terre est en effet une mère généreuse dès lors que l'homme et la nature collaborent ensemble.

L'activité agricole augmente les richesses en multipliant les biens qui sont avancés dans le processus de production. Ces avances annuelles, qui constituent le multiplicande, sont les dépenses en matières premières et énergies renouvelées tous les ans pour assurer la production. On pourrait les appeler, dans un langage contemporain, le capital circulant. Le multiplicateur est la terre, donc la nature. Pour qu'une telle multiplication des richesses se produise et que le don gratuit de la nature opère, il faut faire des avances foncières (des dépenses réalisées par le propriétaire terrien pour que la terre soit rendue cultivable) mais aussi des avances primitives, c'est-à-dire réaliser des dépenses en capital fixe (machines, outils, animaux...).

Le concept d'avance élaboré par Quesnay va introduire l'idée dans l'analyse économique que les entrepreneurs ne peuvent commencer à organiser une activité productive qu'en ayant accumulé au préalable un capital. Quesnay soutient en outre que de grandes avances donnent de grands profits. Toute extension de l'échelle de production signifie une augmentation de l'échelle de multiplication et requiert une augmentation des avances.

Les physiocrates distinguent alors trois classes dans la société.

La classe productive est celle qui travaille la terre et qui fait naître la richesse de la nation. Elle réalise des avances et paie le revenu du propriétaire terrien, à savoir la rente.

La classe stérile ne fait que modifier ou transformer des richesses déjà produites. Dans cette classe, il distingue les travailleurs du secteur de l'industrie, des commerçants (classe stérile soudoyée libre) et des domestiques (classe stérile soudoyée dépendante). L'unité de cette classe vient du fait qu'elle ne participe pas à la production de richesses. Elle ne participe qu'à la circulation et la répartition des revenus.

La troisième classe, enfin, est celle des propriétaires fonciers, qui constitue un rouage essentiel de la distribution du revenu, qui conditionne elle-même sa production. Cette classe est indispensable à l'existence de la richesse. Quesnay soutient en effet que pour que le « produit net » (c'est-à-dire la richesse) existe, il faut instaurer la propriété privée. Le don de la nature, gratuit, exige des avances foncières. Pour que ces avances soient réalisées, il faut que les terres soient appropriées et transmises par l'héritage. À ce stade du raisonnement, comment justifier que la classe des propriétaires fonciers soit distincte de la classe productive, qui travaille effectivement la terre ? Selon Quesnay, une telle séparation est justifiée par le fait que la classe productive permet aux propriétaires fonciers d'épargner le temps qu'elle est obligée d'employer à d'autres fonctions nécessaires à leurs besoins.

Fort de ces outils d'analyse, François Quesnay élabore en 1758 le *Tableau économique*, première représentation visuelle de la circulation de la richesse au sein d'un État. L'objectif d'une telle représentation est de décrire la façon dont circule le produit et dont sont mises en œuvre les dépenses (productives et stériles), pour percevoir les éventuelles mesures de politique économique qu'un gouvernement peut mettre en place.

Prenons un exemple de *Tableau économique*.

Supposons que la classe productive détienne sous forme physique les biens formant le contenu des avances annuelles dont la valeur est de 4 francs. Tous les ans, 2 francs de capital fixe sont consommés lors de l'activité de production. Ces 2 francs doivent être annuellement amortis.

Le don gratuit de la nature permet l'obtention d'une production de biens agricoles dont la valeur est de 10 francs. Sur ces 10 francs, 6 doivent être prélevés pour reconstituer les avances du cycle suivant (4 francs de capital circulant et 2 francs de capital fixe). La reconstitution des avances annuelles (capital circulant) ne donne pas lieu à un flux monétaire puisqu'il s'agit de biens physiques ; mais l'avance en capital fixe implique que la classe productive, à savoir le secteur agricole, achète à la classe stérile produisant les biens de production des produits dont le montant est de 2 francs.

La classe productive dont fait partie le fermier s'est procuré ces 2 francs en vendant ses produits au propriétaire foncier qui a reçu une rente de 4 francs lors du cycle précédent. Il reste donc 2 francs au propriétaire foncier qui achète des biens manufacturés à la classe stérile. Cette dernière utilise ce revenu pour acheter des biens de première nécessité, donc des biens agricoles produits par la classe productive.

Au total, la classe productive perçoit comme revenu 2 francs du propriétaire foncier, 2 francs de la classe stérile au titre de l'achat de matières premières, et 2 francs de cette même classe stérile qui achète des subsistances grâce au produit de la vente faite au propriétaire foncier. Cela constitue un total de 6 francs.

Sur ces 6 francs, 2 sont consacrés à l'amortissement des avances primitives (capital fixe) et 4 francs sont remis à la classe des propriétaires terriens au titre de la rente. La dépense de la rente constitue le début du cycle suivant.

Lorsque sont achevées les opérations d'achats et de vente (dépenses du propriétaire foncier et de la classe stérile), il reste à la classe productive 4 francs, qui permettront de faire les avances annuelles qui amorcent la reproduction sur une échelle stationnaire.

De ce *Tableau économique*, les physiocrates en déduisent des recommandations de politique économique. Plus qu'un constat comptable, en effet, il permet de préciser les conditions d'un équilibre stationnaire et donc de penser le déséquilibre expansionniste, c'est-à-dire l'augmentation du revenu. Pour que la reproduction se fasse *a minima* sur une échelle stationnaire, l'impôt que met en place l'État ne doit pas peser sur la classe productive, car cela viendrait entamer les avances nécessaires à la production de la richesse. Il en résulterait une diminution du produit. Plus généralement, « l'impôt ne doit pas diminuer directement ou indirectement les avances du secteur productif. Il doit être un prélèvement sur le produit et ne doit être payé que par la classe des propriétaires fonciers » (Quesnay, 1767, p.950). Cela se justifie par le fait que l'État est copropriétaire de toutes les terres et qu'il doit réaliser des travaux d'aménagement nécessaires au bon déroulement de l'activité agricole. L'équilibre au sein du *Tableau économique* suppose que la totalité des revenus circule et parcourt tous les marchés du Royaume. Si ce n'est pas le cas, autrement dit si une partie du produit est thésaurisée (retirée de la circulation pour constituer des trésors), il en découlerait une diminution de la richesse du pays : la thésaurisation conduit à diminuer d'autant la production annuelle de biens agricoles. Si, par exemple, les propriétaires fonciers thésaurisent une partie de la rente, il s'ensuit que la classe productive ne peut pas reconstituer ses avances primitives. Le niveau de la production diminue alors au cycle suivant et la rente doit diminuer. La dépression de la demande s'en trouve alors aggravée.

Les physiocrates recommandent donc une libre exportation des denrées agricoles en ouvrant les marchés extérieurs. Cela a l'avantage de maintenir la demande à un niveau favorable et l'établissement d'un prix suffisamment élevé.

Les physiocrates prennent soin de distinguer épargne et thésaurisation. L'épargne est prêtée à la classe productive et permet ainsi d'augmenter les avances primitives et donc le produit net. Le détournement vers l'activité agricole d'un revenu antérieurement épargné permet un développement de la richesse.

Ricardo s'oppose à ces recommandations. Dans son analyse économique, les rentiers n'utilisent pas leur revenu pour financer des investissements : la rente se déduit des profits qui sont la seule source de l'accumulation. Puisque la rente a pour origine la différence de fertilité des terres, il ne faut pas étendre les surfaces cultivées et avoir au contraire recours à l'importation de biens agricoles.

VI – La dynamique macroéconomique

Selon Smith, il est tout à fait possible que le salaire se fixe de façon durable à un niveau supérieur au minimum physiologique. C'est le cas lorsque la demande de travail croît plus vite que l'offre qui résulte du niveau de revenu des travailleurs. La croissance du capital consacrée à l'achat de travail doit donc se faire à un certain taux.

La hausse des salaires s'accompagne, comme pour Ricardo, d'une hausse de l'effectif de la population laborieuse : « Les hommes, ainsi que tous les animaux, se multiplient naturellement à proportion de leurs moyens de subsistance. » (Smith, 1776, p.172.) L'augmentation de la population provoque une augmentation de la demande de produits agricoles ; mais l'offre ne peut suivre qu'avec retard, ce qui provoque une augmentation du prix courant de ces produits. Par contre, le prix des produits manufacturés suit une évolution inverse : « la croissance s'accompagne d'un approfondissement de la division du travail, qui engendre une baisse du prix des produits industriels » (Smith, 1776).

La hausse du prix des biens agricoles entraîne une hausse de la rente : elle entre dans la composition du prix, mais d'une façon différente du salaire et du profit. Des hauts salaires et des hauts profits sont la cause d'un haut prix. Par contre, une rente forte ou faible est la conséquence d'un prix fort ou faible. L'augmentation du prix des produits agricoles est donc absorbée par la hausse de la rente.

Mais la hausse des salaires, provoquée par une accumulation du capital plus rapide que l'augmentation de la population, entraîne la baisse des profits. La concurrence qui s'établit entre capitalistes pour embaucher de la main-d'œuvre fait en effet hausser les salaires ; et cette concurrence s'étend au prix des produits : le capitaliste est contraint « de vendre ce dont il fait commerce tant soit peu meilleur marché » (Smith, 1776, p.407), ce qui renvoie à l'idée que l'étendue du marché, c'est-à-dire le pouvoir d'achat présent sur le marché, est considérée comme une donnée invariable. Smith estime que l'évolution du taux d'intérêt est un bon indicateur de l'évolution du taux de profit : « Partout où il y a beaucoup à gagner par l'usage de l'argent, on en donnera communément pour en user ; et que partout où il y a peu à gagner par son usage, on en donnera communément peu. Par conséquent, selon que le taux courant habituel de l'intérêt varie dans un pays, on peut être sûr que les profits ordinaires des fonds varieront avec lui, baisseront comme il baisse, et s'élèveront comme il s'élève. On peut donc se faire une idée du progrès du profit par le progrès de l'intérêt. » (Smith, 1776, p.104.)

Pour résumer, dans la perspective de Smith, la hausse des salaires impulsée par l'accumulation rapide du capital entraîne une hausse de la rente et une diminution des profits. À long terme, la tendance est donc à l'établissement d'un état stationnaire dont la baisse du taux d'intérêt est un révélateur.

Ricardo ne partage pas le point de vue de Smith sur les raisons de l'installation d'un état stationnaire. Pour Ricardo, il y a état stationnaire parce que le taux de profit est descendu à un niveau tel que non seulement l'incitation à investir disparaît, et mais aussi tel que les moyens de financer un tel investissement ont disparu. L'analyse smithienne est différente. Pour Smith, les moyens de l'accumulation ne manquent pas. Certes, en effet, les profits baissent, mais la rente augmente. L'augmentation de la rente peut servir à l'épargne qui viendrait financer de nouveaux investissements. Ce sont les occasions d'investir de façon lucrative qui manquent : «À mesure que les capitaux s'accroissent dans un pays [...], il devient de plus en plus difficile de trouver à l'intérieur du pays une façon lucrative d'employer un capital neuf», car «les profits que leur emploi peut procurer diminuent nécessairement» (Smith, 1776, p.406). L'aiguillon de l'accumulation disparaît avec la baisse du taux de profit, et pour renouveler les occasions d'accumuler, il faut, d'après Smith, créer de nouvelles branches de production et mettre en valeur de nouveaux territoires, alors que pour Ricardo, l'éloignement de l'état stationnaire ne peut se faire que grâce au recul des investissements dans l'agriculture. La divergence entre Smith et Ricardo porte donc encore sur la rente : alors que pour le premier, elle peut être investie dans l'activité productive, pour le second, la chose n'est pas pensable. Il y a cependant un sujet qui réunit Smith et Ricardo : l'accumulation du capital n'est jamais bornée par la demande, car en vertu de la loi de Say, les capitalistes n'ont pas de contrainte de débouché.

Il n'en va bien sûr pas de même pour Malthus. Les conditions qui déterminent la croissance de la rente sont les mêmes que celles qui déterminent la croissance de la richesse. Cependant, l'augmentation de la rente a aussi un effet pervers, car les propriétaires fonciers, tout comme les capitalistes, ont tendance à consommer une plus faible partie de leur revenu ; or, la croissance de la demande effective est indispensable pour que l'accumulation du capital se poursuive.

Comme nous l'avons déjà vu, Malthus imagine des solutions pour doper le niveau de la demande ; parmi ces solutions, il y a le fractionnement des terres et donc la multiplication des propriétaires terriens. Mais cette multiplication doit être proportionnée, car la multiplication des terres peut engendrer un recul des possibilités de production et de développement de la productivité. Les déterminants de la croissance sont donc au nombre de deux : l'augmentation des « facultés productives » et l'augmentation de la demande. L'augmentation de la demande fait partie des déterminants de la croissance économique puisque pour Malthus, l'offre ne crée pas sa propre demande.

La doctrine des proportions est tout à fait centrale dans la pensée de Malthus, car toute mesure de politique économique et tout comportement produisent à la fois des effets positifs et négatifs : « Il faut admettre comme une vérité que tous les grands résultats en économie politique, relativement à la richesse, tiennent à des proportions ; et c'est parce qu'on n'a pas fait attention à cette importante vérité qu'on a commis tant d'erreurs en voulant prédire les conséquences futures. C'est par la même raison qu'on a vu plusieurs nations s'enrichir quand on s'attendait à les voir s'appauvrir, et que d'autres se sont appauvries quand on s'attendait à les voir s'enrichir. » (Malthus, 1820, p.305.)

Ainsi, si la croissance de la population implique une augmentation de la production et donc une accumulation de capital constituée par l'épargne, une épargne trop importante est de nature à faire baisser la demande effective. Or, une baisse trop importante de la demande effective est de nature à stopper l'accumulation. Il en résulte alors un état stationnaire. Inversement, la demande peut aussi être trop élevée au regard des facultés productives. On peut tirer des raisonnements de Malthus une dynamique économique qui conduit à la baisse du taux de profit : des terres de moins en moins fertiles sont mises en culture en raison d'une augmentation de la demande qui fait hausser le prix des produits agricoles. Les prix et les quantités produites augmentent, donc cette mise en culture de terres supplémentaires se traduit par une croissance économique. Mais cette croissance finit par faire baisser le taux de profit. Or, le profit constitue l'incitation à investir. La croissance engendre donc à long terme son contraire, à savoir l'état stationnaire.

VII – Le rapport salarial chez les classiques

Au sein la théorie économique contemporaine, il est habituel de considérer que le niveau d'emploi qui est déterminé dans l'économie est le fruit de la confrontation des décisions des salariés et des entrepreneurs : l'offre de travail se confronte à la demande pour déterminer un prix et une quantité de travail (d'équilibre ou non). L'offre de travail émane des individus qui souhaitent devenir salariés. Ces derniers contrôlent parfaitement leur contrainte budgétaire et réalisent un libre choix entre temps de travail et temps de loisir. Offre et demande de travail jouissent du même statut d'échangistes. Le travail fait l'objet d'un échange au même titre que n'importe quelle autre marchandise. De cette analyse découle le fait que le chômage ne peut être dû qu'à des imperfections du marché du travail, comme par exemple la rigidité à la baisse du salaire réel.

Telle n'est pas la conception des économistes qualifiés de « classiques ». Ces derniers font en effet l'hypothèse que l'emploi est déterminé par les décisions d'accumulation du capital des seuls capitalistes. Il existe donc pour eux une asymétrie de statut entre capitalistes, qui prennent les décisions, et salariés, qui subissent ces décisions. Il en découle pour Ricardo et Malthus une théorie du chômage qui ne résulte nullement des imperfections du marché.

Smith

L'hypothèse d'asymétrie entre capitalistes et salariés se trouve chez Smith par rapport au degré de dépendance respective de ces protagonistes : « Un propriétaire, un fermier, un maître fabricant ou marchand, pourraient en général, sans occuper un seul ouvrier, vivre un an ou deux sur les fonds qu'ils ont déjà amassés. Beaucoup d'ouvriers ne pourraient pas subsister sans travail une semaine, très peu un mois et à peine un seul une année entière. À la longue, il se peut que le maître ait autant besoin de l'ouvrier que celui-ci a besoin du maître ; mais le besoin du premier n'est pas si pressant. » (Smith, 1776, p.56.) Corrélativement,

les entrepreneurs ont la capacité d'imposer leurs décisions aux salariés : « Il n'est pas difficile de prévoir lequel des deux partis, dans toutes les circonstances ordinaires, doit avoir l'avantage dans le débat, et imposer forcément à l'autre toutes ses conditions. » (Smith, 1776, p.56) : c'est le capitaliste. Autrement dit, les décisions en matière d'emploi des capitalistes sont souveraines : « Évidemment, la demande de ceux qui vivent de salaires ne peut augmenter qu'à proportion de l'accroissement des fonds consacrés à payer les salaires. Ces fonds sont de deux sortes : le premier consiste dans l'excédent du revenu sur les besoins ; le second, dans l'excédent du capital nécessaire pour tenir occupés les maîtres du travail. Quand un propriétaire, un rentier, un capitaliste a un plus grand revenu que celui qu'il juge nécessaire à l'entretien de sa famille, il emploie tout ce surplus ou une partie de ce surplus à entretenir un ou plusieurs domestiques. Augmenter ce surplus, et naturellement, il augmentera le nombre de domestiques. » (Smith, 1776, p.156.)
L'avance en capital faite par les capitalistes détermine unilatéralement le niveau d'emploi.

Ricardo, quant à lui, développe une théorie du « fonds de salaire » dans laquelle les capitalistes avancent une certaine somme d'argent pour la location des forces de travail. Cette demande de travail dépend donc directement de l'accumulation du capital, « cette partie de la richesse d'une nation qui est employée à la production » (Ricardo, 1817, p.84). Le capital « se compose des matières alimentaires, des vêtements, des instruments et ustensiles, des machines nécessaires pour rendre le travail productif». La demande de travail détermine donc seule également le niveau d'emploi effectif. Il existe donc une asymétrie fondamentale entre les capitalistes et les salariés, puisque ces derniers n'ont aucun levier d'action dans le processus de détermination du niveau d'emploi.

La population qui va constituer l'offre de main-d'œuvre n'a d'effet que le niveau du salaire courant. Le salaire courant est déterminé par la confrontation de l'offre et de la demande de travail.

L'asymétrie de statut entre capitalistes et salariés fonde la possibilité d'équilibre de chômage, c'est-à-dire une situation dans laquelle tous les marchés s'équilibrent, sauf le marché du travail ; en effet, si le niveau d'emploi est déterminé exclusivement par les capitalistes via l'accumulation, cette dernière peut se révéler insuffisante pour embaucher toute la population disponible. Si Ricardo laisse cette possibilité de côté dans les deux premières éditions des *Principes*, il la met en avant dans la 3e édition dans la mesure où il développe l'idée que l'introduction des machines dans l'activité productive est de nature à remettre en cause le plein-emploi de la main-d'œuvre. Ainsi, dans le chapitre XXXI de la 3e édition des *Principes*, Ricardo affirme la chose suivante :

«Je suis convaincu que la substitution des forces mécaniques aux forces humaines pèse quelquefois très lourdement sur les épaules des classes laborieuses [...]. Tout ce que je tiens à prouver, c'est que la découverte et l'usage des forces mécaniques peu-

vent être suivis d'une diminution de produit brut : et toutes les fois qu'il en sera ainsi, la classe laborieuse souffrira, car elle deviendra excessive comparativement au fonds destiné à la maintenir, et une fraction de ses membres se verra privée de travail et de salaire. » (Ricardo, 1817, p.346-347.)
Faut-il pour autant éviter l'emploi de nouvelles machines ? Ricardo précise qu'« il ne faudrait pas croire que mes conclusions définitives soient contre l'emploi des machines. Il serait toujours dangereux d'entraver l'emploi des machines, car si l'on n'accorde pas dans un pays, au capital, la faculté de recueillir tous les profits que peuvent produire les forces mécaniques perfectionnées, on le pousse au-dehors, et cette désertion des capitaux sera bien plus fatale à l'ouvrier que la propagation la plus vaste des machines » (Ricardo, 1817, p.350).
Ricardo développe donc un modèle de chômage. La possibilité de chômage se mue en nécessité lorsque les capitalistes introduisent des machines qui entraînent un accroissement de la productivité dans le processus de production. Le chômage n'est pas lié à une imperfection de marché, mais à la nature même du rapport salarial. Malthus développe un modèle de chômage alternatif tout en se référant lui aussi à une hypothèse d'asymétrie du rapport salarial.

Pour Malthus également, le niveau de l'emploi est déterminé unilatéralement par la demande de travail qui dépend elle-même de l'accumulation du capital, « cette portion particulière des produits, ou de la richesse accumulée, qui est destinée à être employée, en vue de certains profits, dans la production et dans la distribution de la richesse future » (Malthus, 1820, p.211). Ce capital permet l'emploi du travail productif qu'il définit comme « toute espèce de travail qui produit directement des richesses » (Malthus, 1820, p.27).

L'hypothèse d'asymétrie entre capitalistes et salariés est encore plus poussée lorsque Malthus affirme qu'au final, c'est la demande de travail qui *détermine* l'offre de travail : « Ce qui est essentiellement nécessairement pour qu'il y ait un accroissement rapide de la population, c'est une demande considérable et soutenue de bras. Et cette demande se proportionne à l'accroissement de quantité et de valeur des fonds actuellement consacrés à défrayer le travail, c'est-à-dire des fonds consacrés à la subsistance des travailleurs. » (Malthus, 1820, p.187.)

Les progrès de la richesse amènent à une évolution de la répartition des revenus défavorable à la poursuite de l'accumulation. En effet, la rente a tendance à augmenter en longue période pour les raisons suivantes : « En premier lieu, une accumulation du capital [...] ; en second lieu, un accroissement de population [...] ; en troisième lieu, des améliorations dans l'agriculture ; enfin, une augmentation dans le prix des produits du sol. » (Malthus, 1820, p.120.) Cette augmentation de la rente pose problème, car les propriétaires comme les capitalistes n'ont pas tendance à consommer tout leur revenu (Malthus, p.333). En outre, l'augmentation de la rente s'accompagne d'une baisse des taux de salaire : « Dans la marche naturelle et régulière d'un pays vers le complet développement de son capital et de sa population, les taux des profits et des salaires en blé des ouvriers baissent constamment dans leur ensemble. » (Malthus, p.121.) Or, la croissance de la demande de produits est indispensable à la poursuite de l'accumulation.

L'insuffisance de la demande de produit est génératrice de chômage : « Le capital comme la population peuvent être surabondants en même temps et pour une période d'une durée considérable par rapport à la demande effective pour la production. » (Malthus, p.402.)

La demande dont Malthus fait mention est composée d'une demande de bien de consommation et d'une demande de capital. Cette dernière est déterminée par le profit qui dépend lui-même de la demande de consommation à travers le prix des produits. Si l'insuffisance de la demande provoque une baisse de prix pour des salaires monétaires inchangés, les profits diminuent et avec eux l'incitation à accumuler. La dépression de la demande est aggravée par celle de la demande de capital. Cependant, la baisse des salaires vers un niveau inférieur peut-elle restaurer l'incitation d'investir via la hausse des profits ? Pour Malthus, la réponse n'est pas forcément positive. Ce dernier envisage le cas où « bien que le travail soit à bon marché, il n'existe ni le pouvoir ni la volonté de l'employer tout entier » (Malthus, p.417). Il n'est donc pas sûr qu'une baisse du salaire puisse constituer une solution au problème du chômage.

Par contre, est-ce que pour Malthus, le chômage technologique est possible et nécessaire, comme chez Ricardo ? La réponse est négative. Lorsque les prix diminuent comme conséquence de la contraction des coûts, consécutive à l'introduction d'innovations technologiques, le chômage ne se développe pas dans la plupart des cas. Il faudrait pour cela que le progrès technique ne s'accompagne pas d'une extension de la demande. L'expérience semble montrer, d'après Malthus, qu'« aussitôt qu'une machine est inventée, qui, épargnant de la main-d'œuvre, fournit des produits à un prix plus bas qu'auparavant, l'effet le plus ordinaire est une extension de la demande pour ces objets ; et cette extension est telle que la valeur de toute la masse des objets fabriqués par ces nouvelles machines surpasse de beaucoup celle des produits qui étaient manufacturés auparavant » (Malthus, 1802, p.292).

Malthus développe donc un modèle de chômage alternatif à celui de Ricardo mais la démarche reste la même : l'hypothèse d'asymétrie ouvre la possibilité de chômage. Ce qui mue la possibilité en nécessité est l'insuffisance de la demande générée par le progrès des richesses lui-même.

VIII – Le commerce international

Ricardo conclut, grâce à sa théorie de la rente, que la poursuite de la croissance économique est conditionnée par l'ouverture des économies au commerce international des produits agricoles. Il étend cette conclusion aux produits industriels sur la base de la théorie des avantages comparatifs, là où Smith développait une théorie des avantages absolus.

Ricardo expose sa théorie des coûts relatifs ou comparatifs en prenant pour exemple l'Angleterre et le Portugal. Il en vient à une conclusion similaire à celle qu'aurait eue Smith sur la base d'un raisonnement en termes d'avantages absolus : « Les capitalistes de l'Angleterre et les consommateurs des deux pays gagneraient sans doute à ce que le vin et le drap fussent l'un et l'autre faits au Portugal, le capital et l'industrie anglaise passant par conséquent, à cet effet, de l'Angleterre au Portugal [...]. Nous savons cependant, par expérience, que bien des causes s'opposent à la sortie des capitaux. » (Ricardo, 1817, p.118.) Apparemment donc, la prise en compte des obstacles qui s'opposent à la libre circulation des capitaux amène Ricardo, avec une analyse en termes de coûts relatifs, à des conclusions différentes de Smith. La théorie de Ricardo définit ainsi les conditions d'un optimum de second rang, le seul possible étant donné qu'il existe des obstacles à la libre circulation des capitaux.

Chapitre 3

Walras

L'ouvrage de Walras appelé *Éléments d'économie politique pure* est une théorie de la richesse sociale : « L'économie politique pure est essentiellement une théorie de la détermination des prix sous un régime hypothétique de libre concurrence absolue. L'ensemble de toutes les choses essentielles, matérielles ou immatérielles, qui sont susceptibles d'avoir un prix parce qu'elles sont rares, c'est-à-dire à la fois utiles et limitées en quantité, forme la richesse sociale. C'est pourquoi l'économie politique pure est aussi la théorie de la richesse sociale. » (Walras, 1874-1877, p.20.)

Les fondements de la valeur et de la richesse sociale sont donc l'utilité et la limitation en quantité.

La première condition de la valeur est l'utilité : une richesse doit répondre à un besoin. Mais par ailleurs, un produit qui est disponible en quantité illimitée n'a pas de valeur. Il n'est pas nécessaire de chercher à s'approprier un produit dont la disponibilité est infinie. Le fait qu'un produit soit rare justifie que les individus cherchent à se les approprier. L'appropriation implique elle-même l'échange et la nécessité de déterminer une valeur d'échange pour les produits dont les individus souhaitent se dessaisir.

Walras ne fait pas la distinction, comme les économistes classiques, entre valeur d'usage et valeur d'échange. La seule valeur existante sur le marché est la valeur d'échange et son fondement est l'utilité et la rareté. L'auteur résout ainsi le paradoxe de l'eau et du diamant d'Adam Smith : l'eau, bien qu'utile, n'a pas de valeur si sa quantité disponible est illimitée ; quant au diamant, il reste utile pour certaines personnes mais sa rareté explique sa valeur d'échange très élevée.

Walras précise que la richesse sociale, composée de produits utiles et rares, est le résultat d'une activité de production. L'industrie permet l'augmentation et la multiplication de la richesse sociale.

L'économie politique pure de Walras définit donc la richesse sociale comme l'ensemble des choses matérielles ou immatérielles qui sont rares, c'est-à-dire utiles et limitées en quantité, et du fait de leur rareté, ces choses ont une valeur d'échange. L'économie politique est donc aussi la théorie générale du marché sur lequel s'effectuent les échanges et se déterminent les valeurs d'échange.

Remarquons que le concept walrassien de rareté renvoie à la fois à l'utilité et à la limitation en quantité : « On voit, d'après cela, quel est le sens des mots rares et rareté. C'est un sens scientifique, comme celui des mots vitesse en mécanique et chaleur en physique. Pour le mathématicien ou le physicien, la vitesse ne s'oppose pas à la lenteur, ni la chaleur au froid, comme cela a lieu dans le langage vulgaire : la lenteur n'est pour l'un qu'une vitesse moindre, le froid n'est pour l'autre qu'une moindre chaleur [...]. De même ici la rareté et l'abondance ne s'opposent pas l'une à l'autre : quelque abondante qu'elle soit, une chose est rare, en économie politique, dès qu'elle est utile et limitée en quantité, dès qu'elle parcourt un certain espace en un certain temps. » (Walras, 1898, p.22.)

I – La méthode de Walras

Pour Walras, l'économie est une science tout à fait semblable aux sciences physico-mathématiques (Walras, 1874-1877, p.233). À ce titre, elle doit adopter une méthode rationnelle et s'abstraire du réel pour y retourner dans un second temps. Il convient donc de simplifier la réalité observable pour complexifier l'analyse lors d'étapes ultérieures.

La concurrence absolue

En vertu de cette méthode rationnelle, Walras fait l'hypothèse que les marchés fonctionnent en situation de « concurrence absolue ». Retenir cette hypothèse, c'est comme penser un mouvement sans frottement : c'est s'abstraire du réel ; et Walras laisse le soin à ses successeurs de retourner vers le réel. La concurrence absolue, dans l'optique de l'économiste, se définit moins par ses conditions (les bien connues hypothèses d'atomicité, d'homogénéité des produits, d'information parfaite, de libre circulation et libre entrée sur les marchés...) que par l'implication de ces conditions : un agent économique ne peut en aucun cas être « faiseur de prix ». C'est le marché, c'est-à-dire la rencontre de l'ensemble des agents, qui fixe le prix. L'agent économique est donc « *price taker* » dans un univers de concurrence absolue, ce qui ne l'empêche pas de pouvoir décider des quantités qu'il offre ou qu'il demande sur les différents marchés.

Quel est l'objectif de l'adoption d'un tel cadre d'analyse simplifié ? À cette question, Walras répond la chose suivante : « La libre concurrence n'est qu'une hypothèse. Dans la réalité, la libre concurrence est entravée par une infinité de causes perturbatrices. Il n'y a donc aucun intérêt quelconque, sinon de curiosité, à étudier la libre concurrence en elle-même et dégagée de ces éléments de perturbation dont aucune formule ne saurait tenir compte. La vanité de cette objection se révèle pleinement. À supposer qu'un progrès ultérieur de la science ne permette d'introduire et de faire figurer les causes perturbatrices dans les équations de l'échange et de la production, ces équations, telles que nous les avons établies, n'en conduisent pas moins à la règle générale et supérieure de la liberté de la production. » (Walras, 1874-1877, p.22.)

Walras souhaite donc avec ce cadre de concurrence absolue démontrer la supériorité de cette forme d'organisation des marchés sur toutes les autres, du point de vue de la maximisation du bien-être de tous les agents économiques.

Une théorie des prix réels

L'objet de la théorie économique de Walras est la détermination et la formation des prix. Mais ces prix, en vertu de sa démarche scientifique, ne sont pas monétaires. La monnaie est évacuée du champ de son analyse dans un premier temps. Les prix dont il fait la théorie sont donc avant tout des prix réels, c'est-à-dire des taux d'échange entre marchandises. Walras estime que « l'intervention de la monnaie est, en définitive, plus voisine de la réalité des choses » (Walras, 1874-1877, p.155), mais « l'intervention de la monnaie dans les échanges est un fait particulier dont l'étude ne doit pas être mêlée, dès le début, à celle du fait général de la valeur d'échange» (Walras, 1874, 1877, p.48). Cette démarche qui consiste à expulser la monnaie de l'analyse de l'échange est cohérente avec sa définition de la richesse sociale qui exclut la monnaie. Or, c'est bien les prix des éléments de la richesse sociale dont Walras souhaite faire théorie. On reconnaît bien là l'empreinte smithienne de cette conception, ainsi que l'empreinte de Say : Walras reprend à son compte l'idée que les produits s'échangent contre les produits. Ne dit-il pas en effet que «le besoin qu'on a de monnaie n'est autre que le besoin qu'on a de marchandises qu'on achètera avec cette monnaie» (Walras, 1898, p.94) ?

*De l'économie d'échange pure
à l'économie de production*

Comme nous l'avons déjà souligné, la méthode scientifique de Walras l'amène à suivre une marche qui va du simple vers le complexe. C'est ainsi qu'il justifie le fait de commencer son étude par la formation des prix dans une économie d'échange pure à deux marchandises, puis la formation des prix dans une économie d'échange à trois marchandises, et enfin la formation des prix dans une économie de production : «Quelque compliqué que soit un ordre de phénomènes, il y a toujours moyen de l'étudier scientifiquement à la condition d'observer la règle qui prescrit d'aller du simple au composé. J'ai traité successivement, en faisant la théorie mathématique de l'échange, de l'échange de deux marchandises entre elles en nature, puis de l'échange de deux marchandises entre elles avec intervention du numéraire. Ce faisant, j'ai laissé de côté cette circonstance que les marchandises sont des produits résultant de l'association d'éléments producteurs tels que les terres, les hommes et les capitaux. Le moment est venu de le faire intervenir et de poser, après le problème de la détermination mathématique du prix des produits, celui de la détermination du prix des services producteurs. » (Walras, 1874-1877, p.175.)

Walras fait donc remonter la simplification à une économie dans laquelle les marchandises ne sont pas produites. Don Patinkin, qui s'inscrivit dans une démarche de type walrassienne, décrit bien l'origine mystérieuse des marchandises qui arrivent dans le panier des échangistes « comme la Manne des Enfants d'Israël qui est tombée du ciel » (Patinkin, 1965, p.22).

Lorsque Walras a terminé son analyse de l'échange entre deux marchandises, il tente de montrer que la loi qu'il a établie « s'applique à l'échange de plusieurs marchandises [...] et qu'elle s'applique à la libre concurrence en matière de production comme en matière d'échange » (Walras, 1874, p.100).

II – La théorie walrassienne des prix

Le prix ou taux d'échange des marchandises a pour fondement la valeur qui est un fait objectif. On commencera par l'étude de la formation du prix dans une économie à deux marchandises puis dans une économie à trois marchandises, qui est le prototype d'une économie à n marchandises.

Le fondement du prix

Le prix Pa et Pb de deux marchandises [A] et [B] est le rapport de leurs valeurs d'échange :

$$Pa = \frac{Va}{Vb} \text{ et } Pb = \frac{Vb}{Va}$$

Walras pose alors la question de savoir comment expliquer que le taux d'échange se fixe à un niveau plutôt qu'un autre ? À cette question, il répond : « Le blé vaut 24 francs l'hectolitre. Voilà le fait de la valeur d'échange [...]. Cette valeur du blé en argent, ou ce prix du blé, ne résulte ni de la volonté du vendeur, ni de la volonté de l'acheteur, ni d'un accord entre les deux. Le vendeur voudrait bien vendre plus cher ; il ne le peut pas parce que le blé ne vaut pas plus, et que, s'il ne voulait le vendre à ce prix, l'acheteur trouverait à côté de lui un certain nombre de vendeurs prêts à le faire. L'acheteur ne demanderait pas mieux que d'acheter à meilleur marché ; cela lui est impossible, parce que le blé ne vaut pas moins, et que, s'il ne voulait acheter à ce prix, le vendeur trouverait à côté de lui un certain nombre d'acheteurs disposés à y consentir. Le fait de la valeur d'échange prend donc, une fois établi, le caractère d'un fait naturel [...]. Si le blé et si l'argent ont de la valeur, c'est parce qu'ils sont rares, c'est-à-dire utiles et limités en quantité, deux circonstances naturelles. Et si le blé et si l'argent ont une telle valeur l'un par rapport à l'autre, c'est qu'ils sont respectivement plus ou moins rares, c'est-à-dire plus ou moins utiles et plus ou moins limités en quantités, encore deux circonstances naturelles, les mêmes que ci-dessus. » (Walras, 1874-1877, p.27.)

Autrement dit, le prix est attaché aux choses parce qu'elles sont rares (au sens walrassien du terme), et la valeur d'échange est la propriété qu'ont certaines choses à n'être obtenues ni cédées gratuitement. Donc les choses ont un prix parce qu'elles ont une valeur d'échange qui renvoie à la rareté. La rareté est la cause de l'existence de l'échange, donc des taux d'échange. Mais en outre, la valeur d'échange est proportionnelle au degré de rareté : plus la rareté d'une chose est grande, plus sa valeur d'échange l'est aussi.

« L'hectolitre étant admis comme unité de mesure de la quantité du blé, et le gramme comme unité de la quantité d'argent, on peut énoncer rigoureusement que, si 5 hectolitres de blé s'échangent contre 600 grammes d'argent c'est que [...] la valeur d'échange de 5 hectolitres de blé égale la valeur d'échange de 600 grammes d'argent. » (Walras, 1874-1877, p.28.)

Écrivons ainsi que Vb est la valeur d'un hectolitre de blé et Va celle d'un gramme d'argent. Le processus d'échange décrit par Walras nous permet de poser l'équation :

$$Vb.\,5 = Va.\,600 \; donc \; Vb = 120Va \; donc \; Pb = 120$$

Si on nomme « 1 franc » la valeur de 5 grammes d'argent, on obtient bien :

$$Pb = 24 \; Francs$$

La valeur se révèle à travers le prix si ce dernier se forme sur un marché ayant pour cadre libre la concurrence absolue. C'est donc « sur le marché qu'il faut aller pour étudier la valeur d'échange » (Walras, 1874-1877, p.44).

*L'équilibre dans une économie
à deux marchandises*

Pour l'individu A qui respecte sa contrainte budgétaire, la valeur de son offre de bien a est égale à la valeur de sa demande de bien b. On a donc :

$$Oa.Va = Db.Vb \ ou \ bien \ Oa = Db.Pb$$

Pour l'individu B, la valeur de son offre de bien b est égale à la valeur de sa demande de bien a :

$$Ob.Vb = Da.Va \ ou \ bien \ Ob = Da.Pa$$

L'équilibre des marchés est défini par l'égalité de l'offre et de la demande, soit :

$$Oa = Da = y$$

$$et \ Ob = Db = u$$

En remplaçant dans les contraintes budgétaires de chaque individu les quantités offertes et demandées d'équilibre, on obtient :

$$y = u.Pb$$

$$Et \ u = y.Pa$$

La valeur des prix d'équilibre s'écrit :

$$Pa = \frac{u}{y} = \frac{Va}{Vb} \ et \ Pb = \frac{y}{u} = \frac{Vb}{Va}$$

L'équilibre est réalisé lorsque le rapport des valeurs d'échange est égal au rapport inverse des quantités échangées.

L'équilibre dans une économie à 3 marchandises et l'économie de production

L'analyse se complexifie dans une économie d'échange dans laquelle il existe plus de deux biens. Prenons le cas avec Walras d'une économie à trois biens. Dans une telle économie, l'équilibre est réalisé non seulement lorsque « deux marchandises quelconques s'échangent l'une l'autre suivant une proportion commune et identique » (Walras, p.34), mais aussi lorsque « ces deux marchandises s'échangent contre une troisième quelconque suivant deux proportions dont le rapport soit égal à la première » (*ibid*). Il faut que, donc, si on nomme *c* la troisième marchandise, que :

$$Pc, b = (Pc, a)/(Pb, a)$$

Avec *Pc, b* est le prix relatif du bien *c* en termes de bien *b*. Si tel n'est pas le cas, les agents économiques ont intérêt à réaliser des opérations d'arbitrage. Mais ces opérations tendent à faire converger les prix vers l'équilibre.

Si d'aventure l'égalité n'était pas vérifiée, autrement dit, si on avait :

$$Pc, b > (Pc, a)/(Pb, a)$$

Des opérations d'arbitrage opérées par les agents conduisent à ramener le prix de *c* en termes de *b* vers son niveau d'équilibre :

« Ainsi, sur le marché (a,b), il y aura toujours une demande de (a) et une offre de (b), mais pas de demande de (b) et d'offre de (a) ; d'où une baisse de (Pb,a). Sur le marché (a,c), il y aura toujours une demande de (c) et une offre de (a), mais pas de demande de (a) et d'offre de (c) ; d'où la hausse de (Pc,a). Sur le marché de (b,c), il y aura toujours une demande de (b) et une offre de (c), mais pas de demande de (c) et d'offre de (b) ; d'où une baisse de P(c,b). » (Walras, 1874-1877, p.118.)

Le passage d'une économie d'échange pure à une économie de production se fait par l'extension de l'échange à une nouvelle catégorie de revenus : les services producteurs.

Précisons que pour Walras, font partie des revenus tous les biens détruits par le premier usage ; les

services producteurs, rendus par les capitaux, relèvent de la catégorie des revenus.
Dans l'économie d'échange pure, la seule catégorie
d'agents était des consommateurs qui échan-
geaient des biens non-produits. Dans l'économie de
production, Walras distingue ceux qui produisent
les biens de ceux qui les consomment. Les ménages demandent des biens de consommation aux
entreprises qui les produisent en combinant des
services producteurs. Ces services producteurs
sont au nombre de trois : ceux rendus par le travail, ceux rendus par le capital et ceux rendus par
la terre. Ces services sont offerts par les ménages
aux entreprises qui les demandent. Pour chacun de
ces services producteurs s'établit un prix qui assure
l'égalité de l'offre et de la demande. Le plein-emploi
des services producteurs, et notamment ceux du
travail, est assuré à compter du moment où règne
la libre concurrence absolue, donc à compter du
moment où n'intervient pas « l'arbitraire humain »
qui empêche que se fixe un prix d'équilibre : « L'état
d'équilibre de la production, contenant implicitement l'état d'équilibre de l'échange, c'est celui,
d'abord, où l'offre et la demande effectives des services producteurs sont égales et où il y a prix
courant stationnaire, sur le marché des services
(producteurs). C'est celui, ensuite, où l'offre et la
demande effectives de produits sont égales et où il y
a prix courant stationnaire, sur le marché des produits. C'est celui, enfin, où le prix de vente des
produits est égal à leur prix de revient en services
producteurs. Les deux premières conditions se rapportent à l'équilibre de l'échange ; la troisième est
relative à l'équilibre de la production. » (Walras,
1874, p.193-194.)

L'équilibre est général ou il n'est pas : la loi de Walras

Dans l'étude de l'échange en nature entre marchandises, Walras met en évidence qu'« on n'offre pas un bien pour offrir ; on offre parce qu'on ne peut pas demander sans offrir ; l'offre n'est qu'une conséquence de la demande » (Walras, 1874-1877, p.50-51). La valeur de l'offre pour un individu est toujours égale à la valeur de la demande. Autrement dit, les individus respectent toujours leur contrainte budgétaire (en l'absence de monnaie dans l'économie). Supposons deux individus A et B qui offrent et demandent des marchandises a et b. L'individu A offre du bien a pour demander du bien b. L'individu B offre du bien b pour demander du bien a. La contrainte budgétaire de l'individu A s'écrit donc : $Oa.Va=Db.Vb$, avec Oa la quantité offerte du bien a, Va la valeur unitaire du bien a, Db la demande de bien b et Vb la valeur unitaire du bien b. On peut écrire également la contrainte budgétaire de l'individu B : $Ob.Vb=Da.Va$.

Par conséquent, la somme des contraintes budgétaires que l'on peut écrire : $(Oa.Va-Db.Vb)+(Ob.Vb-Da.Va)$ est toujours nulle même si les marchés ne sont pas équilibrés. Cela implique que si sur le marché du bien a, on a $Oa.Va>Da.Va$ (une offre de bien a supérieure à la demande de bien a), on a forcément sur le marché du bien b : $Ob.Vb<Db.Vb$ (une offre de bien b inférieure à la demande de bien b). Si l'offre de bien a est excédentaire, c'est que l'individu A demande trop de bien b sur le marché du bien b. De même, si le marché du bien a est équilibré, alors le marché du bien b l'est forcément.

La nullité de la somme des contraintes budgétaires (ou somme des demandes nettes de bien) est appelée loi de Walras (O. Lange, 1942, p.50). Elle exprime l'idée qu'il ne peut pas y avoir de crise de surproduction générale. Le fait que l'équilibre sur le marché du bien b est forcément vérifié si le marché du bien a est lui-même équilibré est un corollaire de cette loi de Walras.

Par conséquent, la formation des prix d'équilibre ne peut pas être étudiée sur un marché isolé, mais sur tous les marchés dans leur interdépendance. Cela est le type de la démarche de Walras qui est de faire une théorie de l'équilibre général, en prenant en considération l'ensemble des marchés simultanément.

Le système d'équations de Walras

Chaque individu assimilé à un ménage va offrir une certaine quantité de services producteurs qui lui permettra de financer sa demande de marchandises de manière à maximiser sa satisfaction. On va donc considérer que chaque individu formule n offres de services producteurs pour m demandes de marchandises. Pour que les agents économiques soient solvables, ils doivent respecter leur contrainte budgétaire : le revenu qu'ils tirent de leur offre de services producteurs doit être égal à la valeur des demandes de marchandises qu'ils souhaitent acquérir. En faisant la somme des offres et des demandes de chaque individu, on obtient n offres globales de services producteurs et m demandes globales de marchandises.

Notons que pour que l'équilibre des ménages soit réalisé, il faut que leur demande soit satisfaite au prix d'équilibre.

À ce stade de l'analyse, nous avons donc n fonctions d'offre de services producteurs et m fonctions de demande de marchandises, donc (n+m) équations, pour n+m inconnues : n quantités offertes de services et m quantités demandées.
Mais par ailleurs, n équations sont données par les conditions de production. En effet, les services producteurs sont combinés dans les activités de production des marchandises dans des proportions appelées « coefficients de fabrication » (définis comme la quantité d'un service producteur donné pour obtenir une unité d'une marchandise donnée). Et enfin, Walras note m équations décrivant l'égalité du prix de chaque marchandise à la somme des coûts unitaires impliqués par leur fabrication. Cette égalité définit l'équilibre du producteur.
L'auteur a donc dans son système (2n+2m) équations. Mais seules (2n+2m-1) équations sont indépendantes (la contrainte budgétaire des agents économiques peut être déduite des autres équations).
Le système d'équilibre général de (2n+2m-1) équations indépendantes doit permettre de déterminer : n quantités de services producteurs échangés et n prix de services producteurs ; m quantités de marchandises échanges et m-1 prix de marchandises (sur les m marchandises, une marchandise sert du numéraire ; elle permet d'exprimer le prix des autres marchandises ; son prix est donc donné et est égal à l'unité). On a donc (2n+2m-1) inconnues.

Comme il existe autant d'équations que d'inconnues, le système est solvable et, sous certaines conditions mathématiques, l'équilibre général existe.

Pour un ensemble de paramètres donnés dans l'économie (fonctions de préférences, dotations initiales, techniques de production), il existe un système de prix d'équilibre qui assure l'égalité de l'offre et de la demande sur tous les marchés. Il existe donc un état possible dans l'économie qui correspond à une compatibilité mutuelle de toutes les décisions des agents économiques mus par la seule recherche de l'intérêt privé. Mais comme le précise Ghislain Deleplace (2000), le calcul d'un tel système de prix d'équilibre nécessite que soient connues les fonctions d'offre et demande globales, alors même que chaque agent ne connaît que ses propres fonctions individuelles. Les agents ne connaissent pas en effet le résultat de l'action de tous les autres, mais connaissent leur fonction de consommation, en raison de la décentralisation de l'économie (absence d'une coordination des actions individuelles avant l'échange). C'est le propre d'une économie de propriété privée dans laquelle règne la division sociale du travail que les agents économiques prennent leurs décisions dans l'ignorance des décisions prises par les autres. Pour Adam Smith, c'est la libre concurrence, la « main invisible » qui permet l'obtention d'un ordre marchand. Il en va de même pour Walras.

Connaître et déterminer le système de prix d'équilibre est une chose. Savoir comment l'économie et l'ensemble des agents parviennent à ce système de prix en est une autre : c'est l'objet de la théorie de la formation des prix.

Salon Walras, «les marchés les mieux organisés sous le rapport de la concurrence sont ceux où les achats et les ventes se font à la criée, par l'intermédiaire d'agents tels qu'agents de change, courtiers de commerce, crieurs qui les centralisent, de telle sorte qu'aucun échange n'ait lieu sans que les conditions en soient annoncées et connues et sans que les vendeurs ne puissent aller au rabais et les acheteurs à l'enchère» (Walras, 1877-1877, p.44). Dans la littérature économique, il est devenu habituel d'appeler de tels agents les commissaires-priseurs. Ces derniers ont la tâche de centraliser les offres et les demandes afin d'en établir le solde et de faire progresser le système de prix vers l'équilibre général.

Le prix d'un produit a pour déterminant l'offre et la demande globales. Elles sont obtenues par l'agrégation des offres et des demandes individuelles qui ont été formulées lorsque le commissaire-priseur a crié un premier prix au hasard. Si, pour ce prix, l'offre est inférieure à la demande, le commissaire-priseur crie un nouveau prix plus élevé que le premier. Il effectue cette modification jusqu'à ce que la demande égalise l'offre du bien. Il existe donc pour Walras un processus de tâtonnement effectué par le commissaire-priseur, qui permet la formation des prix d'équilibre.

Comme à chaque ensemble de paramètres correspond un unique système de prix d'équilibre, déterminé par le système solvable d'équations décrit au paragraphe précédent, il faut supposer que lors du tâtonnement, ces paramètres restent inchangés, sans quoi les prix ne pourraient pas être trouvés.

Le commissaire-priseur a donc un double rôle.

D'une part, il veille à ce qu'aucune modification des paramètres et donc qu'aucun échange n'ait lieu avant la découverte du système de prix d'équilibre. Il est donc le gardien de la maison des échanges dont il détient les clés. L'existence de ce commissaire est sans aucun doute la conséquence de l'évacuation de la monnaie hors du champ de l'analyse de Walras. Sans monnaie, en effet, l'échange de 3 marchandises entre 3 agents économiques ne peut être assuré que si l'on en organise la centralisation. Cette centralisation est incarnée par le commissaire-priseur qui fait la somme des offres et des demandes et fait évoluer le prix en fonction de leur solde. La maison des échanges est le lieu de cette centralisation. On en déduit le second rôle du commissaire-priseur, celui de crieur de prix, nécessaire pour l'atteinte de l'équilibre.

Pour rendre compte du fonctionnement d'un marché décentralisé, Walras imagine donc un processus de formation du prix totalement centralisé.

Ce tâtonnement se déroule selon Walras en deux grandes étapes emboîtées. Lors de la première étape, le commissaire-priseur détermine l'équilibre des échanges de biens de consommation et l'équilibre de la production, donné par l'égalité du prix de vente et du prix de revient. Dans une seconde étape, le tâtonnement est ouvert au marché des services producteurs. Comme l'indique Antoine Rebeyrol, « cette architecture du tâtonnement prouve que les plans de production sont purement virtuels pendant le processus et qu'ils ne seront pas effectivement mis en œuvre qu'à l'équilibre. Pendant toute la première étape et avant l'équilibration du marché des services, les plans de production ne peuvent en effet simplement pas être mis en œuvre car l'offre de certains services sera généralement insuffisante » (2000, p.134). Le problème que pose la première étape est l'équilibration du marché du bien choisi comme numéraire. Le bien numéraire servant à exprimer le prix des autres biens, son propre prix est égal à l'unité et n'est pas donc pas susceptible de variation. Ainsi, le prix des services producteurs criés au hasard n'assure pas l'équilibre de sa production. Walras réalise alors le tour de force d'imposer de manière arbitraire l'équilibre de la production du bien numéraire.

III – La théorie de la capitalisation

Cette théorie n'est introduite qu'à partir de la vingt-troisième leçon de Walras. Les services producteurs sont issus des capitaux qui, jusqu'à présent, n'ont pas été traités. La théorie de la capitalisation a pour objet la détermination du prix des capitaux.

Walras distingue trois types de capitaux. Tout d'abord, les capitaux fonciers (ou terres) sont fournis par la nature, et leur quantité disponible n'est pas susceptible de varier. Les ménages qui possèdent des terres peuvent offrir un service foncier (la fertilité) dont la vente permet l'obtention d'un fermage ou d'une rente. Ensuite, les capitaux personnels (ou personnes) permettent aux ménages d'offrir leur service de travail. La vente de ce service autorise le versement d'un salaire. Ce type de capital est également dans une quantité donnée au sein d'une période. Enfin, le troisième type de capital est le « capital proprement dit », soit les biens de production, qui permettent de produire d'autres biens. Ils sont produits comme les biens de consommation et leurs quantités sont donc variables (du moins, pour les biens de production neufs). Les détenteurs des biens de production peuvent fournir un service producteur mobilier qui permet le versement d'intérêts et de profits. « En raison de quoi sont demandés les capitaux ? » demande Walras (1874-1877), ce à quoi il répond : « En raison de la rente, du travail et du profit, mais surtout en raison du fermage, du salaire et de l'intérêt qu'ils rapportent. Sans doute, on peut acheter un capital aussi bien en vue de la consommation qu'en vue de la vente du service, mais ce dernier point de vue doit être considéré comme dominant, en matière d'acquisitions de capitaux, puisqu'autrement, on se bornerait à acheter le service, soit à louer le capital. » (p.346.) Par conséquent, demander un capital, c'est demander avant tout un revenu. C'est pourquoi, selon Walras, la valeur des capitaux est proportionnelle à la valeur du revenu qu'il va procurer : on ne peut pas imaginer que deux capitaux rapportant les mêmes revenus aient deux prix d'acquisition différents.

Comment est déterminé le prix du capital ? Selon Walras, le prix noté P du capital dépend du prix des services qu'il rend et que l'on notera p. L'auteur distingue le revenu brut du revenu net du capital.

Le revenu net est obtenu en déduisant du revenu brut (le prix du service producteur vendu p) une prime d'assurance a et une prime d'amortissement v qui sont proportionnelles au prix P du capital. Ces primes indiquent la fraction du prix du capital qui doit servir à l'amortir et l'assurer.

Walras définit enfin le taux de rendement d'un capital comme le quotient de son revenu net et de son prix. En situation de concurrence parfaite, les taux de rendement des capitaux doivent tous être égaux et ce taux général de rendement est nommé taux d'intérêt i. Par conséquent, on peut écrire :

$$i = \frac{revenu\ net}{prix\ du\ capital} = \frac{p - P(a + v)}{P}\ donc\ P = \frac{p}{i + a + v}$$

Si une partie des revenus des ménages est épargnée, cette épargne permet de financer l'achat de biens de production neufs (cela correspond donc au financement d'une dépense d'investissement). La totalité de la valeur de la production étant distribuée au sein de l'économie, l'investissement est totalement financé par l'émission de titres souscrits par les ménages qui ont une consommation inférieure à leur revenu. L'offre et la demande de titres se rencontrent sur un marché financier.

Pour qu'il y ait échange de capitaux, il faut donc que la consommation de certains agents soit supérieure ou inférieure à leur revenu ; ils sont alors disposés à vendre une partie de leurs capitaux ou ont les moyens d'en acheter. La décision d'épargne s'appuie sur la renonciation à la consommation présente motivée par l'anticipation d'un revenu. Qu'avance Walras concernant cette fonction d'épargne ?

Ce dernier décide de poser la fonction empiriquement, même s'il reconnaît qu'il faudrait rechercher des éléments mathématiques faisant intervenir l'utilité présente et l'utilité future. Il pense néanmoins qu'on peut raisonnablement poser une fonction d'épargne croissante avec le taux d'intérêt. L'offre de capitaux neufs dépend ainsi, pour Walras, du rapport entre le prix du capital et son coût de production. Quand le taux d'intérêt augmente, le prix du capital diminue et l'offre également. L'offre de capitaux est une fonction croissante du taux d'intérêt.

La demande de capital, exprimée par les épargnants, est motivée par l'obtention d'un revenu net, et par conséquent, elle est fonction croissante du taux d'intérêt (le taux d'intérêt est d'autant plus élevé que le revenu net est élevé).

Dans le schéma construit par Walras, ce sont les agents consommateurs qui achètent les biens capitaux pour les louer en nature aux entrepreneurs. Cette location en nature du capital est tout à fait similaire à la vente du travail ou encore des servies fonciers. Le marché sur lequel les consommateurs expriment une demande de capitaux est, pour Walras, la bourse. Imaginons que le capital soit un chemin de fer et que le prix de ce capital soit une somme annuelle de dividendes à percevoir. Le prix des actions de ce chemin de fer varie en fonction des variations attendues ou effectives du dividende. Selon Walras, « si on augmente indéfiniment le prix Pk, on tend à le rendre de plus en plus supérieur au rapport de son revenu net au taux de revenu net ; et par conséquent, on diminue indéfiniment la demande de capital. En même temps, on augmente indéfiniment l'offre du même capital puisque ces propriétaires, en l'échangeant contre d'autres capitaux, pourront se procurer un revenu de plus en plus considérable [...]. Voilà comment, sur le marché de la bourse, la hausse ou la baisse du prix fait toujours diminuer ou augmenter la demande et toujours augmenter et diminuer l'offre » (Walras, 1874-1877, p.436). Les taux de revenu net ne sont donc identiques qu'en situation d'équilibre.

Walras peut donc intégrer ces fonctions à son système d'équations d'équilibre général et le taux d'intérêt, associé au prix des capitaux, peut être déterminé avec tous les autres prix.

IV – La monnaie chez Walras

La pensée monétaire de Walras a connu une évolution significative sur les quatre éditions différentes des *Éléments d'Économie Politique Pure*.

Dans la **première édition**, la monnaie n'est qu'un simple voile qui habille les échanges. Son introduction ne modifie pas les grandeurs réelles déterminées avant son intervention. Mais elle a pour conséquence de faire apparaître une nouvelle catégorie de prix, le prix monétaire, qui est le taux d'échange de chaque marchandise avec la monnaie. L'évolution des prix monétaires est gouvernée par « la loi de quantité » (Walras, 1874-1877, p.353), en vertu de laquelle la variation du prix monétaire est proportionnelle à celle de la quantité de monnaie en circulation. Il ne s'agit là que d'une reformulation de la vieille théorie quantitative de la monnaie.

Considérons une monnaie marchandise nommée [A]. Puisque la quantité de monnaie circule intégralement, la valeur de la quantité de monnaie est égale à la valeur de toutes les marchandises qui s'échangent sur les différents marchés, soit :

$$b.Vb + c.Vc + d.Vd = a.Va$$

Vb, Vc et Vd sont respectivement les valeurs unitaires des biens b, c et d, tandis que b,c, d et a sont respectivement les quantités échangées de ces mêmes marchandises.

L'équation que nous venons d'écrire peut être alors reformulée de la façon suivante :

$$b.\frac{Vb}{Va} + c\frac{Vc}{Va} + d\frac{Vd}{Va} = a$$

Les quotients $\frac{Vb}{Va}, \frac{Vc}{Va}$ et $\frac{Vd}{Va}$ sont les prix monétaires des marchandises, soit leur taux d'échange contre la monnaie. On peut donc écrire :

$$b.Pbm + cPcm + dPdm = a$$

Cette équation permet la détermination des prix monétaire en fonction de la quantité de monnaie en circulation a. Lorsque la quantité de monnaie augmente, les prix monétaires Pbm, Pcm et Pdm augmentent de manière proportionnelle sans que soient affectées les quantités échangées b, c et d des marchandises.

Passons maintenant à la quatrième édition des *Éléments d'Économie Politique Pure,* qui nous semble la plus décisive. Dans cette dernière, Walras introduit l'idée que la monnaie rend un service d'approvisionnement lié au problème de la double coïncidence des besoins propres au troc et à la structure temporelle des échanges que l'auteur imagine. La division du travail régnant dans l'économie, l'entrepreneur ne pourra pas rémunérer les services producteurs du travail en nature si le travailleur ne demande pas le bien qui est produit dans l'entreprise. Et même si c'était le cas, l'entrepreneur pourrait manquer d'approvisionnement en biens si ces derniers ne sont obtenus qu'en fin de période, et que la structure temporelle des échanges impose que les services producteurs du travail soient payés en début de période. Le problème est dénoué dès lors qu'on introduit la monnaie dans l'analyse : l'entrepreneur paie les services producteurs en monnaie, monnaie qui lui revient lorsque les biens produits sont vendus. D'une façon plus générale, un consommateur peut désirer se procurer des biens avant la perception de ses revenus et se retrouvera également bloqué s'il ne dispose pas de monnaie. La monnaie rend dans tous les cas un service d'approvisionnement en biens. Walras donne la chronologie des livraisons et des paiements de son modèle : « L'équilibre une fois établi en principe, la livraison des services commencera immédiatement et continuera d'une façon déterminée pendant la période de temps considérée. Le paiement de ces services, évalués en numéraire, se fera en monnaie à des termes déterminés. La livraison des produits commencera de même immédiatement et continuera d'une façon déterminée pendant la même période. Le paiement de ces produits, évalués en numéraire, se fera aussi en monnaie à des termes déterminés. »

(Walras, 1900, p.441.) La demande d'encaisse monétaire va donc dépendre avant tout d'éléments objectifs (la chronologie des livraisons et des paiements), même si des éléments subjectifs peuvent intervenir en second plan (la perte d'utilité liée à une rupture d'approvisionnement). L'idée de Patinkin d'introduire une encaisse réelle dans la fonction d'utilité est donc inintelligible d'un point de vue walrassien, puisque l'utilité de la monnaie dépend en premier lieu de la structure des transactions qui est extérieure aux agents économiques.

Ainsi, dans le processus d'échanges imaginé par Walras, les entrepreneurs ne possèdent rien en début de période : ni capital, ni monnaie. La monnaie est répartie au hasard entre les consommateurs qui en loueront une partie aux entrepreneurs pour leur rendre un service d'approvisionnement. Si l'encaisse effective du consommateur est supérieure à son encaisse désirée, le consommateur prêtera sa monnaie contre rémunération. Si l'encaisse effective est inférieure à son encaisse désirée, il en empruntera auprès d'autres consommateurs. Concernant les entrepreneurs, ces derniers doivent acheter des biens, des matières premières ou d'autres éléments nécessaires à leur activité de production. Comme ils ne disposent d'aucun stock de monnaie, ce sont des emprunteurs. Leur demande de monnaie ne résulte en aucun cas d'un comportement de maximisation sous contrainte (ils en sont n'importe comment dépourvus avec l'hypothèse walrassienne de constance des coefficients techniques de production), mais de l'application de contraintes de liquidité qui déterminent les approvisionnements en monnaie nécessaire en lien avec les approvisionnements en services producteurs et autres.

À la fin de la période, les entrepreneurs rendent la monnaie qu'ils ont empruntée aux consommateurs et ces derniers retrouvent le niveau d'encaisse qu'ils possédaient en début de période.

Quels sont les déterminants de l'encaisse de monnaie désirée par les consommateurs ? Une hausse du prix du service d'approvisionnement de la monnaie constitue un effet revenu positif qui doit pousser les consommateurs à offrir moins de services producteurs et demander de consommer plus de biens. Cette hausse du prix du service rendu par la monnaie pousse donc l'encaisse désirée vers le haut. Mais il faut également tenir compte d'un effet de substitution : la hausse du prix du service de la monnaie peut inciter le consommateur à prêter davantage sa monnaie et donc à différer vers la fin de la période sa consommation. Si ce second effet l'emporte, on pourra considérer que l'encaisse désirée est une fonction décroissante du prix du service rendu par la monnaie.

Si, par ailleurs, le prix des services producteurs augmente, le consommateur sera incité à offrir plus de services. L'augmentation des revenus perçus traduit une augmentation de la demande de biens de consommation et l'augmentation de l'épargne. L'encaisse désirée doit donc augmenter en parallèle puisqu'elle rend aussi un service d'approvisionnement au consommateur. L'encaisse désirée est une fonction croissance du prix des services producteurs.

Enfin, si le taux de revenu net des capitaux augmente, il y a incitation à épargner davantage et à réduire la consommation. On peut considérer que cela induit une baisse de l'encaisse désirée.

Walras analyse alors les effets d'une augmentation exogène de la quantité de monnaie dans l'économie. Il en résulte une baisse du taux d'intérêt (donc une baisse du revenu net) et par suite les consommateurs augmentent leur encaisse désirée qui est une fonction décroissante de ce taux. Mais comme la quantité offerte de produits n'est pas modifiée pour le moment, la hausse de la demande de biens qui fait suite à la hausse de la demande d'encaisses des consommateurs fait augmenter le prix des biens de consommation. Les entrepreneurs constatant cette hausse du prix des biens augmentent leur production, et ce d'autant plus que la baisse du taux d'intérêt diminue leurs frais de production. Mais comme la quantité de services producteurs est donnée, la hausse de la demande de services producteurs en lien avec la hausse de la production fait augmenter le prix des services producteurs. Les capitalistes sont donc amenés à augmenter leur demande de capitaux neufs dont le prix va également augmenter. La hausse des prix se propage dans tout le système économique.

Mais pour retrouver la conclusion de neutralité de la monnaie (la monnaie est neutre lorsqu'elle n'affecte pas les prix réels et les quantités échangées) propre à la théorie quantitative de la monnaie, Walras reconnaît qu'il est nécessaire de faire une hypothèse restrictive : la hausse des encaisses monétaires doit être proportionnelle pour tous les agents et ne doit pas induire des effets de répartition.

Walras a donc développé l'idée est que la monnaie est l'instrument nécessaire des échanges et qu'elle n'a rien à voir avec une problématique d'allocation inter-temporelle de l'épargne (détermination de la composition d'un portefeuille d'actifs financiers parmi lesquels on compte la monnaie). La problématique monétaire est entièrement liée à la difficulté de réaliser les transactions. C'est pour sa fonction d'intermédiaire dans les échanges, et non sa fonction de réserve de valeur, que la monnaie est désirée par les agents. Comme l'indique Antoine Rebeyrol (2000), « si on a besoin de plus ou moins de monnaie pour ses transactions de la période, on en empruntera plus ou moins, ou on en prêtera plus ou moins, ce qui ne crée pas de sous-optimalité mais des effets de répartition entre les détenteurs de monnaie et ceux qui n'en ont pas. Et si on a besoin de reporter plus ou moins de pouvoir d'achat dans l'avenir, on achètera plus ou moins de capital fixe » (p.239).

V – Walras et les classiques

Bien que Walras soit considéré comme un « nouveau classique », ses travaux n'ont que peu de points communs avec ceux de ses prédécesseurs.

Walras pense avoir retrouvé les lois de l'économie politique avec le principe de l'équilibre de l'échange et loi de l'offre et de la demande d'une part, et le principe de l'équilibre de la production de l'autre. Chez les économistes classiques, en effet, la loi de l'offre et de la demande permet de fixer des prix de marché pour lesquels il n'existe pas d'uniformité des taux de profit entre les branches, ce qui déclenche des mouvements de capitaux à l'origine d'une péréquation de ces taux de profit. Chez Walras, la loi de l'offre et de la demande permet de fixer des prix tels qu'il existe des profits anormaux pour les producteurs, ce qui déclenche des migrations d'entreprises de telle sorte que l'offre augmente, les prix diminuent et les profits anormaux s'annulent. Ce n'est que lorsque les prix sont égaux aux coûts de production ou prix de revient que l'équilibre général de l'économie est atteint.

Les similitudes s'arrêtent là. Car chez les classiques, les prix de marché sont des prix effectifs par rapport auxquels les transactions se réalisent, qu'il y ait équilibre ou non. C'est ce que montre la règle de Smith-Cantillon, qui fait du prix le rapport entre la valeur de ce qui est demandé sur le marché et la quantité offerte. Ce prix, s'il diffère de ce que les agents économiques avaient anticipé, peut être assorti de déséquilibres individuels. Ce n'est pas le cas chez Walras. Le tâtonnement n'est qu'un processus virtuel au cours duquel aucun échange n'a lieu tant que l'équilibre général n'est pas déterminé. Le processus de formation des prix chez Walras ne décrit ni le fonctionnement d'une économie de troc, ni le fonctionnement d'une économie d'échanges monétaires, mais le fonctionnement d'une économie planifiée.

À propos de l'étalon, Walras est confronté au même problème théorique que Smith et Ricardo avant lui : que l'on considère des prix relatifs, ou taux d'échange entre marchandises, ou prix monétaire, ou taux d'échange avec la monnaie, comment identifier la source de la variation d'un prix relatif ? Cette variation est-elle le résultat de la variation de prix de la marchandise-étalon, le résultat de la variation de la valeur de la monnaie, ou bien la conséquence de la variation du prix du bien que l'on étudie ? Si l'on veut définir le poids d'un être vivant, il faut disposer d'une unité de mesure, le gramme ou le kilogramme, par exemple, qui soit invariable, sans quoi les variations de la mesure du poids de cet être peuvent émaner soit de l'unité de mesure, soit du poids de l'être qui nous intéresse. C'est la même chose en économie politique : un discours quantitatif sur la société nécessite l'adoption d'une mesure invariable des valeurs.

Smith (1789) avait choisi le travail comme mesure invariable, en raison de caractéristiques qui lui sont propres : « Des quantités égales de travail doivent être, dans tous les temps et dans tous les lieux, d'une valeur égale pour le travailleur. Dans un état habituel de santé, de force et d'activité, et d'après le degré ordinaire d'habileté ou de dextérité qu'il peut avoir, il faut toujours qu'il sacrifie la même portion de son repos, de sa liberté, de son bonheur. Quelle que soit la quantité de denrées qu'il reçoive en récompense de son travail, le prix qu'il paye est toujours le même. Ce prix, à la vérité, peut acheter tantôt une plus grande, tantôt une moindre quantité de ces denrées ; mais c'est la grandeur de celles-ci qui varie, et non celle du travail qui les achète. » (Smith, p.102.)

Ricardo conteste l'idée de Smith. Ricardo ne se satisfait pas de choisir le travail comme mesure invariable des valeurs, pas plus qu'une marchandise quelconque, ce qui le sépare également de Walras. Pour Ricardo, la mesure du produit se modifie lorsque varie sa répartition entre salaires et profits, selon que le bien choisi comme unité de mesure contienne plus ou moins de travail, plus ou moins de capital, ou encore des capitaux dont la durée de vie est plus ou moins longue. Ricardo choisit alors comme étalon une marchandise produite dans des conditions moyennes, qui permettrait, selon lui, d'atténuer l'effet des variations de la répartition sur sa valeur.

Walras, au contraire, choisit un bien quelconque «A» comme numéraire. La conséquence de ce choix est que l'écriture de l'équation d'équilibre de sa production est « normalisée », c'est-à-dire que la somme de ses coûts de production est égale à l'unité. Le problème posé par ce choix est que lorsque le prix des services producteurs n'est pas à l'équilibre, il en résulte un processus de tâtonnement qui fait varier le prix de ces services, ce qui rompt l'équilibre de la production du bien numéraire. Comme on l'a déjà vu, Walras postule la réalisation de cet équilibre.

Enfin, comme nous l'avons déjà vu, Smith, Ricardo et Malthus ont une vision de relation salariale comme rapport asymétrique. Une telle asymétrie introduit la possibilité de chômage dans leur modèle. C'est ce que Ricardo réalise dans la troisième édition des *Principes* : «Je suis convaincu que la substitution des forces mécaniques aux forces humaines pèse quelquefois très lourdement sur les épaules des classes laborieuses.» (Ricardo, 1820, p.344.) Sa démonstration aboutit à la conclusion suivante : «Tout ce que je tiens à prouver, c'est que la découverte et l'usage des forces mécaniques peuvent être suivis d'une diminution de produit brut : et toutes les fois qu'il en sera ainsi, la classe laborieuse souffrira, car elle deviendra excessive comparativement au fonds destiné à la maintenir, et une fraction de ses membres se verra privée de travail et de salaire. » (Ricardo, 1817, p.346-347.) Autrement dit, pour Ricardo, il existe une tendance à ce que les gains de productivité soient supérieurs au rythme de variation du produit. Il s'ensuit une destruction d'emploi et l'apparition d'un chômage. Précisons ici qu'il semble difficile, voire impossible, de parler chez Ricardo de théorie du chômage involontaire, car il n'existe pas véritablement d'offre de travail chez cet auteur. Il a en revanche une théorie de niveau de l'emploi (approximativement la valeur du capital divisée par le taux du salaire) et une théorie de l'ajustement du niveau de la population (assimilée à l'emploi, car il n'y a pas d'offre de travail dans les *Principes*) au taux du salaire qui lui-même varie à long terme selon les vitesses comparées de l'accroissement du capital et de l'accroissement de la population.

Ricardo se sépare de Malthus, pour qui le chômage est lié à une insuffisance de la demande. Mais il se sépare également de Walras, puisque chez ce dernier, le plein-emploi est la règle en situation de libre concurrence absolue.

Walras inaugure une longue tradition «purement» néoclassique dans laquelle le niveau d'emploi est déterminé conjointement par l'offre et la demande de services producteurs. Les ménages et les entreprises, de ce point de vue, jouent un rôle tout à fait symétrique dans le processus de détermination de l'emploi. De ce fait, le plein-emploi des services producteurs est la règle. Le tâtonnement walrassien se poursuit tant que l'équilibre sur tous les marchés n'est pas trouvé. Il n'y a que l'intervention de « l'arbitraire humain » qui puisse expliquer l'existence d'un chômage. Cet arbitrage s'oppose à ce que le prix se fixe à un niveau qui permette d'égaliser l'offre et la demande. Peuvent être génératrices d'un tel arbitraire les coalitions ouvrières, puisque leur raison d'être est de défendre un salaire réel minimum. Ces associations sont un obstacle à la libre concurrence, car les travailleurs ne sont plus libres de vendre au rabais (Walras, 1874-1877, p.231).

Chapitre 4

Marshall et Clark

Alfred Marshall et John Bates Clark sont des auteurs appartenant au courant néoclassique. La théorie marshallienne des prix et de la répartition a cependant été présentée par des auteurs ultérieurs comme une synthèse entre les approches ricardienne et néoclassique. John Bates Clark, quant à lui, revendique son affiliation à Ricardo lorsqu'il construit sa théorie de la répartition des richesses indépendamment des auteurs européens. Néanmoins, ces affiliations déclarées ou non par les auteurs eux-mêmes peuvent se révéler trompeuses.

I – Une synthèse marshallienne ?

En introduisant le temps logique dans son analyse, Marshall aurait réalisé une synthèse entre la théorie de Ricardo et la théorie néoclassique. Cette incursion du temps dans l'approche marshallienne rend cette dernière singulière par rapport à la théorie de Walras. Cependant, ce qui oppose Marshall et Walras ne rapproche pas Marshall de Ricardo, et les affinités entre analyse marshallienne et analyse walrassienne justifient qu'ils soient rangés au sein d'un même courant de pensée.

Pour certains commentateurs des travaux d'Alfred Marshall, ces derniers mirent à la mode le marginalisme en Angleterre, en étant à mi-chemin entre la réalité et l'économie pure d'une part, et conciliant l'analyse ricardienne et la théorie nouvelle (néoclassique) d'autre part.

Walras et Marshall

De prime abord, Marshall et Walras ont une conception de la science identique. Walras distingue l'économie politique pure de l'économie appliquée ; ce qui ne signifie pas qu'elles soient sans lien : c'est la seconde qui constitue la raison d'être de la première. Walras écrit à ce sujet qu'« à la rigueur, ce serait le droit du savant de faire de la science pour la science. Mais ces vérités d'économie politique pure fourniront la solution des problèmes les plus importants, les plus débattus et les moins éclaircis d'économie appliquée et d'économie sociale » (Walras, 1874-1877, p.30). De son côté, Marshall soutient aussi que la théorie n'est pas une fin en soi, mais qu'elle doit être le support de l'action : « le but dominant de l'économique, pour la présente génération, est de contribuer à une solution des problèmes sociaux » (Marshall, 1890, L.1, p.42), dont le fondement est la pauvreté, source du mal social. Mais dès à présent, Marshall s'éloigne de Walras pour qui justice et économie politique ne doivent pas être confondues : pour les peuples comme pour les individus, l'ordre moral et l'ordre économique, loin de s'exclure, s'appellent, se soutiennent et se fortifient l'un l'autre, reconnaît Walras, mais il n'en reste pas moins vrai que « l'échange est régi par la situation du marché ; autrement dit, l'échange se régit lui-même indépendamment de tout arbitraire humain [...]. Le rôle de la justice vis-à-vis de l'échange est un rôle négatif : tout ce qu'on lui demande, c'est de s'abstenir, c'est de respecter la liberté de marché » (Walras, 1860, introduction). Le respect de la liberté est donc impératif et, en conséquence, l'économie politique ne doit pas être mêlée à la justice. La liberté procure en effet le maximum d'utilité (Walras, 1874-1877, p.232).

Cette différence entre Walras et Marshall impacte leur façon d'aborder l'analyse économique.

Pour démontrer ce que les économistes classiques se sont contentés d'affirmer, à savoir la nécessité du laisser-faire, Walras retient l'hypothèse de la libre concurrence absolue comme cadre d'analyse du fonctionnement des marchés. Walras considère par ailleurs qu'une démarche véritablement scientifique doit s'abstraire du réel. C'est donc aussi au nom de cette abstraction que Walras adopte cette hypothèse, tout comme d'ailleurs le rejet de la monnaie hors du champ de la théorie de la détermination et de la formation des prix.

Or, c'est précisément en raison de son objectif que Marshall affirme ne pas accepter la démarche qui consiste à s'abstraire du réel : « Il n'y a pas de place en économie politique pour de longues chaînes de raisonnements ; c'est-à-dire dans lesquels chaque chaînon est maintenu, principalement ou complètement, par celui qui vient avant, sans que l'on recoure ensuite à l'observation et à l'étude directe de la vie réelle. De pareilles chaînes de raisonnements peuvent bien donner lieu à d'intéressantes spéculations de cabinet ; mais elles ne pourraient pas être assez conformes à la réalité pour servir de guides à l'action. » (Marshall, 1890, L.1, p.122.) Donc, « le rôle de l'analyse et la déduction en économie politique n'est pas de forger un petit nombre de longues chaînes de raisonnement, mais de forger solidement un grand nombre de courtes chaînes et de simples anneaux de jonction » (Marshall, 1890, L.1, p.126).

Le refus de Marshall se traduit par la construction de courbes de demande en prenant en compte la monnaie ; ce qui fait dire à certains commentateurs que Marshall aurait réalisé l'intégration de la théorie quantitative de la monnaie à la théorie de la valeur.

Dans l'appendice mathématique II de ses *Principes d'Économie Politique*, Marshall indique que la condition d'équilibre d'un agent économique qui consomme la marchandise [x] est l'égalité entre l'utilité marginale de la détention de monnaie Um_M et le produit de l'utilité marginale de la consommation du bien [x] multipliée par son prix :

$$p_x Um_x = Um_M$$

Si le stock de monnaie détenu par l'agent augmente, l'utilité marginale de la détention de monnaie diminue et devient inférieure à l'utilité marginale de la consommation de bien [x]. Le retour à l'équilibre impose une augmentation de la quantité de monnaie dépensée sous forme de consommation de bien [x], ce qui entraîne une augmentation de l'utilité marginale de la monnaie et une baisse de l'utilité marginale du bien.

La présence de la monnaie dans la construction des courbes de demande fait l'expression monétaire de la valeur d'échange ; le prix est lui-même la traduction des valeurs d'échange issues des appréciations subjectives individuelles.

Abordons à présent la question de l'usage des mathématiques, autre point de divergence entre Walras et Marshall.

Pour Walras, l'objet et la méthode de l'économie politique imposent l'usage des mathématiques, car pour être une science tout à fait semblable aux sciences physico-mathématiques, l'économie politique doit faire sienne une méthode rationnelle qui consiste à s'abstraire du réel. Comme en outre l'économie politique est une science déductive, mathématiques et économie politique vont de pair. L'objet même de l'économie politique renforce cette affinité. L'économiste doit étudier les faits d'échange ; comme la théorie de l'échange est celle de l'obtention du maximum d'utilité pour chaque échangiste, les mathématiques sont nécessaires puisqu'elles seules permettent de déterminer la condition du maximum d'utilité. Walras va même plus loin en affirmant que la théorie de l'échange est une branche des mathématiques : « Et si les mathématiques en général ont pour objet l'étude des grandeurs de ce genre, il est certain qu'il y a une branche des mathématiques [...] non moins élaborée qui est la théorie de la valeur d'échange. » (Walras, 1877-1877, p.29.) L'utilisation des mathématiques en économie permettra à cette dernière de s'élever au rang de l'astronomie et de la mécanique mathématique.

Marshall ne partage pas ce point de vue pour au moins deux raisons.

Dans la préface de la première édition des *Principes*, Marshall concède que le recours aux mathématiques a certains avantages : « La principale utilité des mathématiques pures dans les questions économiques semble être d'aider les gens à noter plus rapidement, brièvement qu'ils ont assez, et pas trop, de prémisses pour leurs conclusions. » Mais ces écrits ne doivent pas être transmis au public parce que « lorsqu'il faut employer beaucoup de signes, cela devient très pénible pour tout autre que pour l'auteur lui-même » (Marshall, 1890, p.XI). Marshall a même écrit dans une lettre de février 1906 à A.L Bowley que les développements mathématiques doivent être brûlés après traduction du travail d'écriture en anglais. Walras reconnaît de son côté que nombreuses sont les personnes qui maîtrisent mal les mathématiques : « Rien ne s'oppose à ce qu'on laisse de côté la démonstration du système et à ce qu'on retienne seulement l'affirmation pour l'utiliser dans l'étude des questions d'économie appliquée ou d'économie politique pratique. » (Walras, 1874, p.428.) Mais ce dernier reste malgré tout éloigné du point de vue de Marshall, car il considère que les mathématiques sont un moyen, un outil de la recherche. Marshall souhaite minimiser l'usage des mathématiques dans la recherche par crainte d'avoir dénaturé des considérations et des relations dont il fallait tenir compte.

Plusieurs économistes considèrent par ailleurs que Marshall a réalisé une véritable synthèse entre les théories ricardienne et néoclassique.
Pour Karl Pibram (1986), on retrouve chez Marshall une théorie de la répartition élargie, généralisée, telle qu'elle a été exposée par Mill et développée grâce aux mathématiques. La théorie ricardienne de la répartition serait le pivot analytique de la théorie de Marshall. Pour Alain Barrère, spécialiste d'histoire de la pensée économique, Marshall se situe au carrefour des analyses classiques et de celles de Stanley Jevons et Carl Menger : l'écono-miste néoclassique aurait fusionné la conception classique

de la valeur, fondée sur le coût de production, et le principe de détermination du prix par l'utilité marginale. Mais en réalité, Barrère rejoint sur ce point Pibram, puisque d'après Barrère, la théorie marshallienne de la valeur s'épanouit en une théorie de la répartition.

L'opposition entre les deux historiens de la pensée est ailleurs, car pour Pibram, la théorie classique de la valeur que retient Marshall n'est pas la théorie ricardienne, qui n'est qu'une version existante, parmi d'autres, des théories de valeur-coût de production. C'est aussi l'opinion de Schumpeter (1954) puisqu'il affirme que Marshall n'adopte pas les éléments ricardiens de la construction classique, comme par exemple la théorie de la valeur fondée sur le travail. Cette absence de lien théorique entre Marshall et Ricardo se confirme sur le terrain de la théorie de la répartition, toujours selon Schumpeter : « Son grand résumé de la répartition prouve indubitablement qu'il acceptait la théorie de la rente fondée sur la productivité marginale. » (Schumpeter, 1954, III, p.250.) En effet, la théorie de la valeur travail semble incompatible avec l'idée que les revenus correspondent à la contribution productive marginale des facteurs de production.
La question qui se pose est de savoir quelle théorie de la valeur-coût de production pourrait être éventuellement considérée comme entrant dans la synthèse marshallienne. Selon Schumpeter, c'est la théorie d'Adam Smith chez qui le prix naturel est égal à la somme des salaires, profits et rentes, autrement dit chez qui le prix naturel est égal au coût de production.

Les questions du temps, du profit et de la répartition

La théorie des prix et de la répartition de Marshall a suscité nombre de commentaires laissant penser que l'auteur a réalisé une synthèse entre la théorie néoclassique et la théorie de Ricardo. Chez Ricardo, en effet, on trouve une distinction fondamentale entre prix courant et prix naturel, aussi bien pour les marchandises que pour le travail. Cette distinction renvoie à une différence de déterminants : le prix naturel est déterminé par le coût de production mesuré par le temps de travail, tandis que le prix de marché est fixé par le rapport de la demande à l'offre. On retrouve cette différence de déterminants chez Alfred Marshall avec l'introduction du temps dans son analyse. La thèse néoclassique est intégrée au niveau de la construction des courbes d'offre et de demande, qui déterminent le prix en courte période, alors qu'en longue période, c'est le coût de production seul qui fixe le prix.

Marshall distingue à propos des prix trois périodes : la période de marché, la courte période et la longue période. En période de marché, « le mot offre est pris comme signifiant le stock de denrées en question, stock que l'on a présentement sous la main » (Marshall, 1890, p.71). Autrement dit, au cours de la période de marché, l'offre ne peut varier que dans le cadre du stock disponible qui résulte d'une activité productive passée. En courte période, en revanche, « le mot offre signifie, d'une manière générale, ce qui peut être produit pour le prix en question et dans un temps donné avec le stock existant de moyens de production en personnes ou en matériel » (Marshall,

1890, p.71). Par conséquent, en courte période, la production peut varier dans les limites données par la capacité productive du moment. Enfin, en longue période, « le mot offre désigne ce qui peut être produit par des moyens de production pouvant être eux-mêmes produits et utilisés » (Marshall, 1890, p.71). L'offre peut alors varier avec une capacité productive qui est elle-même variable.

Selon Mark Blaug, spécialiste en histoire de la pensée économique, le temps introduit par Alfred Marshall est un temps opérationnel et non un temps d'horloge. Il est habituel de considérer que la courte période constitue une période de temps plus brève que la longue période. Mais il peut en être autrement : « On peut imaginer, par exemple, que le temps nécessaire pour accroître la production avec les installations existantes soit plus long que celui nécessaire à mettre en œuvre de nouvelles. Nous aurions alors un long temps plus bref que le court terme. » (Blaug, 1981, p.434.)

La théorie des prix de Marshall

La théorie des prix contient la théorie de la demande, la théorie de la production et la théorie de l'équilibre comme l'indique le titre du livre V des *Principes* de Marshall.

Commençons par la théorie de la demande.

Marshall fait dériver les courbes de demande des fonctions d'utilité. Comme nous l'avons déjà vu, la condition d'équilibre pour un consommateur de bien [x] est l'égalité entre l'utilité marginale de la monnaie dépensée et l'utilité marginale de la monnaie détenue :

$$p_x Um_x = Um_M$$

Si nous prenons désormais en compte la consommation de plusieurs biens, il est possible d'écrire la condition d'équilibre du consommateur de la façon suivante :

$$\frac{Um_x}{P_x} = \frac{Um_y}{P_y} = \frac{Um_z}{P_z} = Um_M$$

Cette condition d'équilibre signifie simplement que le consommateur doit égaliser les utilités marginales des différents biens pondérées par leur prix respectif ou égaliser l'utilité marginale de la monnaie dans chacun de ses emplois. Le dernier euro utilité pour acheter une marchandise [x] doit avoir la même utilité que le dernier euro utilisé pour acheter la marchandise [y] ou encore [z]. Ces utilités marginales doivent aussi être égales à l'utilité du dernier euro détenu sous forme d'encaisse.

Si à partir d'une situation d'équilibre, le prix [x] diminue, cela a un double effet sur la demande de ce bien. Le premier effet est donné par la variation de l'utilité marginale de la monnaie d'encaisse, tandis que le second est médiatisé par la variation de l'utilité marginale de la marchandise dont le prix varie.

Le premier effet est traditionnellement appelé « effet revenu ». Si le prix du bien [x] baisse, le même panier de bien peut être obtenu avec une dépense moindre. Si le revenu est donné, le consommateur va pouvoir accroître la quantité de monnaie qu'il détient et donc l'utilité marginale de la monnaie détenue diminue. Le rétablissement de l'égalité entre les utilités marginales passe par un « déplacement » de la monnaie en sens inverse : les encaisses diminuent pour augmenter la dépense des biens. On a donc une demande de bien [x] qui décroît avec son prix et augmente avec son revenu. Dans l'étude du second effet, on neutralise l'effet revenu, et on considère donc que l'utilité marginale de la monnaie est constante. La baisse du prix du bien [x] engendre une augmentation du rapport $\frac{Um_x}{P_x}$. Le rétablissement de l'équilibre passe par une augmentation de la demande de bien [x] qui fait décroître l'utilité marginale Um_x (loi de décroissance de l'utilité marginale par rapport à la quantité consommée). Mais comme on suppose que le revenu est constant, une telle augmentation de la quantité consommée de bien [x] passe par la diminution de la demande des autres biens [y] et [z]. On parle alors d'effet substitution. L'effet substitution confirme l'allure de la courbe de demande qui est décroissante par rapport au prix et croissante par rapport au revenu.

Remarquons que concernant l'effet substitution, le remplacement de la demande en bien [z] et [y] par une demande supplémentaire de bien [x] implique une augmentation de l'utilité marginale de [z] et [y] alors même que le prix de [z] et [y] ne se sont pas modifiés. La demande d'un bien dépend donc non seulement de son prix, mais aussi du prix des autres biens. Mais Marshall rejette le cadre conceptuel d'interdépendance générale des marchés puisqu'il raisonne en équilibre partiel. L'approche en termes d'équilibre partiel impose de considérer que la situation des autres marchés est une donnée invariable dans l'étude du marché qu'il considère, ici le marché du bien [x]. L'hypothèse de constance de l'utilité marginale de la monnaie permet à ce titre d'isoler l'étude du marché du bien [x]. En effet, si l'utilité marginale des marchandises dont le prix ne varie pas augmente sous l'effet de substitution, leur utilité marginale pondérée par le prix, qui doit être égale à l'utilité marginale de la monnaie, doit augmenter. Si Marshall fait l'hypothèse de constance de l'utilité marginale de la monnaie, il isole les marchés et considère que les biens échangés sont indépendants. Seule l'utilité marginale du bien dont le prix a baissé varie. Les biens ne sont ni substituables, ni complémentaires.

Marshall, connaissant les travaux de Walras, a parfaitement conscience du fait qu'une modification affectant un marché va nécessairement impacter un autre marché. Il reconnaît que les marchés sont interdépendants. Mais pour lui, il est vain d'adopter le point de vue de l'équilibre général pour l'étude de marchés et de problèmes concrets, tant ce point de vue complexifie l'analyse. Ainsi dit-il que « les forces avec lesquelles il faut compter sont toutefois si nombreuses qu'il vaut mieux en prendre peu à la fois, et élaborer des solutions partielles comme auxiliaires de notre étude principale. Aussi commençons-nous par isoler les rapports essentiels de l'offre, de la demande et des prix avec une marchandise particulière. Nous réduisons à l'inaction toutes les autres forces par cette phrase : "Toutes choses étant égales." Nous ne supposons pas qu'elles sont inertes, mais, momentanément, nous ignorons leur activité » (Marshall, 1890, p.123).

La théorie de la production

L'analyse des coûts de production monétaires constitue la base de la théorie marshallienne de la production. L'entrepreneur procède à des substitutions à la marge dans le but d'obtenir un coût de production minimum ou bien un maximum de production pour un montant de coût de production donné. Autrement dit, l'entrepreneur a pour objectif de maximiser son profit. La réalisation de cet objectif aboutit à l'égalisation du prix du bien produit et du coût marginal. À court terme, le coût marginal est considéré comme indépendant des coûts fixes.

Marshall n'est pas d'une clarté parfaite lorsqu'il étudie l'évolution des coûts de production.

Il considère la loi des rendements décroissants comme une évidence historique dans la mesure où « quels que puissent être dans l'avenir les progrès de l'art agricole, un accroissement continu du capital et du travail employés sur une terre doit finalement produire une diminution du surplus de produits que l'on obtient pour une somme donnée de capital et de travail » (Marshall, 1890, l.IV, p.306). Pour lui, l'extension des surfaces cultivées est une preuve de cette loi des rendements décroissants : sans cette loi, la surface des terres cultivées n'aurait jamais augmenté. Cette loi peut être étendue à tous les facteurs de production ; elle gouverne les coûts du secteur industriel comme les coûts du secteur agricole (Marshall, l.IV, chapitre 3).

Néanmoins, il ne nie pas l'existence de branches à rendements croissants ou à coûts décroissants, ce qui est problématique par rapport à son cadre d'analyse qui est la concurrence parfaite. En première analyse, en effet, l'hypothèse de rendements croissants est incompatible avec celle de concurrence parfaite, car si la firme peut réaliser des économies d'échelle internes, donc si elle parvient à diminuer son coût unitaire de production au fur et à mesure que la production augmente, elle serait incitée à se développer jusqu'à satisfaire à elle seule la demande qui s'exprime sur le marché. L'hypothèse d'atomicité des agents économiques ne serait plus respectée car la firme serait en situation de monopole. Mais selon Marshall, cette hypothèse de rendements croissants redevient compatible avec le cadre de concurrence parfaite à compter du moment où les coûts unitaires de production diminuent par des économies d'échelle externes.

Les économies d'échelle externes se produisent lorsque la fonction de production de la firme contient des variables qui dépendent possiblement des effets de l'activité d'autres firmes. Il y a une économie externe lorsqu'une firme rend service à une autre sans pour autant s'en approprier la valeur. Par exemple, si de nouvelles firmes de haute technologie s'installent dans une région et attirent des travailleurs beaucoup plus qualifiés et productifs, les autres firmes déjà installées pourront profiter d'un accroissement de la productivité du travail sans rien avoir réalisé. Il peut en résulter pour ces firmes une diminution du coût de production avec l'augmentation de la quantité produite.

Supposons donc que les firmes possèdent toutes les mêmes fonctions de coût et qu'elles soient dans une situation d'équilibre : le prix de marché est égal au minimum de coût moyen de sorte que le profit soit nul. Aucune firme nouvelle n'est donc incitée à rentrer sur le marché. Supposons à présent que la demande exprimée sur le marché augmente. Il en découle une augmentation du prix, de sorte que la production de chaque firme de la branche augmente (l'offre de produits étant une fonction croissante du prix du bien). L'apparition d'un profit positif attire de nouvelles firmes dans la branche. Ces nouvelles firmes apportent des économies d'échelle externes aux firmes déjà installées sous la forme d'une diminution du prix des facteurs de production. Il en résulte une diminution du coût de production pour une quantité de biens produits donnée. Graphiquement, cela se traduit par une translation vers le bas de la courbe de coût moyen, et une translation vers la droite de la courbe de coût marginal. Globalement, les firmes produisent la même quantité de biens qu'avant l'augmentation de la demande, mais à un coût moindre. La branche offre globalement une plus grande quantité de biens à un prix moindre grâce à l'arrivée de nouvelles firmes. Ainsi, quand les économies d'échelle extérieures à la firme sont prises en compte, la production varie uniquement à la suite d'une augmentation du nombre de firmes.

Le concept d'économie d'échelle ne résout pas à lui seul le problème de l'existence des rendements croissants dans un univers de concurrence parfaite, car d'après Marshall, l'accroissement de la taille des firmes est possible et rend nécessaire d'adopter une hypothèse reconnaissant l'existence d'économies d'échelle internes.

Il serait possible de concilier à nouveau économie d'échelle et concurrence parfaite en prenant en compte le cycle de vie de la firme, donc en liant coût moyen et âge de la firme. Ce lien peut être représenté par une courbe en « U » des coûts moyens de production : les firmes ne sont pas en mesure de profiter en permanence des rendements croissants : dans la première phase de sa vie, les rendements de la firme sont croissants et le coût moyen diminue avec la quantité produite ; dans une seconde phase, la firme vieillissante voit ses rendements devenir décroissants et, par conséquent, le coût moyen augmente lorsque la production augmente.

La troisième façon de justifier l'existence théorique de rendements croissants est que lorsque les firmes rencontrent des difficultés de commercialisation de leurs produits, elles ne peuvent pas toujours profiter des économies d'échelle internes : « Lorsque nous considérons un producteur individuel, nous pouvons associer sa courbe d'offre non avec la courbe générale de demande de sa marchandise sur un vaste marché, mais avec la courbe particulière de demande de son propre marché. Et cette courbe particulière de demande sera généralement d'une convexité très prononcée, peut-être aussi convexe que sa propre courbe d'offre a des chances de l'être, même si un accroissement de débit vient augmenter sensiblement ses économies internes. » (Marshall, l.V, 1890, p.157.) Pour expliquer ce blocage des rendements croissants, il envisage donc le cas où la demande n'est plus infinie. L'idée constitue déjà en elle-même une remise en cause de la concurrence parfaite.

Prix et temps logique

« Plus courte sera la période que nous examinerons, et plus nous devrons tenir compte de l'influence que la demande exerce sur la valeur ; [...] au contraire, plus cette période sera longue et plus importante sera l'influence exercée par le coût de production sur la valeur. » (Marshall, 1890, L.V, p.41.)

En période de marché, l'offre est considérée comme une donnée ; elle est sans influence sur le prix, de la même façon que la demande n'a pas d'influence sur la quantité offerte. Toute variation de la demande, en l'absence d'ajustement par les quantités, entraîne un ajustement par le prix. Le prix serait donc déterminé, dans cette perspective, par l'utilité. En longue période, en revanche, l'influence du coût de production est décisive, car aucun entrepreneur ne peut accepter durablement de vendre ses produits au-dessous du coût de production. Cette configuration est vérifiée si les rendements de la production sont constants. Si tel n'est pas le cas, l'offre et la demande jouent un rôle symétrique dans la détermination du prix.

Lorsque la courbe d'offre agrégée coupe la courbe de demande agrégée, le prix d'équilibre est déterminé. « Lorsque le prix de demande est égal au prix d'offre, la quantité produite n'a tendance ni à être augmentée ni à être diminuée ; elle est en état d'équilibre. [...] Un semblable équilibre est un équilibre stable, c'est-à-dire que le prix, s'il s'en écarte un tant soit peu, tend à y retourner, comme un pendule oscille autour de son point le plus bas. » (Marshall, 1890, p.156.)

Que se passe-t-il au contraire lorsqu'il existe un déséquilibre entre l'offre et la demande ? Marshall nous dit la chose suivante : « Lorsque la quantité produite est telle que le prix de demande est plus élevé que le prix d'offre, les vendeurs reçoivent plus qu'il n'est suffisant pour qu'il vaille la peine d'apporter au marché jusqu'à concurrence de cette quantité ; et alors se fait sentir une force active tendant à augmenter la quantité en vente. D'un autre côté, lorsque la quantité produite est telle que le prix de demande est moindre que le prix d'offre, les vendeurs ne reçoivent plus assez pour qu'il vaille la peine d'apporter des marchandises au marché dans cette proportion ; de telle sorte que ceux qui étaient précisément à se demander s'il fallait continuer à produire se décident à ne pas produire, et alors se fait également sentir une force active qui tend à diminuer la quantité mise en vente. » (Marshall, 1890, p.157.) Marshall énonce donc la traditionnelle loi de l'offre et de la demande, en vertu de laquelle lorsque la demande est plus élevée que l'offre, la hausse du prix permet non seulement une augmentation de la quantité offerte, mais aussi une diminution de la quantité demandée, de sorte que le déséquilibre se résorbe. Remarquons que Marshall raisonne en termes de « prix d'offre » et de « prix de demande ». La courbe de prix d'offre (équivalente à la fonction d'offre des productions qui croît avec le niveau de prix) relie pour chaque quantité offerte le prix minimum acceptable pour que le producteur accepte de produire. La courbe de prix de demande (équivalente à la fonction de demande qui décroît avec le niveau du prix) donne pour chaque quantité consommée le prix maximum que le consommateur est prêt à payer pour cette quantité. Marshall inaugure ainsi la tradition de mettre, en dressant la représentation graphique d'un marché, le prix en ordonnée et la quantité échangée en abscisse.

La théorie des revenus

Supposons qu'il y ait trois firmes [1], [2] et [3] dans une branche et que leurs courbes de coût de courte période soient différentes, de telle sorte qu'il soit possible de considérer une firme marginale : la firme [1] possède une courbe de coût moyen (et de coût marginal) qui se situe sous la courbe de coût moyen de la firme [2], qui elle-même a une courbe de coût moyen (et de coût marginal) sous celle de la firme [3]. La firme [3] est la firme marginale, car elle produit les dernières unités de bien de la branche ; par ailleurs, le prix de marché est juste égal au minimum de son coût moyen : son profit est nul.

En courte période, la firme [3] reste en activité tant que le prix du bien est égal ou supérieur au minimum du coût marginal, c'est-à-dire tant qu'il est égal ou supérieur à un prix de marché. Tant qu'il reste à ce niveau, les firmes [1] et [2] bénéficient d'un surplus : elles fixent un niveau de production de sorte que le coût marginal égalise le prix et elles réalisent un profit car leur coût moyen est plus faible. Ce profit réalisé par les firmes [1] et [2] serait une rente différentielle de type ricardien. Ce surplus vient du fait qu'à l'exception de la dernière unité produite, toutes les autres auraient pu être vendues à un prix inférieur au prix de marché en vigueur.

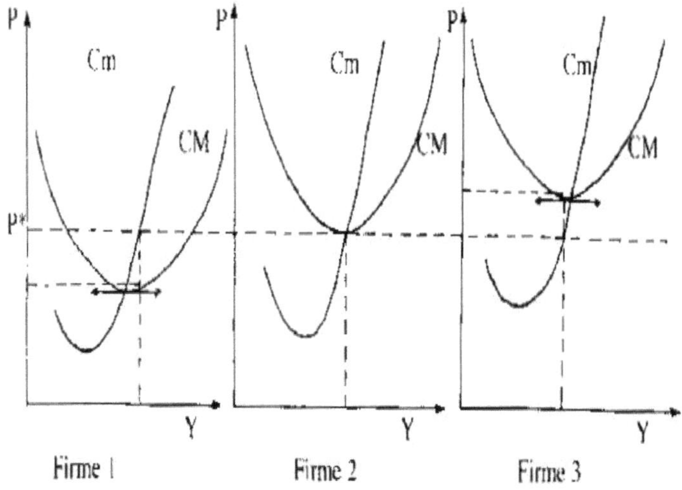

L'analyse peut être menée au niveau de la branche dans son ensemble. Sur le marché du bien produit par la branche d'activité, l'équilibre partiel définit un couple quantités échangées/prix qui assure l'égalité de l'offre et de la demande. Les producteurs auraient accepté de vendre les (q-1) premières unités de bien à un prix inférieur au prix de marché d'équilibre. Par conséquent, la surface comprise entre la courbe de coût et la droite représentative du prix d'équilibre constitue le surplus des firmes, qui n'est jamais que le profit global réalisé dans la branche de ce produit.

Ce concept de surplus est extensible aux consommateurs. La courbe de demande du produit lie la quantité demandée de bien au prix de demande, c'est-à-dire le prix maximum que le consommateur consent à payer pour une quantité donnée de bien demandée. Le surplus du consommateur est mesuré par l'écart existant entre la courbe de demande (le prix de demande, ou prix maximum consenti) et le prix de marché, qui est le prix auquel les consommateurs payent effectivement leur quantité de bien achetée.

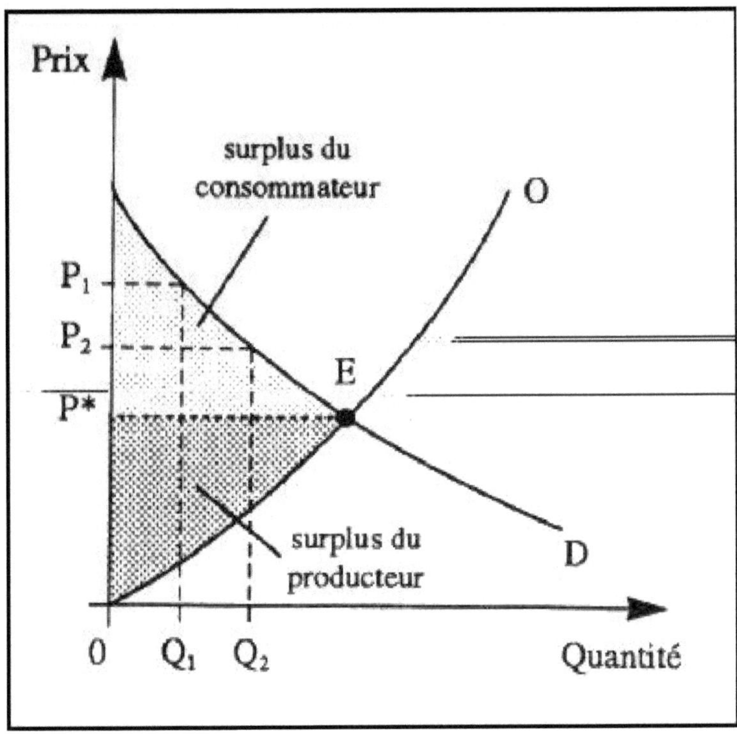

La théorie marshallienne de la répartition des revenus

Dans la pure tradition néoclassique, les revenus sont des prix des facteurs de production et sont déterminés par la confrontation de l'offre et de la demande. Ils obéissent tous à une même logique de détermination. Pour Ricardo, à l'inverse, si le salaire est un prix, ce n'est pas le cas du profit et de la rente. Leurs déterminants sont par ailleurs fort différents.

Le statut des revenus dissipe immédiatement l'illusion qui résultait de l'introduction du temps par Marshall, et qui laissait à penser que ce dernier économiste s'est inspiré des analyses de Ricardo.

Marshall distingue quatre classes de revenus rémunérant des facteurs de production différents : le salaire pour le travail, la rente pour la terre, l'intérêt pour le capital et le profit pour l'organisation.

Afin que le profit soit considéré comme un prix, «celui de la capacité pour l'organisation des affaires», pour reprendre les termes même de Walras, il faut que cette capacité soit demandée. Puisque l'auteur de la demande ne peut pas être l'entrepreneur lui-même, Marshall fait l'hypothèse que l'esprit d'organisation est l'objet d'une demande sociale indirecte. C'est bien l'entrepreneur qui, par contre, demande les trois autres facteurs de production. Cette demande est formulée en respectant sa rationalité qui consiste à prendre des décisions dirigées vers l'objectif de maximisation du profit. «Chaque homme d'affaires [...] s'efforce constamment de connaître la productivité relative de chaque agent de production employé par lui, aussi bien que tous les autres agents qu'il serait possible de substituer à quelques-uns d'entre eux. Il évalue le plus exactement qu'il peut, quel produit net sera fourni par un certain emploi supplémentaire d'un agent quelconque [...]. Il s'efforce d'employer chaque agent jusqu'à la limite à partir de laquelle son produit net n'excèderait plus le prix qu'il aurait à payer pour lui.» (Marshall, 1890, L.IV, p.258.) Dit d'une autre façon, la détermination des quantités de facteurs de production demandées renvoie à la considération selon laquelle les facteurs de production sont substituables entre eux ; ainsi, les facultés du travail, du capital et de la terre sont interchangeables. L'entrepreneur substitue un facteur à un autre jusqu'à ce que chaque facteur de production reçoive une rémunération égale à la contribution productive de la dernière unité de facteur utilisée.

Cette règle s'applique, selon Marshall, pour la courte période. À long terme, la rémunération d'un facteur ne doit pas être inférieure à son coût de production. Il existerait ainsi une tendance à la formation d'un taux normal des salaires, de l'intérêt et de la rente. Cela n'exclut pas l'existence de revenus qui ne sont pas en rapport avec leur coût de production. Les facteurs en question perçoivent ce que Marshall appelle une rente.

L'impossible synthèse néoclassico-ricardienne

Malgré les apparences, la théorie de la répartition marshallienne présente des affinités non pas avec celle de Ricardo, mais avec celle de Walras.

Marshall affirme clairement que tous les revenus ne sont jamais que des prix de facteur de production, y compris le profit qui est le prix de l'esprit d'initiative et d'organisation. Il n'est pas concevable, dans cet esprit, qu'il ne soit pas déterminé comme les autres prix des biens pour lesquels il distingue la courte et la longue période.

Pour le prix des biens, nous savons que pour Marshall, «plus courte sera la période que nous examinons, plus nous devrons tenir compte de l'influence que la demande (l'utilité) exerce sur la valeur ; et que, au contraire, plus cette période sera longue, plus importante sera l'influence exercée par le coût de production sur la valeur» (Marshall, 1890, t.2, p. 41). En fait, à long terme, le prix doit être égal au coût de production, car l'équilibre de branche exige l'absence de profit. La chose fait immédiatement référence à Walras. Il affirme en effet que «pour qu'il y ait équilibre du marché, ou prix stationnaire de tous ces services et de tous ces produits en numéraire, il faut et il suffit : 1° qu'à ces prix, la demande effective de chaque service (producteur) soit égale à son offre effective, et 2° que le prix de vente des produits soit égal à leur prix de revient en services (producteurs)» (Walras, 1874-1877, p.230). Y a-t-il opposition entre Marshall et Walras puisque, pour le premier, il peut exister à court terme un profit d'équilibre ?

En réalité, Walras considère, en vertu de la méthode rationnelle propre à l'analyse scientifique, qu'il faut s'abstraire dans un premier temps du réel pour ensuite y retourner. Lorsque Walras fait un retour vers la réalité, il souligne que «l'état d'équilibre de la production est un état idéal et non réel. Il n'arrive jamais que le prix de vente des produits soit absolument égal à leur prix de revient en services producteurs, pas plus qu'il n'arrive jamais que l'offre et la demande effectives de services producteurs ou des produits soient absolument égales. Mais c'est l'état normal en ce sens que c'est celui vers lequel les choses tendent d'elles-mêmes sous le régime de la libre concurrence appliqué à la production comme à l'échange. Sous ce régime, en effet, si, dans certaines entreprises, le prix de vente des produits est supérieur à leur prix de revient en services producteurs, d'où résulte un bénéfice, les entrepreneurs affluent ou développent leur production, ce qui augmente la quantité des produits, en fait baisser le prix et réduit l'écart» (Walras, 1877, p.194). L'échange hors de l'équilibre étant une catégorie du réel ignorée en raison du processus d'abstraction, celui-ci n'est pas un objet théorique pour Walras.

C'est donc en raison d'un différend épistémologique que l'analyse de Marshall diffère de celle de Walras. C'est le réalisme dont se réclame Marshall qui l'amène à faire de la courte période un objet théorique d'intérêt. Cette courte période marshallienne peut tout à fait être assimilée à une phase intermédiaire du processus d'ajustement de l'économie walrassienne qui, pendant le tâtonnement, suit un chemin aboutissant à l'équilibre général. Ce n'est pas prendre un grand risque que de rapprocher les conceptions marshallienne et walrassienne du prix en insistant sur leurs similitudes.

Les fluctuations économiques selon Marshall

Dans son ouvrage *Money, Credit and Commerce*, Marshall reprend l'ensemble de ses écrits ayant pour sujet les questions monétaires. Il reprend à son compte la vieille théorie quantitative de la monnaie qui est reformulée dans l'ouvrage. Il réaffirme l'équation des échanges posée par John Stuart Mill : « La somme des marchandises et celle des transactions restant les mêmes, la valeur de la monnaie est en raison inverse de sa somme multipliée par ce qu'on appelle la rapidité de circulation. » (Marshall, 1924, p. 34.) Autrement dit, la valeur des transactions réalisées au sein d'une période est égale au produit de la quantité de monnaie et de sa vitesse de circulation. Il en résulte que si le niveau des transactions reste constant, la valeur de la monnaie (l'inverse du niveau général des prix, c'est-à-dire la quantité de biens qu'il est possible d'acquérir avec une unité monétaire) est une fonction inverse de sa quantité.

Marshall s'intéresse aux encaisses monétaires désirées par les agents, autrement dit la demande de monnaie. Ces encaisses sont constantes en courte période et dépendent des habitudes des agents :

« Quelle que soit la société, il y a un certain volume de leurs ressources que les gens des différentes classes désirent garder sous forme de monnaie ; et, si toutes les choses restent égales, il y a alors une relation directe entre le volume de la monnaie et le niveau des prix telle que si l'un est augmenté de dix pour cent, l'autre sera également augmenté de dix pour cent. » (Marshall, 1924, p. 45.)

La clause « toutes choses étant égales par ailleurs » est importante, car l'économiste considère que les revenus et les coefficients d'encaisses sont susceptibles de varier au cours du cycle économique.

En partant de la théorie quantitative, Marshall explique les fluctuations économiques par les variations des quantités de crédit bancaire distribué par les banques. Ainsi, au cours de la phase ascendante du cycle, le crédit distribué par les banques augmente. La quantité de monnaie en circulation étant en hausse, le niveau général des prix augmente. Néanmoins, il existe à court terme des rigidités nominales de salaire et de taux d'intérêt. Ces derniers n'augmentent pas aussi rapidement que les prix pendant la phase ascendante du cycle. Il en résulte une baisse des salaires réels et des taux d'intérêt réels qui augmentent le profit des firmes et consolident l'optimisme des entrepreneurs. L'emploi et la production augmentent alors. Lorsque les salaires nominaux et les taux d'intérêt finissent par augmenter, le profit diminue et l'activité économique régresse. Le même processus fonctionne alors à la baisse : la quantité de crédits distribuée diminue et le niveau général des prix diminue. Rigides à court terme, les salaires monétaires et les taux d'intérêt ne diminuent pas avec les prix, de sorte que salaire et taux d'intérêt réels augmentent. Les profits diminuent, ce qui accentue la récession.

Marshall adhère à la loi de J.B Say : l'offre crée sa propre demande, il ne peut y avoir d'engorgement général des marchés. Il dit en effet que « Mill fait observer avec raison : *Ce qui constitue les moyens de payer les marchandises, ce sont uniquement des marchandises.* Les moyens qu'a chaque personne de payer les marchandises produites par les autres consistent dans les marchandises qu'elle possède elle-même. Tous les vendeurs sont inévitablement, et au sens même du mot, des acheteurs ». Pour autant, l'économie n'est pas à l'abri de fluctuations en raison des variations de la valeur de la monnaie et de la psychologie des hommes d'affaires. Il avance en effet que la dimension psychologique est importante dans le phénomène du cycle économique qu'elle explique en partie : « Quoi que des gens aient le pouvoir d'acheter, ils peuvent ne pas vouloir en user. Car lorsque la confiance a été ébranlée par des faillites, il est impossible de trouver du capital pour fonder de nouvelles sociétés ou pour étendre les anciennes. [...] La principale cause du mal, c'est le manque de confiance. La plus grande partie de ce mal pourrait être supprimée presque instantanément si la confiance pouvait reparaître. [...] Si toutes les industries qui fabriquent des marchandises pour la consommation directe s'entendaient pour travailler et acheter les marchandises les unes aux autres comme en temps ordinaire, elles se fourniraient mutuellement les moyens de gagner un chiffre modéré de profits et de salaires. [...] Une fois née, la confiance se développe d'elle-même : le crédit accroît les moyens d'achat, et ainsi les prix remontent. [...] La renaissance de l'industrie commence aussitôt que les industriels pensent que les prix ne continueront pas à baisser ; et les prix se relèvent avec cette renaissance de l'industrie. » (Marshall, 1890, p. 861.)

Pour lisser les fluctuations économiques, il faut que les autorités monétaires évitent que se creuse un écart entre le taux d'intérêt effectif et le taux d'intérêt naturel qui assure l'équilibre de la demande et de l'offre de fonds prêtables.

5
FIVE DOLLARS
Australia
DOLLARS
5
Australia
FIVE DOLLARS
5
Australia
DOLLARS
Australia
DOLLARS
Australia

II – La théorie de la répartition de J.B Clark : une généralisation de la théorie ricardienne de la rente ?

John Bates Clark est un économiste néoclassique américain. Nous retiendrons ici parmi ses différents travaux son livre intitulé *Distribution of Wealth* (1899) dans lequel il présente la théorie néoclassique de la répartition comme une généralisation de la théorie de Ricardo. Ainsi, Clark affirme : « Les salaires et l'intérêt, bien qu'ils soient déterminés par la loi de productivité finale, sont eux aussi susceptibles d'être mesurés exactement comme la rente du sol l'a été, c'est-à-dire que la formule de Ricardo, relative au revenu de la terre, est valable pour décrire le revenu de la masse entière du capital de la communauté humaine : tout intérêt peut être présenté comme manifestation d'un gain différentiel ou d'un surplus. De même, on peut décrire suivant la formule ricardienne les gains de la masse de forces de travail social, car les salaires dans leur totalité sont un gain différentiel. C'est un des faits économiques les plus frappants que le revenu du travail, d'une part, celui du capital, d'autre part, sont absolument de même nature que la rente du sol. Ils constituent les deux sortes de rentes, si par ce terme nous désignons les revenus différentiels ; et les gains de la terre constituent une fraction de l'un d'entre eux. » (Clark, 1899, p.75.)
Une dynamisation de son modèle montre que sa théorie n'est en rien un prolongement de la théorie ricardienne.

L'intérêt est un revenu résiduel

« Simplifions maintenant la loi de la rente du sol. Supposons que le sol dont nous nous servons soit mis en valeur par le travail et par lui seul. Le travail ainsi appliqué à la terre est soumis à la loi des rendements décroissants. Placez un homme dans une région de forêts et de prairies : il en tirera un gros revenu. Deux travailleurs sur la même terre gagneront moins, par tête. Trois gagneront encore moins, et si vous allez jusqu'à dix, il se peut que le dernier gagne tout juste son salaire. » (Clark, 1899, p.76.)

Si [n] travailleurs sont employés, les [n-1] produisent plus que le [n^{ème}] travailleur, en vertu de la loi des rendements décroissants, mais ne reçoivent en guise de salaire que le produit de ce [n^{ème}] travailleurs. Ce qui revient au propriétaire terrien est la somme des différences entre ce que produisent les [n-1] travailleurs et ce qu'ils perçoivent, à savoir le produit du [n^{ème}]. Cette somme constitue la rente totale (Clark, p.77).

Autrement dit, les salariés reçoivent un salaire réel égal à la productivité marginale du travail, c'est-à-dire au supplément de produit permis par l'embauche de la dernière unité de travail. La productivité marginale des [n-1] travailleurs étant supérieure à la productivité marginale du [n^{ème}] travailleur, la productivité marginale des [n-1] travailleurs est supérieure au salaire réel qu'ils perçoivent. La rente est déterminée par cet écart entre le produit marginal et le salaire versé. Cette « rente est le fruit de l'aide apportée par le sol et est imputable uniquement au sol. Toute rente, dans une conception correcte, est constituée par tout ce qu'un agent producteur est capable d'ajouter au produit imputable à un autre agent de production » (Clark, 1899, p.78).

À présent, « au lieu d'une étendue déterminée de terre, considérons maintenant une masse fixe de capital social permanent [...] ». Ce qui était une rente dans l'exemple précédent devient une masse d'intérêts. « Tout intérêt est un surplus, entièrement de la même façon que la rente du sol. » (Clark, p.80.)

Le salaire est un revenu résiduel

« Inversons maintenant la situation ; supposons que c'est le travail qui est un élément fixe. » (Clark, p.81.) Le même raisonnement peut être tenu pour l'emploi du capital en quantités variables. L'augmentation de la quantité de capital entraîne une diminution de sa productivité marginale, puisque le capital est soumis à la loi des rendements décroissants à l'instar du facteur travail. Le taux d'intérêt étant fixé par la productivité marginale de la masse de capital employée, autrement dit, par le produit marginal engendré par la dernière unité de capital employée, il existe un surplus représenté par la somme des différences entre les produits marginaux de chaque unité de capital (supérieurs aux produits marginaux de la dernière unité) et le taux d'intérêt qui correspond seulement au produit marginal de la dernière unité. Ce surplus correspond à la rémunération du facteur travail qui est fixe, autrement dit à la masse des salaires qui est distribuée.

Lorsque la quantité de travail est fixe et que la quantité de capital est variable, le salaire apparaît comme résiduel.

Comment la question du profit est-elle abordée par l'auteur ?

« Il y a une seule loi qui régit les salaires et les intérêts : c'est la loi de productivité marginale. Par l'une des manières d'exposer cette loi, les salaires nous apparaissent comme un montant fixé par ce principe. Arithmétiquement déterminés, les gains de tout le travail sont égaux au produit de l'unité de travail multiplié par le nombre de ces unités. » (Clark, p.82-83.) L'intérêt apparaît comme un surplus.

Mais, toujours d'après Clark, « dans un état statique, les prix des différents produits arrivent juste à couvrir les salaires et l'intérêt qui sont généralement payés [...]. Les produits, dans une entreprise particulière, peuvent pendant un certain temps se vendre assez cher pour procurer un excédent considérable sur les salaires et l'intérêt, et la totalité des entreprises peuvent, pendant un certain temps, rapporter un excédent de ce genre, mais en l'absence de privilège de monopole, aucune entreprise ne rapporte longtemps un bénéfice considérable, et encore moins, la totalité des entreprises, si bien que l'on puisse toujours trouver des profits quelque part dans le système » (Clark, 1899, p.119).

La question de la généralisation : une erreur de lecture de J.B Clark ?

En réalité, l'extension de la théorie ricardienne de la rente est réduite à un simple effet de présentation de chaque catégorie de revenu. Chez Clark, la rente, comme les autres revenus, peut être alternativement considérée comme un revenu activement déterminé par la quantité de facteurs de production employée, ou comme un revenu passif ou un résidu. D'après la présentation de Clark, celui-ci ne peut faire référence à la première version de la théorie de la rente ricardienne, puisque dans cette dernière, les terres sont de qualité hétérogène. Or, Clark raisonne dans un cadre de concurrence parfaite où règne l'hypothèse d'homogénéité des produits et des facteurs de production. Mais rappelons que cette première version de la théorie de la rente sous-entend qu'on accepte l'hypothèse de la seconde version, dans laquelle la diminution de la productivité marginale est liée à l'accroissement de la quantité utilisée d'une même terre. J.B Clark a-t-il donc raison en prétendant que sa théorie est une extension de la théorie ricardienne ?

Chez Ricardo, la rente n'est qu'une partie du surplus. L'autre partie est constituée du profit empoché par le capitaliste. Profit et rente sont dans un rapport de complémentarité. Cela n'est pas le cas pour le rapport entre rente et salaire. Les conditions qui font hausser la rente et diminuer le profit dans la branche agricole font augmenter les salaires, qui, du même coup, font diminuer les profits dans la branche de l'industrie. L'augmentation des salaires, contemporaine de l'augmentation de la rente, est tout à fait centrale dans le raisonnement ricardien, puisque c'est elle qui permet la diffusion de la baisse du taux de profit agricole à l'ensemble de l'économie. C'est donc grâce à l'augmentation des salaires que le taux de profit se maintient uniforme.

Il n'en est rien chez J.B Clark. Dans son modèle, il y a complémentarité entre rente et salaire. Si, en effet, le salaire augmente à la suite d'une diminution de la quantité de travail utilisée, il s'ensuit une baisse du surplus, donc une baisse de la rente. Cette dernière ne peut augmenter que si la quantité de travail utilisée augmente, donc uniquement si le salaire diminue. La théorie de la rente étendue de J.B Clark n'est en rien la théorie de la rente de Ricardo, même si l'on considère sa seconde version. Ajoutons par ailleurs que chez Clark, le salaire est une fonction de la quantité de travail employée, ce qui est étranger à la conception du salaire naturel chez Ricardo.

III – La critique émanant de l'école néo-ricardienne

Nous l'exposerons ici.

Les fondements de la notion de productivité marginale

Comme l'a établi J.B Clark, le capital est rémunéré par le taux d'intérêt à hauteur de sa productivité marginale. Cette productivité marginale du capital mesure la contribution productive d'un ensemble hétérogène de biens. Elle s'écrit comme le rapport de deux quantités : la variation de la quantité produite, et la variation de la quantité de capital utilisée. L'hétérogénéité physique du capital d'une part, celle du capital et du produit d'autre part, interdisent de mesurer ce rapport mais aussi de le concevoir.

Il faut par conséquent procéder à une homogénéisation du produit et du capital. La seule voie concevable est une évaluation en termes de prix. L'argument [K] de la fonction de production est alors saisi en termes de prix. Mais se pose un problème : à une même valeur de [K] peuvent correspondre différentes quantités de moyens de production, si le prix d'acquisition du stock de capital est variable. À une même valeur de [K] peuvent donc correspondre plusieurs niveaux de production. De façon réciproque, à une même quantité de moyens de production, donc à une même quantité de produit, peuvent correspondre plusieurs valeurs de [K]. La productivité marginale du capital ne peut donc être déterminée. Il en va de même pour la productivité marginale du travail qui nécessite, pour être mesurée, la détermination et la constance de [K].

Il est donc nécessaire de procéder à une homogénéisation physique du produit et du capital et de considérer que l'économie ne produit qu'un seul et même bien. Certains économistes néoclassiques ont souhaité démontrer que cette hypothèse n'est qu'une simplification acceptable, car les conclusions auxquelles on parvient avec cette hypothèse sont les mêmes que celles que l'on obtiendrait sans elle. Parmi eux, on compte P.A Samuelson (1962) dont nous allons présenter l'analyse.

L'autre présentation de la fonction de production

La fonction de production néoclassique relie la quantité produite [Y] à la quantité de facteurs de production utilisée, [K] pour le capital et [L] pour le travail. On l'écrit de la manière suivante :

$$Y = f(K, L)$$

La fonction [Y] est croissante en [K] et en [L]. Par ailleurs, les productivités marginales du capital et du travail sont décroissantes, ce qui signifie que les accroissements de production liés à l'augmentation des quantités utilisées de facteurs de production diminuent au fur et à mesure de la hausse des quantités employées de facteurs. Enfin, la fonction est homogène de degré 1 ; cela signifie que lorsque la quantité utilisée des facteurs de production est multipliée par un coefficient [a], la production de biens est elle aussi multipliée par ce même coefficient.

Samuelson propose de réécrire la fonction de la production de la manière suivante :

$$y = \frac{Y}{L} = f\left(\frac{K}{L}, 1\right) = f(k)$$

Avec [k] le capital par tête, ou intensité capitalistique, et [y] la production par tête.

Le capital par tête doit être distingué du coefficient de capital [v], qui mesure la quantité de capital utilisée par unité produite :

$$v = \frac{K}{Y} = \frac{k}{y}$$

La productivité marginale du capital en un point [ka] de la fonction correspondant à une certaine quantité de capital par tête est donnée par la pente de la tangente à la courbe représentant la fonction de production en un point d'abscisse [Ka]. Samuelson retrouve donc des résultats similaires à la fonction de production de départ.

Comme l'a établi J.B Clark, la rémunération des facteurs de production à leur productivité marginale épuise le produit (lorsque la fonction de production est homogène de degré 1). Cela peut s'écrire :

$$Y = i.K + w.L$$

Avec [Y] la quantité produite, [i] le taux d'intérêt réel, [K] la quantité de capital employée, [w] le taux de salaire réel et [L] la quantité de travail employée. Le produit par tête peut donc s'écrire :

$$y = i.k + w$$

Comme la productivité marginale du capital est égale au taux d'intérêt réel, on peut écrire :

$$y'(k) = i$$

Avec $y'(k)$ la productivité marginale du capital. Cette dernière est décroissante avec la quantité de capital par tête employée ; cela signifie que lorsque la quantité de capital par tête utilisée augmente, (ou autrement dit, le degré de mécanisation augmente), le taux d'intérêt réel doit diminuer. Puisque le taux d'intérêt décroît lorsque le capital par tête augmente, on peut associer à un niveau de produit par tête plus élevé un niveau de taux d'intérêt plus faible.

Le taux de salaire s'écrit donc :

$$w = y - i.k = y - k.y'(k)$$

Samuelson montre que le coefficient de capital et l'intensité capitalistique (capital par tête) varient dans le même sens. Donc à un coefficient de capital plus élevé correspond un taux d'intérêt plus faible. De là, il est possible de déduire la conséquence suivante : les travailleurs bénéficient toujours d'une augmentation du degré de mécanisation dont le vecteur est l'accumulation du capital : à un taux de mécanisation plus élevé correspond un taux de salaire réel plus élevé.

Le problème de la convexité

Samuelson propose de considérer une économie dans laquelle deux biens sont produits : un bien de production (M) et un bien de consommation (C). Le bien de production est produit avec du travail (L_m) et une quantité de lui-même (M_m). Sa quantité produite est notée Y_m. Le bien de consommation est produit avec du travail (L_c) et une quantité de moyen de production (M_c). Sa quantité produite est notée Y_c. Le moyen de production est du capital circulant qui est immédiatement détruit ou transformé lors de la production des biens. La technique de production d'un bien est décrite par des coefficients de production. X_{cm} et X_{cl} sont les coefficients de production qui représentent la technique de production du bien (C). Ils sont donnés par :

$$X_{cm} = \frac{M_c}{Y_c} \; et \; X_{cl} = \frac{L_c}{Y_c}$$

X_{mm} et X_{ml} sont les coefficients de production décrivant la technique de production du bien de production, avec :

$$X_{mm} = \frac{M_m}{Y_m} \; et \; X_{ml} = \frac{L_m}{Y_m}$$

Si l'on considère le prix du bien de consommation comme unité de mesure du prix du moyen de production et du salaire réel, alors on peut écrire :

$$Y_c.1 = L_c.w + M_c.p.i \; ou \; 1 = X_{cl}.w + X_{cm}.p.i$$

$$Y_m.p = L_m.w + M_m.p.i \; ou \; p = X_{ml}.w + X_{mm}.p.i$$

Avec [p] le prix du moyen de production.

Sont donc donnés les coefficients de production ; le prix [p], le salaire réel [w] et le taux d'intérêt réel [i] sont inconnus. Le système ne comportant que deux équations, il est seulement possible d'obtenir une relation entre deux inconnues.

Écrivons la relation entre [w] et [i]. Cette relation, notée [w], est donnée par la formule suivante :

$$w = \frac{1 - Xmm.\,i}{X_{cl} + [X_{ml}.\,X_{cm} - X_{cl}.\,X_{mm}].\,i}$$

Posons que $[X_{ml}.\,X_{cm} - X_{cl}.\,X_{mm}] = t$.

Il y a autant de relations entre (w) et (i) qu'il y a de techniques de production des biens (C) et (M). Mais on remarque que notre fonction [w] est toujours décroissante par rapport au taux d'intérêt [i]. Cette relation entre le taux de salaire et le taux d'intérêt est :

- convexe si $\dfrac{X_{cm}}{X_{cl}} > \dfrac{X_{mm}}{Xml}$
- concave si $\dfrac{X_{cm}}{X_{cl}} < \dfrac{X_{mm}}{Xml}$
- droite si $\dfrac{X_{cm}}{X_{cl}} = \dfrac{X_{mm}}{Xml}$

Samuelson propose les hypothèses suivantes :
- t=0, autrement dit, les techniques de production sont identiques pour les deux biens ;
- pour produire ces deux biens, trois techniques de production sont disponibles ; elles établissent donc entre le taux de salaire réel et le taux d'intérêt réel une relation particulière qui leur est propre.

Pour chaque niveau de salaire, la technique de production choisie est celle qui maximise le produit global, donc le taux d'intérêt.

Pour un intervalle de salaires élevés, c'est la technique δ qui est choisie, car cette dernière maximise le taux d'intérêt. Pour un intervalle de salaires intermédiaires, c'est la technique ε qui est choisie. Enfin, pour un salaire faible, c'est la technique de production θ qui est adoptée. La succession des techniques de production optées par la firme constitue une frontière. À chaque technique de production, la frontière fait correspondre une plage de valeurs du taux d'intérêt réel. On peut déduire de cette analyse les conséquences suivantes :

– À un taux de mécanisation de plus en plus élevé correspond un taux d'intérêt réel de plus en plus faible, du fait de la productivité marginale décroissante du capital par tête ;

– À un taux d'intérêt réel de plus en plus faible correspond une production par tête de plus en plus élevée ; en effet, la diminution du taux d'intérêt est la marque de ce que le capital par tête utilisé augmente, faisant augmenter le niveau de production ;

– À un coefficient de capital de plus en plus élevé correspond un taux d'intérêt réel plus faible, puisque coefficient de capital et intensité capitalistique (ou degré de mécanisation) varient dans le même sens.

Si l'on suppose maintenant que les techniques de production disponibles tendent vers l'infini, la frontière devient une courbe enveloppe continue. C'est cette courbe que Samuelson appelle «fonction de production succédanée» ou «frontière des prix des facteurs». La convexité de la courbe enveloppe représentant l'évolution du capital par tête en fonction du taux d'intérêt réel exprime l'hypothèse que les deux biens (M) et (C) sont produits avec les mêmes techniques.

Samuelson peut retrouver les conclusions auxquelles mène la fonction de production traditionnelle parce qu'il fait l'hypothèse que les techniques de production des deux biens sont identiques. Cela se traduit par le fait que pour une technique donnée [k], le rapport reliant [w] et [i] peut être représenté par une droite. Si cette relation entre le taux de salaire et le taux d'intérêt est telle que sa représentation n'est plus une droite mais une courbe concave ou convexe, alors de telles conclusions ne peuvent plus être retrouvées.

Dans le cas retenu par Samuelson, la valeur du capital correspondant à une technique de production est constante pour tout niveau de taux d'intérêt réel. La production par tête [y] correspond à une technique de production définie par une valeur constante du capital par tête [k]. On dit que l'effet-prix wicksell est neutre : la productivité marginale du capital est concevable.

Par contre, l'effet-prix wicksell est non neutre lorsque le rapport entre le taux de salaire et le taux d'intérêt est convexe ou concave. À une technique de production donnée, donc à une quantité physique donnée de moyens de production, correspond une valeur de [k] qui diminue lorsque le taux d'intérêt augmente, ou bien une valeur de [k] qui augmente lorsque le taux d'intérêt augmente, selon la forme de la relation entre [w] et [i]. La valeur de [k] dépend donc de la répartition du produit entre intérêt et salaire. De ce fait, selon la répartition des richesses, à une même valeur de [k] peuvent correspondre différentes quantités de moyens de production par tête, donc différents montants de produits par tête. La productivité marginale du capital reste indéterminée hormis le cas où la composition technique du capital est la même dans la production des moyens de production et dans celle des moyens de consommation.

De cela résulte le phénomène de « retour des techniques » : au fur et à mesure que le taux d'intérêt diminue, la technique de production choisie devient de plus en plus capitalistique, puis le producteur finit par revenir à la technique initiale, alors même que le taux d'intérêt a continué de baisser.

Marc Lavoie, dans un article de l'*Encyclopédie d'Économie Politique* (2000), estime que le phénomène de retour des techniques est destructeur de la théorie néoclassique : « Le retour des techniques appliqué au capital dénude de sens le concept néoclassique de la substitution des facteurs de production ainsi que la rareté du capital ou du travail. Cette technique met en péril la théorie néoclassique du capital et la notion de variation de la demande pour les facteurs de production, autant sur le plan économique qu'industriel. Elle met aussi en péril les théories néoclassiques de la production et de la détermination du travail ainsi que les théories monétaires de Wicksell, puisqu'elles n'offrent aucune stabilité. Par conséquent, ce constat est catastrophique pour l'analyse de l'école néoclassique. On tient habituellement pour acquis que seuls la théorie néoclassique de l'agrégation et ses modèles (et par conséquent, la théorie macroéconomique fondée sur l'agrégation des fonctions de production) sont influencés par le retour des techniques. Par contre, on a signalé qu'en utilisant les modèles généraux d'équilibre de la théorie néoclassique dans un contexte d'équilibre à long terme, la stabilité ne peut être obtenue qu'en écartant le retour des techniques. Tous les modèles néoclassiques de production seraient influencés, pour ainsi dire, par le retour des techniques. » (Article « Capital Reversing ».)

Cela n'a pas empêché le développement de modèles néoclassiques macroéconomiques fondés sur l'hypothèse d'un bien unique qui sert à la fois de bien de consommation et de bien capital.

Chapitre 5

Sraffa

L'ouvrage central de Piero Sraffa, *Production de marchandises par des marchandises* (1960), donne naissance au courant de pensée néo-ricardien. Cet ouvrage fait suite à la rédaction de deux articles intitulés « Sur les relations entre coût et quantité produite » (1925) et « Les lois de rendement en régime de concurrence » (1926).

Ces articles exposent une critique interne de la théorie de l'équilibre partiel d'Alfred Marshall. Elle porte sur la question des rendements. Le positionnement du contenu de l'ouvrage *Production de marchandises par des marchandises* par rapport aux autres courants théoriques est moins évident. L'essentiel de son travail a été de rendre compte de la détermination des prix en lien avec la répartition des richesses. Une telle approche forme la substance d'une critique externe à la théorie néoclassique des prix. Mais ce dont traite Sraffa a également pour but de résoudre un problème soulevé dans les *Principes de l'Économie Politique et de l'Impôt* de Ricardo. La méthode adoptée par l'auteur pour résoudre ce problème constitue en même temps une critique de la démarche de Ricardo dans les *Principes*, et, dans une moindre mesure, dans l'*Essai sur les profits*. Les travaux de Sraffa sont en outre une critique de la théorie marxienne de la transformation des valeurs en prix. À cet égard, le sous-titre de son ouvrage, « Prélude à une critique de la théorie économique », est très parlant : sa critique ne porte pas uniquement sur la théorie néoclassique, mais sur la théorie économique dans son ensemble.

I – La critique faite par Sraffa de la théorie marshallienne

C'est dans les articles « Sur les relations entre coût et quantité produite » (1925), puis « Les lois de rendement en régime de concurrence » (1926) que Piero Sraffa développe le contenu de sa première attaque à l'encontre de la théorie néoclassique des prix. Le premier article démontre les incohérences de la théorie de l'équilibre partiel qui aboutissent nécessairement à un retour de la thèse ancienne de la dépendance des prix par rapport aux coûts de production. Dans le second article, Sraffa propose tout de suite une autre voie qui consiste en un développement de la théorie de la concurrence imparfaite.

Dans la théorie néoclassique, le prix a pour co-déterminants l'offre et la demande : « La valeur normale de toute chose [...] se trouve, comme la clé de voûte d'un arc, en équilibre par rapport aux forces opposées agissant sur les deux côtés. Les forces de la demande agissent d'un côté, celles de l'offre de l'autre [...]. Une telle symétrie est conditionnée par la non-proportionnalité du coût total de production par rapport à la quantité produite ; si le coût de production de chaque unité de marchandise ne variait pas lorsque la quantité produite change, la symétrie serait brisée, le prix serait exclusivement déterminé par les dépenses de production, et la demande ne pourrait avoir sur lui une quelconque influence. » (Sraffa, 1925, p.4.) En effet, si les rendements sont constants, la courbe d'offre est horizontale et la demande n'a plus aucune influence sur le prix qui ne peut plus être considéré comme un indicateur de rareté relative.

La non-proportionnalité du coût par rapport à la quantité produite est nouvelle, car « les auteurs classiques admettent tacitement, comme une chose évidente, l'indépendance du coût par rapport à la quantité produite » (Sraffa, 1925, p.3). L'hypothèse de rendements non constants a surgi par analogie avec la relation entre prix et quantité consommée, hypothèse que Sraffa estime « élémentaire et naturelle » (Sraffa, 1925, p.3).

Lorsque les coûts unitaires varient avec la quantité produite, la demande intervient dans le processus de détermination. Mais cette variation des coûts peut-elle se faire dans n'importe quel sens ? Est-il possible qu'ils soient croissants puis décroissants ? Selon Sraffa, les coûts unitaires ne sauraient être décroissants en situation de concurrence parfaite.

Dire que les coûts décroissent lorsque la quantité produite augmente, c'est affirmer la croissance de la productivité avec la quantité produite. Donc, plus la quantité produite est grande, plus le coût unitaire du bien est faible. L'entreprise a donc intérêt à développer sa production jusqu'à ce qu'elle sature le marché. Un tel résultat est incompatible avec l'hypothèse d'atomicité du cadre de concurrence parfaite.

L'hypothèse des rendements décroissants, donc des coûts unitaires croissants, n'est pas non plus acceptable, car dans ce cas, « la concurrence tendrait à rendre infiniment petite la taille de chaque entreprise, à en augmenter infiniment le nombre, et, en raison de la nécessité où chacune se trouverait de réduire sa propre production pour réduire ses coûts, il n'y aurait aucune possibilité d'atteindre un équilibre quelconque » (Sraffa, 1925, p.31).

La solution néoclassique au problème
des rendements est inacceptable

La solution au problème que pose la théorie symétrique de la valeur est une courbe en forme de [U]. Autrement dit, il faudrait supposer que les rendements commencent par croître pour finir par décroître au-delà d'un certain seuil de production. Mais en concurrence parfaite, cela revient à mettre bout à bout deux lois dont les fondements théoriques sont différents. Les deux lois sont également critiquables séparément.
Montrons maintenant que la coordination des deux lois des rendements est impossible.
Les causes des rendements décroissants et croissants sont de nature différente ; cette différence ne relève pas des caractéristiques des branches de production, mais du mode de raisonnement. La loi des rendements décroissants est justifiée par le fait que la firme, en augmentant la quantité de biens qu'elle produit, augmente la quantité utilisée d'un facteur de production, les quantités de tous les autres facteurs restant constantes. C'est la constante des autres facteurs qui explique la décroissance du rendement et donc la hausse du coût marginal. Lorsque les rendements sont à l'inverse croissants, il faut supposer, pour éviter que la taille des firmes croisse indéfiniment, qu'ils proviennent d'économies externes à la firme. Ces économies externes ne renvoient aucunement à la modification de la combinaison productive alors

que la croissance des coûts résulte d'une telle modification.

Quelle critique à présent pour les lois prises séparément ?

D'après Sraffa, « les plus graves des imperfections de la théorie symétrique de la valeur prennent leurs racines dans la nature des hypothèses, même si elles sont prises séparément » (Sraffa, 1925, p.43).

Pour introduire sa critique, Sraffa rappelle « les conditions qu'une courbe d'offre doit satisfaire lorsqu'elle est utilisée dans l'étude des équilibres partiels des différentes industries. Puisqu'elle n'exprime que la relation entre deux variables, nous devons nécessairement supposer que, lorsque la production d'une marchandise varie, toutes les autres données du problème restent inchangées : en particulier, il est nécessaire que ne varient pas la demande des consommateurs et les conditions de production des autres marchandises. En d'autres termes : 1) la courbe d'offre doit rester indépendante, non seulement de la courbe de demande, mais aussi des courbes d'offre de toutes les autres marchandises ; 2) la courbe d'offre n'est valable que pour des petites variations de la quantité produite et, à trop s'éloigner de la position initiale d'équilibre, la construction d'une courbe entièrement nouvelle peut s'avérer nécessaire, puisqu'une variation importante serait généralement incompatible avec la condition *ceteris paribus* » (Sraffa 1925, p.43).

La loi des rendements décroissants n'est acceptable que si la totalité d'un facteur de production est utilisé pour la production d'une marchandise. En effet, supposons qu'un facteur soit employé à la production de différents produits ; les industries utilisant le même facteur formant un groupe. Deux cas de figure peuvent se présenter : le nombre de biens produits peut être petit ou grand.

Dans le premier cas de figure, si une industrie [A] augmente sa production, elle doit utiliser une plus grande quantité du facteur commun au détriment des autres industries. Il en résulte une baisse de la productivité marginale de ce facteur dans cette industrie. Le coût de production dans toute l'industrie [A] augmente. La courbe d'offre d'une marchandise n'est pas indépendante des courbes d'offre des autres marchandises utilisant les mêmes facteurs.

Dans le second cas de figure, le groupe comprend un grand nombre d'industries. Pour que l'augmentation de la production de l'une d'entre elles ait pour effet de faire varier le coût de production de toutes les industries, il faut qu'une telle augmentation soit importante, ce qui va à l'encontre de la seconde condition. Le respect de cette seconde condition exige que l'on ne considère que de petits accroissements de la quantité produite. Si de tels accroissements ont des effets négligeables sur les autres industries, il en sera de même pour l'industrie [A] qui nous intéresse. En effet, l'accroissement du coût est proportionnel à la part prise par le facteur commun dans la composition du coût de chacun des produits. Rien n'indique qu'avec une petite augmentation de l'utilisation du facteur commun, la variation des coûts soit plus forte en [A] que dans les autres industries. Il faut donc considérer que l'offre d'un produit se fait à coût constant.

L'hypothèse des économies d'échelle externes est aussi tout à fait critiquable. Ces économies ne peuvent être qu'externes à la firme en régime de concurrence parfaite, mais internes à l'industrie (dans le cas contraire, les coûts d'une industrie dépendent de ceux des autres ; il y aurait interdépendance contrairement au domaine de l'équilibre partiel). Marshall lui-même a reconnu que des économies externes qui répondent à ces critères sont très rares : « Les économies externes de la production sur grande échelle peuvent rarement être imputées à une seule industrie, quelle qu'elle soit : elles sont en grande partie le fait de groupes d'industries (la plupart du temps importants) entre lesquels il existe un lien quelconque. » (Marshall dans *Industrie and Trade*, 1919, p.188, cité par Sraffa, 1925, p.48.)

Quelles solutions aux incohérences néoclassiques ?

D'après Sraffa, « pour de puissantes raisons dont nous avons tenté de faire prévaloir les plus décisives, il ne peut pas exister, dans un système statique de libre concurrence et dans la détermination des équilibres partiels, des courbes de coûts non proportionnels, sans qu'avec elles soient introduites des hypothèses contredisant la nature du système [...]. Nous devons donc admettre que les marchandises sont généralement produites à coûts constants » (Sraffa, 1925, p.48-49). « Ainsi, pour aborder simplement le problème en régime de concurrence, la théorie ancienne, aujourd'hui désuète, qui reposait sur les seuls coûts de production, semble être encore la meilleure théorie dont nous disposions. » (Sraffa, 1926, p.57.)

Ce n'est pas la seule voie proposée par Sraffa. Dans son article de 1926, il propose d'abandonner l'hypothèse de libre concurrence et de suivre la direction opposée : celle du monopole. Les économistes pourront alors disposer d'une théorie définie, dans laquelle les variations de coûts, consécutives aux modifications de la dimension des entreprises, jouent un rôle significatif.

Cette voie de développement, qui amène à la construction d'une théorie de la concurrence imparfaite, fut développée par Joan Robinson et E.H Chamberlin. Sraffa, de son côté, emprunte une voie ricardienne pour sortir des incohérences néoclassiques.

II – Le contenu de l'ouvrage de Sraffa : *Production de marchandises par des marchandises*

Dans l'avant-propos à l'ouvrage de 1960, Sraffa affirme la chose suivante : « C'est, cependant, un trait particulier de l'ensemble des propositions présentement publiées, que, quoiqu'elles n'entrent pas dans une discussion de la théorie marginale de la valeur et de la distribution, elles ont néanmoins été destinées à servir de base à une critique de cette théorie. Si la fondation tient, la critique pourra être tentée plus tard, soit par l'auteur, soit par quelqu'un de plus jeune et de mieux équipé pour cette tâche. » (Sraffa 1960, p.VII.) Sraffa laisse entendre que son ouvrage adresse une critique à la théorie néoclassique de la valeur. Mais en fait, sa critique s'adresse aussi bien plus largement à Marx et Ricardo.

Nous analyserons cette dimension critique avant d'aborder la solution apportée par Sraffa au problème de la détermination des prix.

Quels sont les champs de la théorie économique qui sont atteints par la critique de Ricardo ?

Dans *Production de marchandises par des marchandises*, Sraffa étudie principalement « les variations de prix dues à des changements survenus dans le domaine de la distribution [...]. L'importance qui leur est accordée ici se justifie par leur rôle dans le rétablissement de l'équilibre à l'intérieur de chaque branche. Elles atteignent pleinement ce but qui ne pourrait d'ailleurs l'être sans elles » (Sraffa, 1960, p.19). Cette dépendance du prix par rapport à la répartition des richesses a été établie par Ricardo sur la base de sa théorie de la valeur, mais il n'en a pas tenu compte au motif que l'impact quantitatif de la distribution sur les prix est faible. Sraffa, à l'inverse, en fait un problème central. Il est critique, en cela, du positionnement théorique de Ricardo. « La nécessité où nous trouvons d'avoir à exprimer le prix d'une marchandise au moyen d'une autre choisie comme étalon, complique l'étude des mouvements de prix qui suivent un changement dans la distribution du revenu national. Il est impossible de dire d'une fluctuation de prix donnée si elle vient des particularités de la marchandise que l'on mesure ou de celles de l'étalon qu'on utilise pour la mesurer. » (Sraffa, 1960, p.23.)
Pour trouver une solution à ce problème, il faudrait découvrir une marchandise dont le prix est insensible aux variations de la répartition : « Si

nous pouvons découvrir une telle marchandise, nous serions de ce fait en possession d'un étalon capable d'isoler les mouvements de prix de n'importe quel produit si bien qu'on pourrait les observer en eux-mêmes. » (Sraffa, 1960, p.24.)

Tout comme Ricardo avant lui, qui pose également la problématique de l'étalon invariable, il pense qu'il « est peu probable qu'on puisse trouver une marchandise simple remplissant même approximativement les conditions requises » (Sraffa, 1960, p.24). Mais il se détache du choix de Ricardo qui a considéré que l'or remplit cette condition. Pour Sraffa, « un mélange de marchandises ou une marchandise composite ferait tout aussi bien l'affaire ; nous appellerons cette sorte de composé la marchandise-étalon [...]. La question qui se pose est de savoir si une telle marchandise peut être construite » (Sraffa, 1960, p.24).

Pour répondre au problème posé, Sraffa construit un modèle de prix de production qui abandonne l'erreur de Ricardo qui a consisté à remplacer des quantités d'inputs (les matières premières, les moyens de production) et des quantités d'outputs (les quantités de biens obtenus grâce à la production des firmes) par des quantités de travail. Sraffa fait la démarche inverse : il remplace les quantités de travail direct par des quantités correspondantes de biens salariaux. Cela justifie le titre de son ouvrage : *Production de marchandises par des marchandises*. Ce titre constitue une critique externe aussi bien de la théorie néoclassique, dans laquelle la production est « une voie à sens unique qui conduit les facteurs de production aux biens de consommation » (Sraffa, 1960, p.116) qu'à Ricardo dans les *Principes*, qui tente de fonder une théorie des prix sur une théorie de la valeur-travail. Ricardo remettait d'ailleurs en cause la démarche qu'il avait adoptée dans l'*Essai* sur les profits : dans ce dernier ouvrage, le salaire était réduit à des quantités de blé et, par conséquent, les marchandises étaient conçues comme étant produites avec des marchandises.

La critique de la conception néoclassique ne s'arrête pas à la problématique du processus de production. Elle s'étend aussi à la théorie des prix. « Quiconque est accoutumé à penser en termes d'équilibre de l'offre et de la demande peut être enclin, en lisant les pages qui suivent, à supposer que la démonstration repose sur l'hypothèse tacite des rendements constants dans toutes les branches. Si une telle conception lui facilite les choses, il n'y a pas d'inconvénients à ce que le lecteur l'adopte comme hypothèse provisoire de travail. Pourtant, l'argumentation n'implique en réalité aucune limite de ce genre. Aucun changement dans les proportions suivant lesquelles les différents moyens de production sont utilisés par une branche n'est examiné. Il s'ensuit que la question de la variation ou de la constance des rendements n'est pas soulevée [...]. Or, l'approche marginale requiert que l'attention soit braquée sur le changement, car sans changement dans l'échelle d'une branche, il ne peut y avoir ni produit marginal ni coût marginal. » (Sraffa, 1960, p.V.) En posant le problème des prix et de la répartition, Sraffa prolonge ses articles dans lesquels il a démontré l'impossibilité de fonder logiquement une loi gouvernant les rendements en concurrence parfaite. Les prix ne sont pas des indicateurs de rareté relative comme le pensent les économistes néoclassiques. Ils sont l'expression de la norme d'uniformité des taux de profit.

Cette conception des prix rapproche Sraffa de Ricardo mais aussi de Karl Marx. Cependant, Sraffa n'adhère pas au concept marxien de transformation des valeurs en prix de production. Il est même possible de présenter le modèle de prix de Sraffa comme le résultat d'une critique interne de la théorie marxienne des prix de production.

Karl Marx n'ayant pas résolu de façon satisfaisante le problème que posait le passage des valeurs aux prix de production, L. von Bortkiewicz proposa une solution au problème de la transformation qui, en substance, est celui des écarts entre prix de production et valeurs.

Reproduisons le système de prix de production donné par Marx dans le chapitre IX du livre III du *Capital*, dans le cadre d'un schéma de reproduction simple. Le système des valeurs peut s'écrire :

$$C1 + V1 + PL1 = C$$

$$C2 + V2 + PL2 = V$$

$$C3 + V3 + PL3 = PL$$

L'économie ainsi décrite est composée de trois secteurs : le secteur 1 produit les moyens de production, appelés capital constant C ; le secteur 2 produit les marchandises consommées exclusivement par les salariés, la valeur de cette consommation étant égale à la masse des salaires, ou capital variable V ; le secteur 3 produit des biens intégralement achetés par les capitalistes qui consomment entièrement leur revenu, à savoir la plus-value PL.

C1 est la valeur de capital constant (moyens de production) consommé dans la production des moyens de production ; V1 est la valeur des salaires distribués dans le secteur de la production des biens de production ; et enfin PL1 est la masse de plus-value produite par la force de travail dans le même secteur 1, plus-value qui forme la substance des profits qui seront consommés par les capitalistes.

Par hypothèse, le taux de plus-value, c'est-à-dire le rapport PL/V, est le même dans tous les secteurs. Comme ce que Marx appelle les compositions organiques du capital C/V (indicatrices de l'intensité capitalistique, ou de degré de mécanisation) sont différentes d'un secteur à l'autre, les taux de profit sont inégaux ; le taux de profit est le rapport entre la plus-value extraite et la masse des capitaux engagés dans la production d'un secteur, à savoir C+V. Comme le profit a pour substance la plus-value, la plus-value globalement réalisée ne peut pas être plus grande que la plus-value globalement produite. Connaissant les valeurs, on connaît donc le taux général de profit :

$$\pi = \frac{PL}{C+V} = \frac{\dfrac{PL}{V}}{\dfrac{C}{V}+1}$$

Nous faisons l'hypothèse que les éléments du capital constant sont consommés par le premier usage. Le système des prix de production peut alors s'écrire :

$$(C1 + V1)(1 + \pi) = P1 = C.x$$

$$(C2 + V2)(1 + \pi) = P2 = V.y$$

$$(C3 + V3)(1 + \pi) = P3 = PL.z$$

Selon L.V Bortiewicz, l'erreur de Marx consiste dans le fait qu'il utilise sans les modifier des grandeurs en valeur dans le schéma des prix de production ; les éléments des capitaux constants et variables dans les trois secteurs sont exprimés en valeur, alors même qu'ils doivent être eux aussi l'objet d'une transformation en prix de production. Pour résoudre ce problème, Bortkiewicz propose d'écrire le système suivant :

$$(C1.x + V1.y)(1 + \pi) = C.x$$

$$(C2.x + V2.y)(1 + \pi) = V.y$$

$$(C3.x + V2.y)(1 + \pi) = PL.z$$

Ce système comporte trois équations et quatre inconnues : le taux de profit π et les trois coefficients de transformation des valeurs en prix x,y et z. La résolution du système passe par l'élimination d'une variable. On peut choisir le coefficient de transformation z des biens de luxe consommés par les capitalistes. La marchandise III accède au statut d'unité des prix, ce qui est conforme à l'hypothèse de Marx qui retient l'or comme mesure des valeurs. Le système ainsi transformé peut être résolu. Il existe au moins une solution qui est significative d'un point de vue économique.

Si ce système est correct dans une économie où sont produites trois marchandises, il ne l'est plus dans une économie où le capital constant n'est plus physiquement homogène. En effet, s'il existe plusieurs marchandises composant les moyens de production, le schéma est incorrect, car il applique le même coefficient de transformation à tous les éléments du capital constant. Cela revient à dire qu'à l'intérieur du capital constant de chaque secteur, les marchandises sont évaluées à leur valeur et non à leur prix. Bortkiewicz commente le même type d'erreur qu'il entendait corriger (Carlo Benetti, 1975).

Mais ce problème peut être facilement résolu en posant autant d'équations qu'il y a de marchandises. La conséquence de cette solution est qu'il est possible de remplacer les valeurs issues de la théorie de la valeur marxienne par des quantités physiques de marchandises. La connaissance des valeurs n'est pas un préalable logique à la connaissance des prix de production (Benetti et Cartelier, 1975). Comme les prix et le taux de profit sont déterminés indépendamment des valeurs, le problème de la transformation des valeurs en prix de production est de fait supprimé.

Remarquons qu'avec l'écriture marxienne des prix de production, Marx comme Ricardo considèrent que le salaire fait partie du capital avancé. Or, Sraffa ne reconnaît pas ce statut au salaire qui fait partie, selon lui, du surplus.

Sraffa avait reconnu « qu'il serait indiqué, lorsque nous considérons la division du surplus entre capitalistes et ouvriers, de séparer les deux parties composantes du salaire et de ne considérer comme variable que la partie en surplus ; tandis que les biens nécessaires à la subsistance continueraient d'apparaître parmi les moyens de production. Cependant, dans cet ouvrage, nous nous abstiendrons d'adopter le concept traditionnel de salaire, et suivrons la pratique usuelle qui consiste à considérer la totalité du salaire comme variable » (Sraffa 1960, p.12).

En fait, l'exclusion du salaire du capital avancé est nécessaire du point de vue du statut de la théorie sraffaïenne, critique de la théorie néoclassique.

Le sous-titre de *Production de marchandises par des marchandises* s'explique par sa prétention à poser les fondements de la critique de la théorie marginaliste de la valeur et de la répartition. Le fait que le salaire fasse partie du produit net, c'est-à-dire du surplus, autorise cette critique qui a pris, notamment, la forme d'une réduction de la théorie néoclassique à un cas spécial que l'irréalisme l'invalide. La théorie de Sraffa serait celle du cas général.

Pour atteindre cet objectif, il faut que le taux de profit de Sraffa puisse être assimilé au taux d'intérêt néoclassique, comme le remarque Claude Berthomieu (1975). Cela suppose que le salaire fasse partie du produit net. En effet, en faisant correspondre à chaque catégorie de la répartition une productivité marginale, la théorie néoclassique, qui est l'objet de la critique sraffaïenne, a cherché à établir un lien entre revenu et contribution productive d'un unique service rendu par un facteur de production particulier.

Le taux d'intérêt est le revenu perçu par le prêteur d'épargne. Au taux d'intérêt doit correspondre une productivité marginale, qui mesure la contribution productive d'un service producteur. Cette épargne, empruntée par l'entrepreneur, doit lui permettre d'acheter un unique type de capital générateur d'un service. Ce capital renvoie uniquement aux moyens de production. Par conséquent, il existe un obstacle incontournable à envisager que le salaire payé aux travailleurs fasse partie du capital avancé par les capitalistes en théorie néoclassique. L'épargne empruntée ne finance l'achat que d'un seul facteur de production dont la contribution productive est mesurée par la productivité marginale. Ne faisant pas partie du capital, le salaire ne peut que procéder du démantèlement du produit net.

Le statut de critique de la théorie néoclassique empêchait donc Sraffa de considérer que le salaire fasse partie des avances du capitaliste.

Prix et répartition

L'ouvrage de Sraffa se divise en deux parties. La première traite du problème des rapports entre prix et répartition pour une économie dans laquelle chaque branche de production ne fabrique qu'un seul produit en n'employant que du capital circulant. Dans la seconde partie, il traite du même problème dans une économie plus complexe dans laquelle une même branche peut générer plusieurs produits. Il résout alors le problème que pose le capital fixe. Nous n'aborderons ici que la première partie, car les principes du modèle de Piero Sraffa y sont déjà établis.

Sraffa imagine une économie qui produit plus qu'il n'est nécessaire pour assurer le remplacement de ce qui est consommé. Il existe donc un surplus qui revient aux capitalistes et qui doit être distribué proportionnellement aux moyens de production ou capital avancé dans chaque branche. Or, une proportion entre deux ensembles de biens hétérogènes (à savoir le taux de profit) ne peut être déterminée avant que l'on connaisse le prix des biens (Sraffa, 1960, p.7). En effet, des ensembles hétérogènes de biens sont nécessairement évalués en valeur, au moyen de leur prix respectif.

La distribution du profit suppose donc la connaissance des prix. Mais « d'un autre côté, on ne peut différer l'allocation du surplus jusqu'au moment où les prix sont connus, car, comme nous allons le voir, les prix ne peuvent être déterminés avant que le taux de profit soit connu. Le résultat est que la distribution du surplus doit être déterminée par le même mécanisme et au même moment que le prix des marchandises » (Sraffa, 1960, p.7-8).

Avant de présenter le système complet des prix de production de Sraffa, nous allons partir d'une économie unisectorielle pour ensuite complexifier l'analyse.

Supposons la « fonction de production » suivante :

Input (quantité de « facteur de production »)	Output (quantité de biens produite)
20 kg	40 kg

Dans cette économie, l'activité de production est viable car la quantité produite est au moins égale à la quantité de facteurs de production utilisée. Le système permet même de dégager un surplus égal à 40 kg-20 kg = 20 kg. En conséquence, le taux de surplus ou taux de profit est égal à :

$$Taux\ de\ surplus = \frac{Surplus}{capital\ investi} = \frac{20}{20} = 100\%$$

Présentons maintenant une économie bi-sectorielle. Nous ajoutons à présent un secteur industriel dans lequel sont produites des épingles. Il n'y a pas de modification dans le secteur de production du blé, mais on suppose que pour produire des épingles, il faut à la fois des épingles et du blé selon le descriptif suivant :

	Blé	Épingles	Production totale	Surplus (Production-conso intermédiaire)
Blé	20	0	20	10
Épingles	10	6	16	10
Total des consommations intermédiaires	30	6		

Les deux biens n'occupent pas la même place dans cette économie. Le blé est indispensable à la fabrication de tous les biens : le blé et les épingles. Pour

Sraffa, c'est une marchandise fondamentale. Est fondamentale une marchandise indispensable, directement ou indirectement, à la fabrication de tous les biens et qui participe donc en tant qu'*input* à leur processus de fabrication. L'épingle, en revanche, ne sert pas à produire du blé. C'est donc une marchandise non fondamentale.

On remarque par ailleurs que les deux branches dégagent un surplus : 10 unités de bien pour la branche céréalière, et 10 unités de bien également pour la branche industrielle.

Dans une économie capitaliste, les profits sont proportionnels à la valeur des moyens de production engagés. La formation d'un taux de profit uniforme passe par la détermination d'un système de prix de production qui attribue un prix relatif à chaque bien. Si l'on choisit le prix du blé comme numéraire, celui-ci sera égal à 1. On notera p le prix de l'épingle en termes de blé. Ce prix relatif doit être tel que le taux de profit soit le même dans les deux branches. On a donc :

$$20(1 + r) = 40$$

$$(10 + 6p)(1 + r) = 16p$$

La première équation permet de déterminer la valeur du taux de profit noté r : il est égal à 100%. La chose n'est pas surprenante puisque le secteur céréalier bénéficie d'une autonomie technique. Son taux de profit est donc le même que dans l'économie unisectorielle. Ce taux s'impose à la branche industrielle et donc le prix de l'épingle en termes de blé noté p est égal à :

$$20 = 4p \text{ d'où } p = 5$$

Le prix relatif s'élève à 5, c'est-à-dire que pour obtenir une épingle, il faut céder 5 unités de blé.

Ainsi, le taux de profit de l'économie est déterminé par les conditions de production des seuls biens fondamentaux. Par extension, l'étude de la répartition des revenus ne peut être réalisée qu'à partir d'un système constitué des secteurs produisant les biens fondamentaux. Par ailleurs, le système de prix permet de calculer les coûts de production des biens non fondamentaux, car leur valeur ne dépend que du prix des biens qui rentrent dans leur fabrication. L'inverse n'est cependant pas vrai : « le prix d'un produit non fondamental dépend du prix de ses moyens de production, mais leur prix ne dépend pas de lui » (Sraffa, 1960, p.11), puisque les moyens de production ne sont pas produits avec des biens non fondamentaux. La notion de bien non fondamental peut s'apparenter à celle de bien de luxe : c'est un bien qui n'est pas utilisé dans la production, et qui ne sert pas à la subsistance des travailleurs. Les changements dans leurs conditions de production et donc dans leur prix n'affectent pas la répartition des richesses ni le prix des autres produits.

Nous allons pouvoir étudier maintenant une économie bisectorielle intégrée.

Supposons à présent que le blé et l'épingle soient deux biens fondamentaux : ces derniers sont tous deux indispensables à la production de tous les produits. Les techniques de production sont donc à présent les suivantes :

	Blé	Épingles	Production totale	Surplus (production-conso intermédiaires)
Blé	20	4	48	18
Épingles	10	6	16	10
Total des consommations intermédiaires	30	10		

Étant donné que les deux biens sont fondamentaux, il n'est plus possible de déterminer le taux de produit dans la seule branche agricole. Prix et taux de profit sont désormais interdépendants. Ils doivent être déterminés simultanément en résolvant le système suivant :

$$(20 + 4p)(1 + r) = 48$$
$$(10 + 6p)(1 + r) = 16p$$

La somme des deux équations donne : $(30p + 10p)(1 + r) = 48 + 16p$ d'où $1 + r = \frac{48+16p}{30+10p} = \frac{8(6+p)}{5(6+p)}$. Le taux de profit uniforme est donc égal à 8.5. On en déduit que le prix relatif de l'épingle en termes de blé est de 2.5.

Rappelons que tout le surplus ne revient pas dans les poches du capitaliste. Une partie revient aux salariés, puisque Sraffa abandonne l'idée des classiques selon laquelle le salaire fait partie des avances du capitaliste pour enclencher la production.

Sur la base de ces hypothèses, il est possible de présenter le système complet de prix de production de Sraffa. Reprenons sa démonstration.

« Soient les marchandises a, b [...], k. Chacune d'entre elles est produite par une branche différente. Appelons A la quantité annuellement produite de la marchandise a, B la quantité correspondante de la marchandise b ; et ainsi de suite. Appelons aussi A_a, B_a [...], K_a les quantités de a, b [...], k utilisées annuellement par la branche qui produit A ; et A_b, B_b [...], K_b les quantités correspondantes utilisées pour la production de B ; et ainsi de suite.

Toutes ces quantités sont connues. Les inconnues à déterminer sont p_a, p_b [...], p_k, qui sont respectivement les valeurs des unités de marchandises a, b [...], k. » (Sraffa, 1960, p.4-5.)

« Nous appellerons L_a, L_b [...], L_k les quantités annuelles de travail employées respectivement dans les branches produisant A, B [...], K. Nous appellerons w le salaire par unité de travail, qui, comme les prix, sera exprimé en termes de l'étalon choisi. » (Sraffa, 1960, p.13.) Il est ainsi possible d'écrire le système suivant :

$$(A_a.p_a + B_a.p_b + [...] + K_a.p_k)(1+r) + L_a.w = A.p_a$$

$$(A_b.p_a + B_b.p_b + [...] + K_b.p_k)(1+r) + L_b.w = B.p_b$$

$$[...]$$

$$(A_k.p_a + B_k.p_b + [...] + K_k.p_k)(1+r) + L_k.w = K.p_k$$

Si l'on prend le cas de la marchandise a, la valeur globale de la production de cette marchandise est égale au produit de la quantité produite A et de son prix p_a. Ce prix est égal à la somme des coûts de production, soit la somme : des avances en différents éléments du capital circulant auquel s'applique un taux de profit r, et du coût du travail mesuré par $L_a.w$.

Ce système contient [k] équations et [k+2] variables, à savoir les [k] prix, le taux de profit et le salaire. Il y a un moyen d'augmenter le nombre d'équations en postulant que le prix du revenu national ou surplus sert d'unité de mesure aux autres prix et au salaire. Cela revient à écrire :

$$[A - (A_a + A_b + [...] + A_k)]p_a$$
$$+ [B - (B_a + B_b + [...] + B_k)]p_b + [...]$$
$$+ [A - (K_a + K_b + \cdots + K_k)]p_k = 1$$

Malgré l'augmentation du nombre d'équations, il reste une inconnue de plus qu'il n'y a d'équations. Le système dispose donc d'un degré de liberté. Un tel système peut déterminer la valeur de (n-1) variables si l'on se donne la valeur de la $n_{ième}$. Après avoir choisi le salaire comme variable indépendante, Sraffa choisit le taux de profit.

Ainsi, les conditions de production de chaque marchandise ne suffisent pas à déterminer l'état de la répartition du surplus : elles délimitent uniquement la relation entre salaire et profit, donc un ensemble d'états possibles.

Si l'intégralité du revenu national ou surplus revient aux salariés, autrement dit si le taux de profit est nul, alors les prix relatifs sont proportionnels à leurs coûts en travail, c'est-à-dire « à la quantité de travail qui a servi directement ou indirectement à les produire » (Sraffa, 1960, p.15).

Pour le montrer, on peut reformuler l'équation des prix de production :

$$(M)(1 + r) + L.w = X.p$$

Avec $M = m.p_m$ la valeur des moyens de production ; m le vecteur des quantités physiques de moyens de production ; p_m le vecteur des prix unitaires des moyens de production ; X la quantité de bien produite ; p le prix unitaire du bien ainsi produit.

Il est possible de réécrire l'équation du prix de production :

$$\frac{X.p}{M} - 1 = r + \frac{L.w}{M} = r + w.\frac{L}{M} = \frac{Y}{M}$$

Avec Y le produit net qui est égal à $y.p_y$ c'est-à-dire au produit des quantités physiques de produit net et de son prix. $\frac{L}{M}$ est à peu près l'équivalent de l'intensité capitalistique de la théorie néoclassique. On voit donc que si le taux de profit r est nul, le produit net est uniquement composé de la masse des salaires, et le prix de la marchandise est proportionnel au coût en travail. C'est uniquement dans ce cas spécial et irrecevable pour une économie capitaliste que la théorie de la valeur travail de Ricardo est valable.

Si les conditions de production $\frac{L}{M}$ sont identiques dans toutes les branches de production, une variation des salaires induit une variation des taux de profit dans une même proportion dans toutes les branches. Si les taux de profit sont uniformes avant la variation des salaires, ils continuent de l'être après. Donc une modification de la répartition du surplus laisse (dans cette configuration précise) les prix de production exprimés dans une marchandise quelconque inchangés. Néanmoins, si l'hypothèse d'uniformité des techniques de production (donc d'égalité des $\frac{L}{M}$ dans toutes les branches) est levée, une variation des salaires provoque une différenciation des taux de profit. Le rétablissement de l'uniformité des taux de profit passe par une nouvelle modification des prix. Dans ce cas, une marchandise-étalon dont le prix serait insensible aux variations de la répartition du surplus est nécessaire.

Posons l'existence de la marchandise-étalon ; elle est issue d'une branche (0) dont les conditions de production sont telles qu'au nouveau salaire correspond, sans modification du prix du produit fabriqué par cette branche, un taux de profit égal à ce que sera le nouveau taux de profit moyen. Le prix d'une telle marchandise n'aura donc pas à varier.

Soit une branche de production (1) pour laquelle les conditions de production sont telles que $\frac{L1}{M1} > \frac{L0}{M0}$. À prix constant, le taux de profit réalisé par le capital investi dans cette branche (1) sera inférieur au taux de profit de la branche (0). Il faut donc que le prix du bien (1) s'élève pour que le taux de profit réalisé dans cette branche soit égal à celui de la branche (0). Le mouvement de prix doit être inversé pour le bien (2) fabriqué dans des conditions telles que $\frac{L2}{M2} < \frac{L0}{M0}$.

Si le prix du produit de la branche (0) est choisi comme étalon, l'augmentation du rapport de prix du bien (1) et du bien (0) et la diminution du rapport de prix du bien (2) et du bien (0) mesurent l'impact de la variation de la répartition sur le prix du bien (1) et du bien (2).

Deux conclusions partielles peuvent être tirées à ce stade : la première est que le prix d'aucune marchandise ne peut être mesuré indépendamment du taux de profit ; la seconde est que le prix des marchandises varie indépendamment de la demande. Cette dernière proposition s'oppose frontalement à la théorie néoclassique.

Reposons à présent le problème de la marchandise-étalon différemment.

Réécrivons le produit net ou surplus. Il est égal à la somme de la masse des salaires $L.w$ et de la masse des profits $M.r$:

$$Y = M.r + L.w$$

Il est possible de reformuler l'expression :

$$r = \frac{Y}{M}[1 - \frac{L.w}{Y}]$$

L'expression $\frac{L.w}{Y}$ représente la part des salaires dans le surplus qui forme le revenu national. L'impact d'une variation de cette part sur le taux de profit r est indéterminé, car d'après le modèle de Sraffa, cette modification dans le partage du surplus entraîne une variation des prix et donc une variation de $\frac{Y}{M}$ dans un sens inconnu. Le système de prix des marchandises peut donc être modifié indépendamment de l'action de la demande adressée pour ces marchandises sur le marché. Pour déterminer l'effet d'une baisse de la part des salaires sur les profits, il faut que $\frac{Y}{M}$ soit insensible aux variations du salaire et donc qu'il soit déterminé indépendamment du prix des marchandises. Est-ce possible, sachant que le produit net Y et la masse des avances en capital M sont des sommes de valeurs de différentes marchandises (prix x quantités) ? Pour Sraffa, la chose est possible si les marchandises qui figurent dans le surplus et dans le capital avancé sont dans les mêmes proportions. Si cette condition est respectée, $\frac{Y}{M}$ devient un rapport de quantités physiques indépendant du système de prix et il devient possible d'obtenir une relation inverse entre le taux de salaire et le taux de profit.

Ainsi, Sraffa remarque que «dans la nécessité d'avoir à exprimer le prix d'une marchandise au moyen d'une autre arbitrairement choisie comme étalon», il serait judicieux de choisir une marchandise composite pour être «sûr que toute fluctuation de prix prendrait naissance exclusivement dans les conditions de production de la marchandise qui lui a été comparée et non dans les siennes propres. Si nous pouvions découvrir une telle marchandise, nous serions de fait en possession d'un étalon capable d'isoler les mouvements de prix de n'importe quel produit, si bien qu'on pourrait les observer en eux-mêmes.» (Sraffa 1960, p.24.) Il ajoute : «Il est peu probable qu'on puisse trouver une marchandise remplissant même approximativement les conditions requises. Un mélange de marchandises, cependant, ou une "marchandise composite" fera tout aussi bien l'affaire [...]. La parfaite marchandise composite de ce type, celle qui remplit à la lettre les conditions exigées, se compose des mêmes marchandises que l'ensemble de ses moyens de production.» (Sraffa, 1960, p.25.)

Reprenons l'exemple que Guislain Deleplace (2018) donne dans son ouvrage. Soient deux marchandises, le blé et le fer. Le surplus est composé de 2 kg de blé et 1 kg de fer. Le capital est composé de 9 kg de blé et 3 kg de fer. Si p_b est le prix du blé et p_f le prix du fer tous deux exprimés en blé (donc $p_b = 1$), on a :

$$\frac{Y}{M} = \frac{2P_b + 1P_f}{9P_b + 3P_f}$$

On constate ici que la structure du surplus est différente de la structure des capitaux avancés. De ce fait, le rapport $\frac{Y}{M}$ dépend des variations du prix du fer exprimé en blé. En effet, si $P_f = 1$, on a $\frac{Y}{M} = 1/4$, tandis que pour $P_f = 2$, on a $\frac{Y}{M} = 4/15$. Si l'on suppose à présent que la structure du surplus, c'est-à-dire les proportions des différents éléments qui le composent, est identique à celle du capital avancé. Par exemple, le surplus est composé de 3 kg de blé et de 1 kg de fer, alors que le capital avancé est composé de 9 kg de blé et 3 kg de fer. Les proportions des deux éléments sont les mêmes dans le surplus et le capital avancé (3/1 = 9/3). Le rapport entre le surplus et la masse de capitaux avancés s'écrit alors :

$$\frac{Y}{M} = \frac{3P_b + 1P_f}{9P_b + 3P_f}$$

Sraffa prend l'exemple du système concret suivant :

	Capital			Travail	Produit
Branche 1	90 fer	120 charbon	60 blé	3/16	180 fer
Branche 2	50 fer	125 charbon	150 blé	5/16	450 charbon
Branche 3	40 fer	40 charbon	200 blé	8/16	480 blé
Total	180 fer	285 charbon	410 blé	16/16	

Dans cet exemple de système, les quantités de produits ne sont pas dans le même rapport que les quantités de moyens de production et que les quantités de produit net. Néanmoins, il est possible, à partir du système concret, d'extraire un système qui respecte les conditions de la marchandise-étalon. On constate que le produit net n'inclut pas le fer (le produit est de 180 tonnes de fer et les moyens de production incluent 180 tonnes de fer, soit 180-180 = 0 de produit net). Or, le produit net doit avoir la même composition que le capital avancé et que la structure du produit. Pour faire apparaître du fer dans le produit net, il faut en diminuer la consommation en diminuant la production de charbon et de blé. Pour construire la marchandise-étalon à partir du système existant, il faut prendre la totalité de la branche de fer, les 3/5 de la branche charbon et les ¾ de la branche blé. Cela donne le système :

	Capital			Travail	Produit
Branche 1	90 fer	120 charbon	60 blé	3/16	180 fer
Branche 2	30 fer	75 charbon	90 blé	3/16	270 charbon
Branche 3	430 fer	30 charbon	150 blé	6/16	360 blé
Total	150 fer	225 charbon	300 blé	16/16	

Pour ce système-étalon, les produits sont dans le même rapport que les moyens de production (180/270/360 contre 150/225/300), et les produits nets (30/45/60). La marchandise composite recherchée est donc composée des marchandises suivantes : 1 fer ; 1.5 charbon ; 2 blé. C'est la marchandise-étalon.

Est-ce que ce système-étalon dans lequel un système donné peut être transformé de branches est unique ou peut-il y avoir plusieurs moyens de réarrangements au choix qui satisfont ces conditions ? Pour Sraffa, il n'existe qu'un seul système-étalon par système concret. Il comprend les mêmes équations fondamentales que le système concret, seules les proportions diffèrent. Il était donc nécessaire à la démonstration de Sraffa de faire l'hypothèse de fixité des techniques de production. Il n'a donc pas à étudier la question des rendements.

La détermination du système-étalon à partir d'un système de branches concret est facile à déterminer. Appelons q_a, q_b, [...], q_k les coefficients multiplicateurs appliqués aux quantités de marchandises « a », « b » [...], « k » pour obtenir les proportions adéquates du système-étalon. La quantité de travail totale utilisée dans l'économie est normalisée et est donc égale à 1. On obtient le système suivant :

$$(A_a.q + A_b.q_b + [...] + A_k.q_k)(1 + R) = A.q_a$$
$$(B_a.q_a + B_b.q_b + [...] + B_k.q_k)(1 + R) = B.q_b$$
$$[...]$$
$$(K_a.q_a + K_b.q_b + [...] + K_k.q_k)(1 + R) = K.q_k$$
$$L_a.q_a + L_b.q_b + [...] + L_k.q_k = 1$$

On a ici [k+1] équations indépendantes qui déterminent les k multiplicateurs et le rapport-étalon R qui est le taux de surplus physique identique pour toutes les marchandises.

Le partage conflictuel entre salaires et profit

Le résultat fondamental de Sraffa, recherché dans les *Principes* par Ricardo, est une relation inverse entre les salaires et le taux de profit. Reprenons l'équation du partage du surplus :

$$r = \frac{Y}{M}[1 - \frac{L.w}{Y}]$$

Dans le système-étalon, le taux de surplus physique $\frac{Y}{M}$ identique pour toutes les marchandises est noté R. La quantité de travail totale est normalisée à 1 et Y est l'unité de mesure des prix. Il est donc aussi égal à 1. On a donc la relation :

$$r = R(1 - w)$$

Le taux de profit est maximal lorsque les salaires sont nuls. Cela est théoriquement possible puisque le salaire n'est plus considéré comme un ensemble de marchandises avancées par le capitaliste et nécessaires à la substance des travailleurs et à la reproduction du système. Désormais, le salaire fait partie du surplus et sa part est totalement variable. Lorsqu'à l'inverse, le taux de profit est nul, on retrouve, comme il a déjà été mentionné, la conclusion de Ricardo qu'il avait construite dans le cadre de sa théorie des prix.

Cette relation linéaire entre taux de salaire et taux de profit est obtenue pour le système-étalon construit par l'observateur qui a modifié le système concret des branches de production. Cette relation linéaire, d'après Sraffa, « reste valable dans tous les cas pourvu seulement que le salaire soit exprimé en termes de marchandise-étalon » (p.30), ce qui signifie que cette relation linéaire n'a rien de concret. Le salaire exprimé en marchandise-étalon n'est pas une grandeur observable mais façonnée par le théoricien. Par ailleurs, Sraffa souligne que « si nous posons comme une condition du système économique que w et r doivent obéir à la règle de proportionnalité en question, le salaire et les prix des marchandises sont alors ipso facto exprimés en produit net étalon, sans qu'il soit besoin de définir sa composition, puisqu'avec une autre unité la norme de proportionnalité ne peut être satisfaite [...], il est curieux de noter qu'on serait ainsi capable d'utiliser un étalon sans savoir de quoi il est fait » (Sraffa, 1960, p.40-41).

Sraffa propose de considérer le taux de profit comme variable indépendante après avoir proposé le salaire. Il montre alors que lorsque le taux de profit augmente, aucune marchandise ne peut voir son prix baisser plus que le salaire, de sorte que quelle que soit la marchandise dans laquelle est exprimé le salaire, celui-ci baisse nécessairement. La relation taux de profit/taux de salaire n'est alors plus linéaire comme lorsque le salaire est exprimé en marchandise-étalon, mais elle reste décroissante.

Chapitre 6

Marx

Le marxisme se veut être la science du mode de production capitaliste qui s'inscrit dans une conception matérielle de l'histoire. Le fondement de cette conception est la théorie de la plus-value.

La théorie de la plus-value repose sur une théorie de la valeur formulée en dehors de toute référence aux rapports de production capitalistes ; par conséquent, cette théorie doit être complétée par une théorie de la détermination des prix spécifique de l'économie capitaliste, les prix de production. C'est à partir de cette théorie de la plus-value que sont établies les lois du capital dont le moteur de réalisation est la concurrence, débouchant inévitablement sur la crise.

I – Le marxisme, science du mode de production capitaliste

Le matérialisme historique est la réponse que Marx et Engels donnent à trois questions dont deux seront traitées ici : quelle est la base de l'histoire et quel est le moteur de l'histoire ?

« Ce n'est pas la conscience qui détermine la vie, mais la vie qui détermine la conscience. » (Marx, 1846, p.1057.) Cette proposition de Marx constitue la réponse à la question de la base de l'histoire.

Par « vie », il faut entendre l'activité matérielle ; quant à la conscience, c'est le rapport que l'être conscient entretient par la pensée avec ce qui l'entoure (Marx, 1846, p.1061). La conséquence est que les idées n'ont pas d'histoire et que leur mouvement est déterminé par celui de l'activité matérielle, c'est-à-dire la production.

Cependant, les idées peuvent rétroagir sur la vie matérielle ; Marx écrit en effet que « la puissance matérielle ne peut pas être abattue que par la puissance matérielle, mais la théorie aussi, dès qu'elle s'empare des masses, devient une puissance matérielle » (Marx, 1843, p.205).

Reste donc ce qui détermine le mouvement de l'activité matérielle. La réponse est la détermination du moteur de l'histoire.

L'activité matérielle, à la base de l'histoire, est la production des biens, qui est un rapport établi par l'homme lui-même et la nature, rapport de transformation.

Cette activité productive spécifie l'homme dans le règne animal (Marx, 1867, p.182) ; elle est liée à la pensée abstraite. Cette dernière est inséparable du langage qui émerge d'abord comme moyen de communication rendu nécessaire par la vie en groupe. L'homme est donc un animal social. On ne peut pas penser le rapport de transformation qui relie l'homme à la nature indépendamment du rapport qui le lie aux autres hommes. Ces liens sont imposés par la reproduction de la vie, et en premier lieu la reproduction quotidienne par création des biens qu'elle exige. Ces liens sont donc ceux noués par l'homme à l'occasion de l'activité de production.

Les forces productives sont l'ensemble des éléments qui établissent le rapport entre l'homme et la nature. Les rapports de production sont les rapports noués entre les hommes lors de la transformation de la nature. L'articulation des forces productives aux rapports de production, formant une unité contradictoire, définit le mode de production.

Le mouvement des modes de production constitue la substance de l'histoire, et ce mouvement est déterminé par la contradiction des forces productives et des rapports de production. Ces derniers peuvent être accélérateurs de l'histoire comme freins. Ces derniers finissent par être remis en cause pour déterminer un nouveau mode de production.

Cette proposition est identique à celle selon laquelle le moteur de l'histoire est la lutte des classes.

La structure sociale est caractérisée par la présence de classes. Ces dernières n'existent que dans un rapport de domination parce que leur raison d'être est l'appropriation d'un surplus. Cette appropriation suppose la domination de la principale des forces productives, la force de travail, dont le vecteur est l'homme.

La notion de rapport de production renvoie donc à celle des classes et à la lutte qui en est inséparable. La lutte des classes est donc une donnée permanente de la vie sociale, que les acteurs en aient conscience ou non. La prise de conscience du caractère objectif de la lutte de classes est un élément dans cette lutte qui renforce la classe dominée. À travers la lutte des classes, les rapports de production impriment leur marque aux forces productives.

L'application de cette conception générale au mode de production capitaliste, sous une forme qui repose sur la théorie de la plus-value, fait du marxisme la « science » du mode de ce mode de production.

Dans la mesure où la théorie de la plus-value est un prolongement de la théorie de la valeur, il convient de présenter cette dernière avant d'exposer la première.

II – La théorie de la valeur comme fondement de l'analyse marxienne du capital

Extérieurement, tout produit est une valeur d'usage et possède une certaine utilité qui constitue la condition même de sa fabrication. L'autre caractéristique apparente d'un produit est qu'il possède une valeur d'échange lorsqu'il s'échange contre une autre marchandise. C'est le rapport quantitatif, « la proportion dans laquelle les valeurs d'usage d'espèce différente s'échangent l'une contre l'autre » (Marx, 1867). Le problème qui se pose est de savoir comment se détermine un tel rapport d'échange.

Dire que deux marchandises s'échangent en effet, c'est dire qu'elles sont égales dans un certain rapport qui définit la valeur d'échange visible. Les deux marchandises, et par-delà celles-ci les porteurs de ces marchandises, s'égalisent dans l'échange. Elles se révèlent dans l'échange comme l'incarnation d'une substance qui leur est commune, d'un dénominateur commun. Pour Marx, cette substance commune est la valeur. Les marchandises apparaissent alors comme fraction de la valeur sociale produite dans l'économie ; les porteurs des marchandises sont socialisés, en ce sens qu'ils sont reconnus comme partie de la société et qu'ils se singularisent en tant que porteurs d'une grandeur de valeur déterminée : « Il faut arriver à ramener les marchandises à une expression qui leur est commune, en ne les distinguant que par la proportion dans laquelle elles contiennent cette commune mesure. » (Marx, 1867.) Marx ajoute : « Lorsque je vous dis qu'un quarter de blé s'échange contre du fer suivant une certaine proportion, ou que la valeur d'un quarter de blé est exprimée par une certaine quantité de fer, je dis que la valeur du blé et son équivalent en fer sont égaux à une troisième chose quelconque qui n'est ni le blé ni le fer, puisque j'admets qu'ils expriment la même grandeur sous deux formes différentes. Chacun d'eux doit indépendamment de l'autre être réduit à cette troisième chose qui constitue leur commune mesure. » (Marx, 1867.)

Ce ne sont pas les particularités « naturelles » ou extérieures aux marchandises et à leur porteur qui sont reconnues socialement, parce que dans l'économie étudiée, il n'y a pas de règle fixe qui les valide socialement. C'est uniquement l'échange qui proclame la marchandise comme sociale, et ce faisant, elle a une valeur qui est une fraction de la société. C'est parce que les marchandises ont une valeur que, phénoménalement, elles ont une valeur d'échange.

La valeur a donc deux caractéristiques : elle se manifeste par sa grandeur, et s'exprime dans l'échange ; elle est donc un rapport social. Selon Marx, la substance créatrice de cette valeur est le travail, qui permet de la qualifier : « La valeur d'usage des marchandises mise de côté, il ne leur reste plus qu'une qualité, celle d'être des produits du travail. » (Marx, 1867.) Le travail n'est pas valeur, il crée la valeur ; ce n'est que lorsqu'il est cristallisé dans le corps du produit transformé en marchandise qu'il constitue la valeur même. La grandeur de cette valeur est mesurée par le quantum de travail contenu dans la marchandise. Notons que le concept de valeur est autonome, en ce sens qu'il peut être évoqué dans la théorie de Marx en dehors de toute référence au travail ou à quoi que ce soit d'autre.

Revenons à la question du travail. Il ne s'agit pas de n'importe quel travail. Le fondement de la valeur est un travail social abstrait. Le travail concret crée la valeur d'usage d'un produit. Dit de façon différente, un produit ne contient du travail concret qu'en tant que porteur de valeur d'usage. Le travail abstrait est le travail en général, égalisé lors du processus concret de l'échange ; c'est l'unité commune de l'espace social qui rend commensurables et singuliers chaque marchandise et son porteur. Les différences spontanées des travaux contenues dans les marchandises s'effacent dans l'échange pour proclamer les porteurs de marchandises comme fraction de la société : l'échange a en effet cette propriété d'établir les marchandises comme égales dans l'unité d'une substance qui leur est commune. On peut alors définir avec Marx le travail abstrait, comme la dépense de force de travail rendue indistincte par le processus de l'échange : « Lorsque les producteurs mettent en présence et en rapport les produits de leur travail à titre de valeur, ils établissent que leurs différents travaux sont égaux. » (Marx, 1897.) Il s'agit en outre d'un travail social, au sens où c'est la quantité de travail nécessaire en moyenne dans la société pour la fabrication du produit qui détermine la valeur.

Marx a-t-il rigoureusement démontré que le fondement de la valeur est le travail abstrait ? Pour les économistes néoclassiques, la réponse est négative.

La démonstration que l'on prête traditionnellement à Marx est effectivement sujette à la critique. Elle consiste à dire que l'échange a pour condition l'hétérogénéité des valeurs d'usage définies par les propriétés naturelles des marchandises. Cette hétérogénéité interdit de penser que la substance commune aux marchandises est la valeur d'usage. Une fois l'utilité des marchandises mise de côté, il leur reste la propriété d'être le produit du travail, qui, lui, peut constituer le dénominateur commun aux marchandises. C'est donc le travail qui est au fondement de la valeur. Face à ce raisonnement, Böhm-Bawerk peut facilement s'attaquer à la théorie marxienne de la valeur : « Vraiment ? Une seule qualité ? Ne reste-t-il pas encore cette autre qualité commune d'être rares par rapport aux besoins qu'on en a ? Ou aussi d'être objets de l'offre et de la demande ? Ou aussi d'appartenir à quelqu'un ? Ou encore d'être des produits naturels dans la mesure où ils sont tout autant des produits de la nature que du travail ? Pourquoi le principe de la valeur ne pourrait-il pas résider dans l'une de ces propriétés communes plutôt qu'en celle d'être des produits du travail ? » (1884, p.317-318.) En effet, tout procédé d'élimination est incomplet, et nécessairement, le travail n'est pas la seule qualité qui est commune aux marchandises. À cela, Wicksteed ajoute : « Si seul compte le travail utile, alors, lorsque les marchandises sont réduites à de simples produits indifférents de ce travail considéré dans l'abstrait, elles sont encore abstraitement utiles » (1910, p.712), et cette utilité peut être le quelque chose de commun qui se cache derrière les marchandises et fonde leur valeur. On pourrait par analogie formuler le raisonnement suivant : les marchandises présentes lors de l'échange sont l'incarnation de travaux concrets, hétérogènes, qui ne peuvent constituer le dénominateur commun des marchandises. Le travail concret mis de côté, il reste aux marchandises une qualité commune qui est d'être une valeur d'usage abstraite.

Bien que fort séduisante, la critique de Bôhmbawerk et Wicksteed n'a pas de prise sur la théorie marxienne. Trois raisons essentielles à cela seront évoquées.

Revenons tout d'abord au raisonnement de Marx. Pour ce dernier, « une chose peut être utile et produit du travail humain, sans être marchandise. Quiconque, par son produit, satisfait ses propres besoins, ne crée qu'une valeur d'usage personnelle. Pour produire des marchandises, il doit non seulement produire des valeurs d'usage, mais des valeurs d'usage pour d'autres, des valeurs d'usage sociales » (Marx, 1867). Autrement dit, la marchandise a une valeur d'usage pour d'autres que son possesseur. Mais Marx va plus loin, en affirmant que la valeur d'usage de la marchandise est inexistante pour son porteur : « Toutes les marchandises sont des non-valeurs d'usage pour ceux qui ne les possèdent pas. Ainsi faut-il qu'elles passent d'une main dans l'autre sur toute la ligne. Mais ce changement de mains constitue leur échange, et leur échange les rapporte les unes aux autres comme valeurs et les réalise comme valeurs. » Pour Marx, le fondement de la valeur ne saurait être la valeur d'usage, précisément parce que sa réalisation est postérieure à l'échange. En somme, « il faut donc que les marchandises se manifestent comme valeurs avant qu'elles puissent se réaliser comme valeurs d'usage » (Marx, 1867). La valeur d'usage n'a pas de place dans la théorie marxienne de la valeur. Elle n'est pas plus ou moins, elle est ou elle n'est pas. Considérée comme propriété naturelle de la marchandise ou comme rapport psychologique de l'individu à la marchandise, elle ne peut rendre compte du mode de socialisation spécifique des individus dans la société marchande.

De même, parmi ces qualités citées par Böhm-Bawerk, quelle est celle qui peut faire l'objet d'une mesure objective ? Car le concept de la valeur a pour fonction de créer le champ de la mesure (de la valeur). Seul le travail est objectivement mesurable. Pour Walras, la grandeur de valeur est objective ; elle dépend du degré de rareté ; la rareté a deux piliers : la quantité disponible et l'utilité. Or, il est contradictoire de considérer que la grandeur de valeur est une donnée objective et la faire reposer sur l'utilité, que l'on ne peut pas mesurer et qui, dans son principe, est éminemment subjective.

Quelles sont les différences entre Marx et Ricardo ?

La théorie de la valeur de Marx, présentée dans la Section 1 du *Capital*, est une théorie de la valeur-travail qu'il serait possible d'assimiler à celle de David Ricardo. Pourtant, des différences significatives séparent les deux approches.
La première différence est que Marx fait de sa théorie de la valeur la base de l'analyse du capita-

lisme. C'est ce qui ressort de la première phrase du premier paragraphe du premier chapitre de la première section du *Capital* : «La richesse des sociétés dans lesquelles règne le mode de production capitaliste s'annonce comme une immense accumulation de marchandises. L'analyse de la marchandise, forme élémentaire de la richesse, sera par conséquent le point de départ de nos recherches.» (Marx, 1867, p.51.) De ce fait, la théorie marxienne de la valeur ne peut pas faire référence aux rapports de production capitalistes et aux catégories de la répartition qui lui sont propres, le salaire et le profit. Pour Ricardo en revanche, la théorie de la valeur a d'emblée pour cadre d'analyse la production capitaliste, même si la référence à cette dernière est négative lorsqu'il écrit que la valeur d'une marchandise ne dépend pas de la rémunération plus ou moins forte de l'ouvrier. Le prix naturel déterminé par le temps de travail est un prix en économie capitaliste, mais il ne peut en être qu'une approximation, comme l'annonce Ricardo à la page 33 des *Principes*. S'il ne peut en être qu'une approximation, c'est parce qu'il n'est pas réaliste de faire l'hypothèse d'identité de la structure des capitaux. Dès lors, le taux d'échange des marchandises doit aussi dépendre de la répartition. L'impact de cette dernière étant faible, il est négligeable aux yeux de Ricardo. La différence entre le prix naturel déterminé par le temps de travail et celui prenant en compte la répartition n'est pas qualitative mais uniquement quantitative. Pour Marx, au contraire, la différence entre le prix exposant la valeur des marchandises et le prix exposant la rationalité capitaliste (les prix de production) est à la fois qualitative et quantitative. C'est pourquoi le problème de la transformation des valeurs en prix de production se posera à Marx.

La seconde différence entre Ricardo et Marx tient à ce que pour le premier, le seul problème à résoudre est celui de la mesure de la valeur, alors que pour le second, il s'agit d'abord de rendre compte de l'existence de l'échange. Une fois la chose faite, le problème de la valeur se trouve résolu. Marx commence par définir la substance de la valeur pour résoudre le problème posé par l'échange, puis il en tire une règle de détermination de la valeur. Ricardo, quant à lui, énonce une règle de détermination de la grandeur de valeur dès le chapeau de la section 1 du chapitre 1.

La troisième différence concerne la valeur mesurée. Ricardo insiste sur le fait qu'il s'agit pour lui de fonder la loi qui gouverne la détermination des valeurs relatives, c'est-à-dire du taux d'échange des marchandises. Cette position est explicite lorsqu'il affirme la chose suivante : « Je n'ai pas dit, et il est essentiel de le rappeler, que par cela seul que le travail consacré à une marchandise s'élève à 1 000 livres et celui consacré à une autre marchandise à 2 000 livres, la valeur de ces deux objets doive être nécessairement de 1 000 l. et de 2 000 l. ; j'ai dit simplement que cette valeur serait dans le rapport de 1 à 2, et que ces marchandises s'échangeraient d'après ce rapport. Il importe peu à la vérité de notre théorie, que l'un de ces produits se vende à raison de 1 100 l. ou de 1 500 l., l'autre à raison de 2 200 l. ou de 3 000 l [...]. Ce que j'affirme seulement, c'est que la valeur relative se règle sur les quantités de travail relatives de travail consacré à leur production. » (Ricardo 1817, p.53.)

Ayant fait une théorie de la valeur relative, Ricardo doit mesurer ce que l'on pourrait appeler la valeur absolue, ou plus exactement les variations de la valeur absolue qu'il appelle « valeur réelle ». C'est ce qui est mis en évidence dans la section VI du premier chapitre : « Les marchandises varient dans leur valeur relative, il est à désirer que l'on découvre les moyens de déterminer quelles sont celles dont la valeur s'élève ou s'abaisse. Pour cela, il faudrait les comparer, séparément, avec un étalon invariable, un critérium qui serait inaccessible à toutes les fluctuations qu'éprouvent les autres marchandises. Or, il est impossible de se procurer cette mesure type [...]. Pour faciliter nos recherches, je supposerai l'or invariable, tout en reconnaissant, d'ailleurs, que la monnaie faite avec ce métal est soumise aux mêmes variations que les autres objets. Toutes les altérations de prix, je les considèrerai donc comme provenant des variations survenues dans la valeur de la marchandise dont je m'occuperai. » (Ricardo, 1817, p.50-51.)

Marx fait quant à lui une théorie de la valeur absolue : « Une marchandise particulière s'échange dans les proportions les plus diverses avec d'autres articles. Cependant, sa valeur d'échange reste immuable, de quelque manière qu'on l'exprime, en x cigares, y soie, z or et ainsi de suite. Elle doit donc avoir un contenu distinct de ces expressions diverses. Prenons encore deux marchandises, soit du froment et du fer. Quel que soit leur rapport d'échange, il peut toujours être représenté par une équation dans laquelle une quantité donnée de froment est réputée égale à une quantité quelconque de fer, par exemple : 1 quarteron de froment = a kilogramme de fer. Que signifie cette équation ? C'est que dans deux objets différents, il existe quelque chose de commun. Les deux objets sont donc égaux à un troisième [...]. Chacun des deux doit être réductible au troisième, indépendamment de l'autre [...]. Ce quelque chose de commun, c'est d'être le produit du travail [...], d'un même travail humain, à une dépense de force de travail sans égard à la forme particulière sous laquelle cette force a été dépensée. Le quelque chose de commun qui se montre dans le rapport d'échange ou dans la valeur d'échange est par conséquent la valeur.» (Marx, 1867, p.53-54.) Le rapport d'échange ou valeur relative révèle donc la valeur absolue des marchandises qui est mesurée par le temps de travail contenu en elles. Marx n'a donc pas à se poser la question de la mesure invariable des valeurs comme le fait Ricardo.

De même, une autre différence entre Ricardo et Marx concerne la quantité de travail qui détermine la valeur. Pour Ricardo, c'est le coût du travail engagé dans les conditions de production les plus défavorables qui détermine le prix naturel des marchandises ; cette hypothèse est cruciale du point de vue de sa théorie de la rente et de la répartition des richesses. Marx adopte une position différente : pour lui, la valeur d'une marchandise est déterminée par le «temps de travail nécessaire en moyenne ou le temps de travail nécessaire socialement. Le temps de travail socialement nécessaire est celui qu'exige tout travail, exécuté avec le degré moyen d'habileté et d'intensité et dans des conditions qui, par rapport au milieu social donné, sont normales. Après l'introduction en Angleterre du tissage à vapeur, il fallut peut-être moitié moins de travail qu'auparavant pour transformer en tissu une certaine quantité de fil. Le tisserand anglais, lui, eut toujours besoin du même temps pour opérer cette transformation ; mais dès lors, le produit de son heure de travail individuelle ne représentera plus que la moitié d'une heure sociale de travail et ne donnera plus que la moitié de la valeur première » (Marx, 1867, p.55.)

Enfin, puisque Ricardo adhère à la loi des débouchés et donc à ses prémisses (les produits s'échangent contre les produits), il ne peut concevoir qu'un produit destiné à l'échange n'ait pas de valeur. Il en va différemment pour Marx, comme il ressort de ce qui suit : « Quiconque, par son produit, satisfait ses propres besoins, ne crée qu'une valeur d'usage personnelle. Pour produire des marchandises, il doit non seulement produire des valeurs d'usage, mais des valeurs d'usage pour d'autres, des valeurs d'usage sociales. Enfin, aucun objet ne peut être une valeur s'il n'est une chose utile. S'il est inutile, le travail qu'il renferme est dépensé inutilement et conséquemment ne crée pas de valeur. » (Marx, 1867, p.56.)

Un travail, susceptible de créer de la valeur, est dépensé inutilement et n'est pas générateur de valeur lorsqu'il donne naissance à un produit qui n'est pas demandé par les autres sur le marché. Il n'est pas en mesure de satisfaire un besoin social. Ce produit ne fera donc pas l'objet d'un échange. La chose est impensable chez Ricardo qui adhère à la loi des débouchés et qui s'intéresse uniquement au résultat nécessaire du marché. Les déséquilibres passagers sont éliminés et toujours la demande permet la vente intégrale de la production. La loi des débouchés tend alors à se confondre avec ses prémisses qui affirment que la monnaie est cantonnée au rôle d'intermédiaire des changes ; elle ne peut donc faire l'objet d'une thésaurisation, c'est-à-dire d'une conservation par les agents économiques. Cette thésaurisation peut en effet être la cause d'une mévente des marchandises.

Chez Marx, au contraire, les échanges sont monétaires et la thésaurisation est logiquement nécessaire. Comme elle n'a ni règle ni mesure, la mévente est possible. Des travaux peuvent donc avoir été exécutés en pure perte. Il s'agit là de la théorie marxienne de la monnaie qui prolonge la théorie de la valeur.

III – La théorie de la monnaie

Marx, après avoir exposé sa théorie de la valeur, montre comment la valeur des marchandises s'exprime. C'est l'analyse des formes de la valeur qui constitue la substance de la genèse de la monnaie.

Les différentes formes de la valeur ne coexistent pas. Elles se succèdent logiquement et leur développement permet de résoudre la contradiction qui gît dans la forme simple.

La forme simple de la valeur peut s'écrire sous la forme de l'équation suivante :

$$x \, de \, X = y \, de \, Y$$

x désigne la quantité échangée de bien X tandis que y désigne la quantité échangée de bien Y. Dans cette équation, la marchandise X exprime sa valeur relativement à Y. X a besoin de Y pour exprimer sa valeur car elle ne peut pas exprimer sa valeur grâce à elle-même. X est la forme relative de la valeur tandis que Y, qui n'exprime pas sa propre valeur, fournit la matière à expression à la valeur de X. Y est la forme équivalente de la valeur.

D'après Marx, « l'opposition intime entre la valeur d'usage et la valeur d'une marchandise se montre ainsi par le rapport de deux marchandises, rapport dans lequel A, dont la valeur doit être exprimée, ne se pose pas immédiatement que comme valeur d'usage, tandis que B, au contraire, dans laquelle est exprimée la valeur, ne se pose immédiatement que comme valeur d'échange » (Marx, 1867, p.75). La contradiction est donc la suivante : la valeur d'usage devient la forme de manifestation de son contraire, la valeur.

On peut exprimer cette contradiction différemment. L'échange de marchandises ne se conçoit que lorsque s'instaure une certaine division du travail qui prend la forme d'une multitude de travaux privés et indépendants. Le produit de travaux privés, c'est la marchandise en tant que valeur. La valeur est donc l'expression d'un rapport social. Dès lors que la valeur d'usage devient l'expression de la valeur, le rapport social que la valeur représente est caché dans l'équation d'échange qui ne peut exister en dehors de ce rapport social. Effectivement, le produit en tant que valeur d'usage est commun à tous les modes de production. Dans cette forme valeur, la marchandise apparaît comme l'union d'une valeur et d'une valeur d'usage mais au prix d'une contradiction : la valeur d'usage représente son contraire, la valeur d'échange. La résolution de cette contradiction par le développement de cette forme simple de la valeur en forme totale : la marchandise X peut voir sa valeur exprimée grâce à Y, mais aussi grâce à Z, T ou V.

La forme totale de la valeur s'exprime par l'équation suivante :

$$x \, de \, X = y \, de \, Y \, ou = z \, de \, Z \, ou = v \, de \, V$$

Dans cette forme, X exprime sa valeur successivement dans plusieurs marchandises. Cette forme n'est en fait qu'une extension de la forme simple de la valeur. Mais en réalité, la différence entre la forme simple et la forme totale de la valeur n'est pas que quantitative. La marchandise X est la forme relative de la valeur, et Y, Z ou encore V sont des équivalents particuliers. On voit donc l'échange du point de vue du possesseur de X. Si, par contre, on se place du point de vue des possesseurs de Y, Z ou V et que ces derniers n'entretiennent un rapport d'échange qu'avec le possesseur de X, alors X devient l'équivalent général des marchandises Y, Z ou V.

L'inversion de la forme totale de la valeur aboutit, selon Marx, à la forme générale de la valeur.

Cette forme générale de la valeur s'écrit :

$$\left.\begin{matrix} yY \\ zZ \\ vV \end{matrix}\right\} = xX$$

Dans cette forme générale de la valeur, Y, Z et V sont les formes relatives et X est la forme équivalent général. Marx souligne que c'est le développement du commerce qui impose l'apparition d'un équivalent général, car l'existence d'un équivalent facilite les échanges.

Dans cette forme, chaque marchandise exprime sa valeur comme différente de sa propre valeur d'usage mais aussi de la valeur d'usage de toutes les autres marchandises. X est de ce fait exclu du monde des marchandises. X devient l'incarnation, la matérialisation de la valeur. Un consensus social explique que X soit choisie comme équivalent général.

Dès lors que cette fonction d'équivalent général est durablement attribuée à la marchandise X, cette dernière devient monnaie : c'est la marchandise-monnaie. Les qualités de l'or ont fait qu'il a fini par jouer ce rôle de monnaie.

La forme monnaie ne présente aucune différence qualitative avec la forme équivalent général. Le rôle de X est tenu par l'or. Cette forme de la valeur a permis de résoudre la contradiction décelée dans la forme simple. La valeur des marchandises est exprimée en or qui a une valeur d'usage formelle différente de sa valeur d'usage en tant que mar-chandise. Cette valeur d'usage formelle lui vient de sa fonction sociale.

La monnaie est un rapport social qui prend l'apparence d'un objet (Marx, 1867, p.110). Cet objet est une marchandise qui remplit trois fonctions.

Ainsi, la monnaie est d'abord une marchandise qui a été choisie par le corps social pour incarner la valeur des autres marchandises. Elle est mesure des valeurs. De ce fait, le travail dépensé pour produire la marchandise-monnaie donne toujours

naissance à de la valeur : « L'argent est la marchandise qui a pour caractère l'aliénabilité absolue. » (Marx, 1867, p.118.) L'expression de la valeur des marchandises au moyen de la monnaie est le prix exposant la valeur des marchandises qui peut être différent de ce que l'on pourrait appeler le prix effectif ou le prix de marché ; en effet, « si le prix comme exposant de la grandeur de valeur de la marchandise est l'exposant de son rapport d'échange avec la monnaie, il ne s'ensuit pas inversement que l'exposant de son rapport d'échange avec la monnaie soit nécessairement l'exposant de sa grandeur de valeur. Supposons que 1 quart de froment se produise dans le même temps de travail que 2 onces d'or, et que 2 livres sterling soient le nom de 2 onces d'or. 2 livres sterling sont alors l'expression monétaire de la valeur du quart de froment, ou son prix. Si maintenant, les circonstances permettent d'estimer le quart de froment à 3 livres sterling ou forcent à l'abaisser à 1 livre sterling, dès lors 1 livre et 3 livres sont des expressions qui diminuent ou exagèrent la valeur du froment, mais elles restent néanmoins des prix [...]. Le rapport d'échange peut exprimer ou la valeur même de la marchandise, ou le plus ou le moins que son aliénation, dans des circonstances données, rapporte accidentellement. Il est donc possible qu'il y ait un écart, une différence quantitative entre le prix d'une marchandise et sa grandeur de valeur, et cette possibilité gît dans la forme prix elle-même » (Marx, 1867, p.111).
Cela signifie que Marx considère qu'en moyenne, les marchandises se vendent à leur prix exposant

la valeur. Le prix effectif ou prix de marché peut s'écarter accidentellement de ce prix exposant en fonction du rapport de la demande à l'offre. Mais le prix exposant reste l'axe de gravitation de ce prix de marché. On retrouve ici une idée ricardienne chez qui le prix de marché gravite autour du prix naturel déterminé par la quantité de travail relative. Mais chez Marx, une telle gravitation n'a pas pour moteur la rationalité capitaliste puisque pour le moment, ses théories de la valeur et de la monnaie ont pour cadre une économie marchande fictive dans laquelle les rapports de production capitalistes n'ont pas été introduits. Lorsque le capitalisme atteint un certain stade de développement, le moteur de la gravitation des prix de marché devient la recherche du profit maximum, mais aussi les prix de production prennent la place des valeurs comme axe de gravitation.

La fonction de mesure des valeurs de la monnaie appelle une seconde fonction, celle de moyen de circulation ou d'intermédiaire dans les échanges. En effet, « la forme prix renferme en elle-même l'aliénabilité des marchandises contre la monnaie et la nécessité de cette aliénation » (Marx, 1867, p.113). Si l'or est la marchandise qui joue le rôle de mesure des valeurs, il ne peut pas ne pas jouer le rôle d'intermédiaire des échanges : les prix ne sont affichés que dans le but d'une transaction. Ainsi, Marx écrit que « les prix sont pour ainsi dire les œillades amoureuses que lui lancent les marchandises » (p.118).

La métamorphose d'une marchandise en une autre marchandise, autrement dit l'échange, suppose deux actes successifs : la vente par l'agent [1] d'une marchandise [X] de valeur [M] contre de l'argent [A], puis l'utilisation de cet argent par cet agent pour acheter une marchandise [Y] de valeur [M]. La métamorphose de [X] en [Y] du point de vue de l'agent [1] fait intervenir la monnaie comme intermédiaire de cette métamorphose qui comporte deux phases : la vente de [X], puis l'achat de [Y].

Mais il faut rappeler que chacune de ces phases est à la fois achat et vente : pour que l'agent [1] puisse vendre [X], il faut qu'il trouve un autre agent qui accepte d'acheter cette dernière. C'est pourquoi Marx affirme : « Rien de plus niais que le dogme d'après lequel la circulation implique nécessairement l'équilibre des achats et des ventes, vu que toute vente est achat, et réciproquement. Si cela veut dire que le nombre de ventes réellement effectuées est égal au même nombre d'achats, ce n'est qu'une plate tautologie. Mais ce qu'on prétend prouver, c'est que le vendeur amène au marché son propre acheteur [...] ; or, si personne ne peut vendre sans qu'un autre achète, personne n'a besoin d'acheter immédiatement parce qu'il a vendu. La circulation fait sauter les barrières par lesquelles le temps, l'espace et les relations d'individu à individu rétrécissent le troc des produits. Mais comment ? Dans le commerce de troc, personne ne peut aliéner son produit sans que simultanément une autre personne aliène le sien. L'identité immédiate de ces deux actes, la circulation la scinde en y introduisant l'antithèse de la vente et de l'achat. Après avoir vendu, je ne suis forcé d'acheter ni au même lieu ni au même temps, ni de la même personne à laquelle j'ai vendu [...]. Si la séparation des deux phases complémentaires l'une de l'autre de la métamorphose des marchandises se prolonge, si la scission entre la vente et l'achat s'accentue, leur liaison intime s'affirme par une crise. Pour que cette possibilité devienne réalité, il faut tout un ensemble de circonstances qui, au point de vue de la circulation simple des marchandises, n'existent pas encore. » (Marx, 1867, p.121-122.)

Dit plus simplement, la monnaie introduit une rupture entre l'acte d'achat et l'acte de vente. Lorsque je vends ma marchandise contre de la monnaie, je ne suis aucunement contraint de réutiliser cette monnaie immédiatement pour réaliser un achat. Si cette rupture se confirme dans le temps, autrement dit si je thésaurise durablement cette monnaie acquise, alors la crise peut survenir. La thésaurisation introduit la possibilité de crise dans une économie marchandise simple.

Bien que l'or qui mesure des valeurs ne soit qu'idéalement présent dans la fixation des prix, il n'en reste pas moins vrai que c'est un or réel qui sert à fixer les prix monétaires des marchandises. Cet or a été produit et a une valeur déterminée par ses conditions de production.

L'échange n'étant que la conversion d'un or simplement imaginé en or réel, cette conversion ne peut se faire que sur la base de la valeur de l'or en tant que mesure des valeurs. La circulation des marchandises appelle donc une certaine quantité de monnaie. Cette quantité de monnaie est déterminée par la somme totale des prix des marchandises qui s'échangent (Marx, p.124). Pour que la masse de monnaie corresponde aux besoins de la circulation des marchandises, il faut qu'une partie de l'or soit thésaurisée : « Les réservoirs d'or servent à la fois de canaux de décharge et d'irrigation de façon que les canaux de circulation ne débordent jamais. » (Marx, 1867, p.130.)

La possibilité de thésaurisation découle logiquement des fonctions de mesure de valeur et de moyen de circulation des marchandises. La quantité d'or étant donnée dans une économie, la thésaurisation logique est réglée par la loi qui détermine les besoins de circulation en monnaie. Si la thésaurisation se fixe au niveau adéquat, tous les produits appelés à circuler s'échangent effectivement. Mais comme le souligne Marx, le vendeur qui décide de thésauriser ne le fait pas par souci d'assurer un équilibre entre la quantité d'or existante et celle dont la circulation des marchandises a besoin : « Le penchant à thésauriser n'a, de sa nature, ni règle ni mesure. » (Marx, 1867, p.138.) Il en résulte que la quantité de monnaie effectivement thésaurisée peut être plus grande que celle logiquement nécessaire. C'est dans ce cas qu'il y a mévente et crise.

La monnaie est donc un rapport social ; elle exprime que la circulation des produits au sein du corps social emprunte le moyen de l'échange. Cela n'est possible que si « des objets d'utilité sont les produits de travaux privés exécutés indépendamment les uns des autres [...]. Pour mettre ces choses en rapport les unes avec les autres à titre de marchandises, leurs gardiens doivent eux-mêmes se mettre en rapport entre eux à titre de personnes dont la volonté habite dans ces choses mêmes, de telle sorte que la volonté de l'un est aussi la volonté de l'autre et que chacun s'approprie la marchandise étrangère en abandonnant la sienne, au moyen d'un acte volontaire commun. Ils doivent se reconnaître réciproquement comme propriétaires privés. Ce rapport juridique, qui a pour forme le contrat, légalement développé ou non, n'est que le rapport des volontés dans lequel se reflète le rapport économique lui-même » (Marx, 1867, p.95).

Les fonctions de la monnaie sont, pour Marx, indissolublement liées sur le plan logique.

Sur la question monétaire, les rapports de Marx avec Ricardo sont complexes.

Tout d'abord, Marx semble critiquer Ricardo lorsqu'il écrit : « Cette loi, que la quantité de moyens de circulation est déterminée par la somme des prix des marchandises circulantes et par la vitesse moyenne du cours de la monnaie, revient à ceci : étant donné la somme de valeur des marchandises et la vitesse moyenne de leurs métamorphoses, la quantité de métal précieux en circulation dépend de sa propre valeur. L'illusion d'après laquelle les prix des marchandises sont au contraire déterminés par la masse des moyens de circulation et cette masse par l'abondance des métaux précieux dans un pays, repose originellement sur l'hypothèse absurde que les marchandises et l'argent entrent dans la circulation, les unes sans prix, l'autre sans valeur. » (Marx, 1867, p.129-130.) Rappelons néanmoins que la loi de quantité de Ricardo (théorie quantitative de la monnaie) n'entre pas en contradiction avec l'idée selon laquelle les marchandises et la monnaie s'échangent en fonction de leur valeur-travail à la condition de prendre en compte les échanges internationaux. La loi de proportionnalité des prix monétaires à la quantité de monnaie existant à un moment donné dans un pays est une pièce du mécanisme qui assure que le prix courant de l'or s'ajuste au niveau de son prix naturel. Dans ce processus d'ajustement, le reste du monde joue le même rôle que les trésors de l'analyse marxienne. Mais cette référence au reste du monde comme substitut de la thésaurisation n'est pas concevable dans l'analyse de Marx, car « c'est dans le commerce entre nations que la valeur des marchandises se réalise universellement. C'est sur le marché du monde, et là seulement, que la monnaie fonctionne dans toute la force du terme [...]. Sa manière d'être devient adéquate à son idée » (Marx, 1867, p.147). La monnaie est un équivalent général qui exprime la valeur de toutes les marchandises. L'or exclu du monde des marchandises ne fonctionne véritablement comme monnaie que dans le cadre d'un marché unifié. Il sera alors équivalent général : « L'argent est la marchandise qui a pour caractère l'aliénabilité absolue, parce qu'il est le produit de l'aliénation de toutes les autres marchandises. » (Marx, 1867, p.118.)

IV – La théorie du capital

Première métamorphose :
de la marchandise au capital

« La circulation des marchandises est le point de départ du capital. Il n'apparaît que là où la production marchande et le commerce ont déjà atteint un certain degré de développement. » (Marx, 1867, p.151.)

« La circulation des marchandises M-A-M a pour point initial et pour point final une autre marchandise qui ne circule plus et tombe dans la consommation » (Marx, 1867, p.154) : dans la circulation des marchandises, un agent économique échange une marchandise M contre une certaine quantité de monnaie de valeur équivalente A. Avec cet argent, il pourra satisfaire un besoin particulier en achetant une autre marchandise.

Il n'en va pas de même dans la circulation du capital. « À côté de cette forme, nous en trouvons une autre, tout à fait distincte, la forme A-M-A' (argent-marchandise-argent), transformation de l'argent en marchandise et retransformation de la marchandise en argent, acheter pour vendre. Tout argent qui dans son mouvement décrit ce dernier cercle se transforme en capital, devient capital et est déjà par destination capital. » (Marx, 1867, p.152.)

Marx ajoute la chose suivante : « Dans la circulation simple, les deux extrêmes ont la même forme économique ; ils sont tous deux marchandise. Mais ils sont en même temps des valeurs d'usage de qualité différente [...]. Le mouvement aboutit à l'échange des produits, à la permutation des matières diverses dans lesquelles se manifeste le travail social. La circulation A-M-A', au contraire, paraît vide de sens au premier coup d'œil, parce qu'elle est tautologique. Les deux extrêmes ont la même forme économique. Ils sont tous deux argent. Une telle opération semble aussi sotte qu'inutile [...]. Le mouvement A-M-A' ne tire sa raison d'être d'aucune différence qualitative de ses extrêmes, car ils sont argent tous les deux, mais seulement de leur différence quantitative. Finalement, il est soustrait à la circulation plus d'argent qu'il n'y en a été jeté [...]. La forme complète de ce mouvement est donc A-M-A' dans laquelle A'=A+dA, c'est-à-dire égale la somme primitivement avancée plus un excédent. Cet excédent [...], je l'appelle plus-value [...]. Non seulement donc la valeur avancée se conserve dans la circulation, mais elle y change encore sa grandeur, y ajoute un plus, se fait valoir davantage, et c'est ce mouvement qui la transforme en capital. » (Marx, 1867, p.155.) Dès lors que le supplément de valeur, la plus-value, est le but ultime de ce mouvement, ce dernier n'a pas de limite. Le support conscient de ce mouvement, ou autrement dit son représentant, est le capitaliste. Pour Marx, sa « poche » est le point de départ de l'argent et son point de retour. La valeur d'usage ne doit pas être considérée comme le but immédiat de la production capitaliste, pas plus qu'un gain isolé. C'est le mouvement incessant du gain toujours renouvelé.

Néanmoins, un problème se pose du point de vue de la théorie marxienne de la valeur, c'est-à-dire l'échange entre équivalents. Le possesseur d'argent, à savoir le capitaliste, doit d'abord acheter des marchandises à leur valeur : des moyens de travail ou équipement, des objets de travail, ou matières premières, et enfin la force de travail qui met en mouvement objets et moyens de travail. Grâce à la production issue de la combinaison des objets, moyens et force de travail, le capitaliste vend des marchandises également à leur valeur. D'où provient alors le supplément de valeur qu'empoche le capitaliste ? Il ne peut provenir de la circulation marchande puisque les échanges se font entre équivalents. Marx croit alors résoudre ce mystère de la plus-value : « Il faut donc que le changement de valeur exprimé par A-M-A', conversion de l'argent en marchandise et reconversion de la même marchandise en plus d'argent, provienne de la marchandise [...]. Et notre homme trouve effectivement sur le marché une marchandise douée de cette vertu spécifique ; elle s'appelle puissance de travail ou force de travail. Sous ce nom, il faut comprendre l'ensemble des facultés physiques et intellectuelles qui existent dans le corps d'un homme, dans sa personnalité vivante, et qu'il met en mouvement pour produire des choses utiles. » (Marx, 1867, p.170.)

Avant de montrer comment le capitaliste parvient à valoriser son argent à l'aide de la force de travail, Marx fait quelques développements pour établir que le capital est avant tout un rapport social historiquement déterminé. Il montre que la transformation de l'argent en capital exige donc que le capitaliste trouve sur le marché le travailleur libre, et libre à un double point de vue : il ne dispose que de sa force de travail et ne doit pas avoir d'autres marchandises à vendre. Ce rapport social n'est pas naturel et ce n'est pas non plus un rapport commun à toutes les périodes de l'histoire. Il est le résultat d'un développement histoire précis, d'un grand nombre de révolutions économiques et d'une destruction des vieilles formes de la production. En parlant du capital, Marx précise qu'il n'est pas une chose mais un rapport social entre personnes : « Un nègre est un nègre. C'est seulement dans des conditions déterminées qu'il devient esclave. Une machine à filer du coton est une machine pour filer du coton. C'est seulement dans des conditions déterminées qu'elle devient du capital. Arrachée à ces conditions, elle n'est pas plus du capital que l'or n'est par lui-même de la monnaie [...]. Le capital représente, lui aussi, des rapports sociaux. Ce sont des rapports bourgeois de production, des rapports de production de la société bourgeoise. » (Marx, 1867, p.207.)

Sur ce point, la rupture avec Ricardo est totale puisque le capitalisme, est, dans les *Principes*, un système naturel qui prévaut même lorsque les hommes travaillent à mains nues. Il y a rupture également sur la question de savoir ce qui est vendu par le travailleur.

Chez Marx, la force de travail est une marchandise qui possède comme toutes les autres une valeur déterminée par le temps de travail nécessaire à sa production. Le capitaliste achète à sa valeur la force de travail. Cette valeur correspond à celle des biens de subsistance qui rentrent dans le panier de consommation du travailleur. « L'usage ou l'emploi de la force de travail, c'est le travail [...]. Le procès de travail, en tant que consommation de la force de travail par le capitaliste, ne montre que deux phénomènes particuliers. L'ouvrier travaille sous le contrôle du capitaliste auquel son travail appartient [...]. En second lieu, le produit est la propriété du capitaliste et non du producteur immédiat, du travailleur. » (Marx, 1867, p.187.)

À présent, Marx analyse le processus de formation de la plus-value : « La valeur d'usage de la force de travail, c'est-à-dire le travail, n'appartient pas plus au vendeur que n'appartient à l'épicier la valeur d'usage de l'huile vendue. L'homme aux écus a payé la valeur journalière de la force de travail ; son usage pendant le jour, le travail d'une journée lui appartient donc. Que l'entretien journalier de cette force de travail ne coûte qu'une demi-journée de travail, bien qu'elle puisse opérer ou travailler pendant la journée entière, c'est-à-dire que la valeur créée par son usage pendant un jour soit le double de sa propre valeur journalière, c'est là une chance particulièrement heureuse pour l'acheteur, mais qui ne lèse en rien le droit du vendeur. » (Marx, 1867.) Le mystère de la plus-value est donc résolu selon Marx. La loi de l'échange entre équivalents a été respectée. En achetant à leur valeur des moyens de travail, des objets de travail et des forces de travail, il en consomme la valeur d'usage. La mise en mouvement de la force de travail la conduit à produire une valeur qui lui est supérieure : la valeur qu'elle produit est supérieure à sa propre valeur journalière ; c'est là l'essence de la plus-value ou sur-valeur. La force de travail n'est pas volée mais exploitée. Sa consommation est source de plus-value. La plus-value cristallisée dans les marchandises produites sera convertie en monnaie sous forme de profit lorsque ces marchandises sont vendues à leur valeur sur le marché.

Les forces de travail étant génératrices de plus-value, la fraction du capital servant à les acheter est appelée par Marx « capital variable », par opposition à celle qui achète des moyens de travail et objets de travail, qui est appelée « capital constant ».

Pour faire une comparaison avec la théorie ricardienne, il convient de souligner les rapports qu'entretiennent plus-value et profit. Dans une lettre adressée à Engels le 3 avril 1868, Marx écrit : « Profit n'est pour nous d'abord qu'un autre nom ou une autre catégorie pour plus-value. Comme sous la forme de salaire du travail, le travail entier apparaît comme payé, la partie non payée de ce travail semble nécessairement ne pas émaner du travail, mais du capital, et non de la partie variable du capital, mais du capital total. C'est par là que la plus-value prend la forme du profit, sans qu'il soit fait de différence quantitative entre l'une et l'autre. Ce n'est que la forme phénoménale illusoire de celle-ci. » (Marx, 1867, p.234.)

Il s'agit d'une attaque en règle contre la théorie ricardienne car pour Ricardo, le salaire est le prix du travail, et non de la force de travail. Chez Marx, le salaire est le prix de la force de travail puisque l'intégralité du travail réalisé n'est pas payée, la partie non payée formant la plus-value.

Marx précise enfin qu'il existe deux moyens différents d'augmenter l'extraction de plus-value : l'obtention de plus-value absolue est réalisée par l'allongement du temps de travail, tandis que l'obtention de plus-value relative est accomplie par la diminution du temps de travail nécessaire à la production de la force de travail, donc par l'innovation et le progrès technique.

De la marchandise au capital :
la seconde métamorphose

« La marchandise, à l'issue de la production capitaliste, diffère de celle qui en a été l'élément et la présupposition de départ. » (Marx, 1871, p.80.) C'est pourquoi la norme n'est plus l'échange aux prix exposant la valeur mais aux prix de production, c'est-à-dire un prix qui assure la rémunération des capitaux au prorata de leur masse, l'uniformité du taux de profit. Il faut donc supposer que les valeurs diffèrent des prix de production.

Prenons l'exemple de 5 branches qui appliquent au procès de travail un taux de plus-value (rapport entre la plus-value et la valeur du capital variable ou somme des salaires versés) de 100%. Chaque branche avance un certain montant de capital constant (moyens et objets de travail) et de capital variable (salaires). Le taux de plus-value s'écrit [pl/V], tandis que le taux de profit met en rapport la plus-value avec l'ensemble du capital avancé [C+V]. Il est noté : [pl/C+V]. La valeur de la marchandise, ou prix exposant la valeur, est égale à la somme du capital constant, du capital variable et de la plus-value extraite.

Avance en capital total	Taux de plus-value	Plus-value extraite	Taux de profit	Valeur de la marchandise produite
80C+20V	100%	20	20%	120
70C+30V	100%	30	30%	130
60C+40V	100%	40	40%	140
85C+15V	100%	15	15%	115
95C+5V	100%	5	5%	105

On constate que les taux de profit sont différents d'une branche à l'autre, ce qui est impensable en économie capitaliste. Il s'opère alors des transferts inter-branches de plus-value de sorte que le taux de profit dans chaque branche soit égal au taux général de profit qui est égal à :

taux général de profit

$$= \frac{20 + 30 + 40 + 15 + 5}{(80 + 20) + (70 + 30) + (60 + 40) + (85 + 15) + (95 + 5)}$$
$$= 22\%$$

Si l'on applique le même taux général des profits à toutes les branches, cela donne les transferts de plus-value et les prix de production suivants :

Avance en capital total	Taux de plus-value	Taux général de profit	Prix de production	Transfert de plus-value
80C+20V	100%	22%	122	+2
70C+30V	100%	22%	122	-8
60C+40V	100%	22%	122	-18
85C+15V	100%	22%	122	+7
95C+5V	100%	22%	122	+17

En mode de production capitaliste, c'est le prix de production qui devient le centre de gravitation des prix de marché. Il se substitue donc à la valeur des marchandises ou prix exposant. Si, concrètement, une telle transformation peut être suspendue à la réalisation de conditions qui supposent un certain degré de développement du capitalisme, sur le plan du principe, la transformation des valeurs en prix de production est contemporaine du capital. Néanmoins, la façon dont Marx transforme les valeurs en prix de production est fallacieuse : les éléments du capital avancé devraient être eux-mêmes exprimés en prix de production alors que dans le schéma de Marx, ils sont évalués en valeur. Dans un premier temps, Marx pense trouver une solution à ce problème. Il considère que ce dernier n'en est pas un, car «une plus-value trop importante entrant dans une marchandise est compensée dans une autre marchandise par une plus-value d'autant plus petite [...]. Les écarts par rapport à la valeur affectant les prix de production des marchandises s'annulent réciproquement» (Marx, 1894, p.177.) Mais quelques pages plus loin, il reconnaît véritablement son erreur. Cependant, il est estime que cette erreur est acceptable : «À l'origine, nous avons supposé que le prix de revient d'une marchandise était égal à la valeur des marchandises consommées dans sa production. Mais pour l'acheteur, le prix de production d'une marchandise est son prix de revient. Le premier peut donc entrer, en tant que coût de production, dans la formation du prix d'une marchandise. Puisqu'il est possible que le prix de production s'écarte de la valeur de la marchandise, son coût de production renfermant le prix de production d'une autre marchandise peut lui aussi se trouver au-dessus ou au-dessous de cette fraction de sa valeur globale que constitue la valeur des moyens de production consommés. Il faut se rappeler cette signification altérée du coût de production et penser qu'une erreur est toujours possible quand, dans une sphère de production particulière, on pose le coût de production de la marchandise comme égal à la valeur des moyens de production consommés au cours de sa production.» (Marx, 1894, p.181.) Mais il balaie cette erreur et estime que «pour l'étude en cours, il est inutile d'examiner ce point de plus près».

Comment donc expliquer que Marx considère son erreur comme acceptable pour son étude en cours ? Rappelons le cheminement de l'auteur.

Le fait de présenter le rapport d'échange comme un rapport entre équivalents de type $xX = yY$ pose un problème car les produits échangés sont nécessairement hétérogènes sur le plan physique. Cela impose de rechercher le point commun à ces deux produits qui permette de les comparer. La réponse que donne Marx est le travail abstrait, substance de la valeur. La quantité de travail abstrait est la mesure quantitative de la valeur. L'expression monétaire de la valeur, ou prix exposant la valeur d'une marchandise, est l'axe de gravitation du prix de marché qui dépend des fluctuations de l'offre et de la demande. Puisqu'en moyenne, les marchandises se vendent à leur valeur, Marx mène l'analyse du capital sur la base de cette hypothèse. Il identifie alors un problème au cœur de la circulation du capital notée A-M-A', puisque ce schéma met en évidence que le capitaliste, lorsqu'il avance une somme d'argent A dans l'activité productive pour acquérir la valeur d'usage d'une triple marchandise notée M, peut retirer de la circulation une somme d'argent A' plus grande que celle initiale en vendant les marchandises produites. La question qui se pose est de savoir d'où provient ce supplément de valeur obtenu par le capitaliste sachant que les échanges se font entre équivalents. La solution que Marx donne à ce problème est la théorie de l'exploitation : l'achat de forces de travail permet au capitaliste d'en utiliser la valeur d'usage, le travail.

Le temps de travail réalisé par les forces de travail est supérieur à leur valeur journalière, ce qui permet d'extraire une plus-value.

Jusqu'à présent, il n'a été question que du capital en général. Mais le rapport social qui conditionne la production de plus-value s'incarne nécessairement dans une multitude de capitaux individuels. En effet, la sphère dans laquelle naît l'argent est la circulation des marchandises : elle est « le point de départ du capital » et ce dernier « n'apparaît que là où la production marchande et le commerce ont déjà atteint un certain stade de développement » (Marx, 1867, p.151). Ce développement concerne notamment l'extension de la qualité de marchandise à la force de travail. Or, l'échange de produits, qui les fait accéder au statut de marchandises, suppose que « leurs gardiens se reconnaissent réciproquement comme propriétaires privés » (Marx, 1867, p.95). La propriété privée des produits comme condition de l'échange renvoie à l'éclatement de la propriété des moyens de production avec lesquels ils ont été fabriqués. Il en résulte donc que lorsque les rapports capitalistes s'instaurent, ils ne font dans le cadre d'une activité productive éclatée qu'une pluralité de pôles de production autonomes.

Si les capitaux particuliers et autonomes sont investis dans différentes branches de la production, il faut supposer que deux capitaux de même taille puissent permettre la réalisation de la même masse de profit. Cette hypothèse est la seule permettant de rendre compte de la logique du capital dont l'unique but est de se mettre en valeur. L'hypothèse d'uniformité des taux de profit est donc contemporaine du concept de capital. C'est pourquoi, selon Marx, « il n'y a pas de doute que dans la réalité il n'existe pas et il ne saurait exister de différence dans les taux moyens de profit entre les différentes branches de production, sans que tout le système de la production en soit supprimé » (Marx, 1894, p.170). La substitution du prix de production aux valeurs comme axe de gravitation des prix de marché résulte ainsi de la prise en compte du cadre capitaliste de l'activité de production des marchandises. C'est ce qu'exprime Marx lorsqu'il écrit que la marchandise, à l'issue de la production capitaliste, est différente de celle qui en a été l'élément et la présupposition de départ. Cette différence vient de ce que Marx est parti d'une marchandise simple, matérialisation d'une certaine quantité de travail, à une marchandise incorporant non seulement la valeur du capital avancé, mais aussi une masse de plus-value. Les marchandises ne sont donc plus échangées en tant que telles, mais en tant que produits de capitaux. Or, ces capitaux entendent participer à la masse de plus-value proportionnellement à leur grandeur.

Pour André Segura (1993), « Marx n'a pas prétendu faire une théorie de la détermination des prix de production parce qu'une telle théorie n'était pas nécessaire à l'objet du *Capital* qui est de rendre compte du mode de production capitaliste. Ce qui est nécessaire de ce point de vue est la détermination de la structure du mode de production capitaliste et des lois régissant le fonctionnement qui en procèdent ; les prix de production sont le produit de la réalisation de ces lois. Il en va différemment de la détermination du prix exposant de la grandeur de valeur de la marchandise. Que les échanges se fassent entre équivalents est essentiel à l'établissement de la théorie de l'exploitation, fondement de l'analyse du capital» (p.53). Il propose ainsi une explication au point de vue de Marx selon lequel l'«erreur» n'est pas importante pour son analyse du capitalisme. Le point de départ de la production capitaliste, c'est une somme d'argent «A» qui doit se convertir en somme «A'» grâce à l'utilisation de marchandises-moyens de production. Pour mettre en évidence la transformation de la marchandise à l'issue de la production capitaliste, Marx comptabilise en valeur les éléments du coût de production pour déboucher, *in fine*, sur la production d'une marchandise dont le prix est exprimé en prix de production. L'«erreur» serait donc positive.

Sur ce point également, la différence entre Marx et Ricardo est profonde. La valeur est la condition du capital dont la rationalité est l'uniformité des taux de profit. Il existe un obstacle insurmontable tenant aux statuts respectifs des valeurs et des prix de production à la réduction des seconds aux premiers au motif que leur différence quantitative est faible. Cet obstacle n'existe pas chez Ricardo, car la valeur comme les prix de production sont contemporains du capital chez cet auteur.

V – Les lois du capital et le principe de leur réalisation

Les lois du capital sont posées dans leur principe par la nature même du capital et elles sont mises en œuvre par la concurrence, comme des lois coercitives externes du point de vue du capitaliste particulier.

La loi d'accumulation

Marx affirme que la «production de plus-value est la fin immédiate et le motif déterminant de la production capitaliste» (Marx, 1894, p.257). Or, la reconversion d'une partie de celle-ci en capital constitue une partie intégrante de cette production de plus-value. Par conséquent, l'accumulation du capital par capitalisation de la plus-value antérieurement réalisée est le moyen d'étendre l'exploitation.

La loi de centralisation

Pour Marx, le développement de la production capitaliste donne naissance au crédit, qui, à ses débuts, constitue une aide modeste à l'accumulation, pour devenir ensuite une arme puissante à ces capitaux en concurrence, pour aboutir enfin à une machine à centraliser les capitaux. Les progrès de la centralisation ne dépendent pas d'un accroissement de la taille du capital social ; contrairement à la concentration, la centralisation n'exige qu'un changement de répartition des capitaux déjà existants. Dans une branche de production en particulier, la centralisation atteint sa limite lorsque tous les capitaux individuels en présence forment un seul et unique capital. Cette centralisation facilite l'accumulation du capital en facilitant les opérations des industriels visant à accroître l'échelle de leur production. L'accroissement la taille des entreprises permise par la centralisation est beaucoup plus rapide que le processus d'accumulation en spirale, par laquelle les capitalistes réinvestissent la plus-value réalisée. «En grossissant, en accélérant les effets de l'accumulation, la centralisation étend et précipite les changements dans la composition organique du capital, changements qui augmentent sa partie constante aux dépens de sa partie variable [...]. Les gros capitaux improvisés par la centralisation se reproduisent comme les autres, mais plus vite que les autres, et deviennent ainsi à leur tour de puissants agents de l'accumulation sociale. » (Marx, 1867, p.69.)

La loi d'innovation technologique

Dans les progrès de l'accumulation, il n'y a pas seulement une augmentation quantitative et simultanée des différents éléments du capital : capital constant et capital variable. L'accumulation s'accompagne de progrès technologiques dont sont vecteurs des changements qualitatifs dans la composition organique du capital, soit le rapport entre les capitaux constants et variables. La masse de l'outillage et des matériaux a tendance à augmenter, selon Marx, de plus en plus par rapport à la somme des forces de travail nécessaire pour les mettre en œuvre. Par conséquent, l'accumulation s'accompagne d'une augmentation de l'intensité capitalistique qui engendre elle-même des innovations rendant les forces de travail plus productives : les innovations font, autrement dit, augmenter la productivité du travail. Marx met en évidence que ces changements dans la composition organique se réfléchissent dans sa composition valeur, dans l'accroissement progressif de sa partie constante aux dépens de sa partie variable (Marx, 1867, p.64). Ce développement de la productivité du travail a un impact sur le taux d'exploitation :

« Le développement de la force productive se manifeste dans l'allongement du surtravail, c'est-à-dire la réduction du temps de travail nécessaire pour reproduire la force de travail. » (Marx, 1867, p.260.) C'est ce que nous avons appelé plus haut la production de plus-value relative.

La loi de population

« La loi de décroissance proportionnelle du capital variable et de la diminution correspondante dans la demande de travail relative a donc pour corollaires l'accroissement absolu du capital variable et l'augmentation absolue de la demande de travail dans une proportion décroissante, et enfin, pour complément, d'une surpopulation relative. Nous l'appelons relative parce qu'elle provient non d'un accroissement positif de la population active ouvrière qui dépasserait les limites de la richesse en voie d'accumulation, mais au contraire, d'un accroissement accéléré du capital social qui lui permet de se passer d'une partie plus ou moins considérable de ses manouvriers. En produisant l'accumulation du capital, et à mesure qu'elle y réussit, la classe ouvrière produit elle-même les instruments de sa mise en retraite ou de sa métamorphose en surpopulation relative. Voilà la loi de population qui distingue l'époque capitaliste et correspond à son mode de production particulier. En effet, chacun des modes historiques de la production sociale a aussi sa loi de population propre, loi qui ne s'applique qu'à lui et n'a par conséquent qu'une valeur historique. » (Marx, 1867, p.74.)

L'opposition avec Ricardo est radicale à propos de la loi de population. Par contre, il semble rejoindre Ricardo sur la question de l'effet de l'élévation de l'intensité capitalistique.

Lorsque le capital constant croît plus vite que le capital variable, ce différentiel de croissance est dû à l'augmentation plus rapide du capital fixe, autrement dit des machines. Le développement de l'armée industrielle de réserve est donc dû au progrès technique engendré par un recours plus massif aux machines. C'est précisément l'idée que l'on retrouve chez Ricardo : « À mesure que le capital et la population d'un pays grandissent, la production devient plus coûteuse, et le prix des subsistances s'élève généralement. Or, la hausse des aliments entraîne la hausse des salaires, et la hausse des salaires tend à pousser plus activement le capital vers l'emploi des machines. Les forces mécaniques et les forces humaines sont en concurrence perpétuelle, et il arrive souvent que les premières ne soient employées qu'au moment où s'élève le prix des secondes [...]. La même cause qui élève les salaires n'élève pas la valeur des machines, et c'est pourquoi toute augmentation de capital aboutit au développement des engins mécaniques. La demande de travail continuera de s'accroître avec l'accroissement du capital, mais non dans le rapport exact de cet accroissement. » (Ricardo, 1820, p.350-351.) Pourtant, il n'est pas concevable qu'un tel effet du développement du machinisme sur l'emploi débouche sur une armée industrielle de réserve, la loi de population ricardienne s'y oppose. En effet, l'existence d'un chômage empêche la gravitation ricardienne du salaire courant autour du salaire naturel. Rappelons brièvement le mécanisme. Si le salaire courant augmente au-dessus du salaire naturel, le sort des ouvriers s'améliore, ce qui pousse à la hausse la démographie. Il en résulte un accroissement du nombre de bras disponibles pour travailler et une baisse du salaire courant qui retourne vers son niveau naturel ; le salaire courant n'est jamais en effet que le rapport entre la masse des capitaux avancés pour le paiement des salaires et le nombre d'ouvriers employés. Si une partie des ouvriers n'est pas embauchée, le salaire courant ne peut redescendre et revenir vers son niveau naturel. La gravitation ricardienne du salaire courant autour du salaire naturel, qui repose sur la loi de population, suppose le plein-emploi de la main-d'œuvre.

La loi de population est également un sujet de discorde entre Marx et Thomas Robert Malthus. Ce dernier défend l'idée de la tendance à la formation d'une surpopulation absolue, qui tient à des rythmes d'accroissement de la population et de la production de biens agricoles de subsistance différents.

Ainsi, dans l'*Essai sur la population*, Malthus affirme : «Je pense que je peux partir de deux postulats. Premièrement, la nourriture est nécessaire à l'existence de l'homme. Deuxièmement, la passion entre les sexes est nécessaire et permanente. [...] En m'appuyant sur mes deux postulats, j'affirme que la puissance de la population est infiniment plus grande que la puissance de la terre à produire la subsistance des hommes. [...] Lorsqu'elle n'est pas freinée, la population augmente dans un rapport géométrique. La nourriture s'accroît seulement dans un rapport arithmétique. Même si l'on est peu familiarisé avec les nombres, on comprend l'énormité de la première puissance par rapport à la seconde. En raison du postulat qui affirme que la nourriture est essentielle à la vie de l'homme, les effets de ces deux puissances inégales doivent être maintenus égaux. Cela implique un puissant frein permanent sur la population à cause de la difficulté de se nourrir.» (Malthus, 1798, p.4-5.) Ainsi, alors que la population s'accroît, d'après lui, selon une progression géométrique (Malthus parle d'un doublement tous les 25 ans), la production des subsistances offerte par les terres n'augmente qu'à un rythme arithmétique : «Si la subsistance que la terre offre aux hommes augmentait tous les vingt-cinq ans d'une quantité égale à celle que produit actuellement toute la planète, cela permettrait à la capacité de production sur la Terre d'être absolument sans limites, et son rythme d'accroissement serait beaucoup plus grand que tout ce que nous imaginons. Si nous prenons la population mondiale à cent millions, par exemple, l'espèce humaine s'accroîtrait dans le rapport de 1, 2, 4, 8, 16, 32, 64, 128, 256, 512, etc., et la nourriture dans le rapport de 1, 2, 3, 4, 5, 6, 7, 8, 9, 10, etc. En deux siècles un quart, la population serait dans un rapport de 512 à 10 par rapport aux moyens de subsistance. » (Malthus, 1798, p.95.) Si la croissance de la population effective suit le rythme de la production agricole, c'est parce qu'il existe des freins positifs à l'accroissement démographique (famine, mortalité infantile) et des freins préventifs (recul de l'âge au mariage, abstinence). Le futur de l'espèce humaine sera donc caractérisé pour Malthus par une lutte constante. De ce raisonnement malthusien, il résulte une condamnation des lois sur les pauvres, qui visent à assurer une aide à la subsistance de cette classe de population défavorisée. « Les lois sur les pauvres de l'Angleterre tendent à dégrader la condition générale des pauvres de deux façons. La première tendance évidente est d'accroître la population sans accroître la nourriture nécessaire à sa subsistance. Un homme pauvre peut désormais se marier sans avoir la certitude d'être capable d'entretenir une famille. On peut donc dire que les lois sur les pauvres créent, dans une certaine mesure, les pauvres qu'elles entretiennent, et comme, en raison de l'accroissement de la population, les ressources du pays doivent être distribuées en parts plus petites, il est évident que le travail de ceux qui ne bénéficient pas de l'aide des paroisses achètera désormais une quantité plus faible de provisions que précédemment et qu'un nombre plus important de ces travailleurs sera contraint de demander de l'aide. En deuxième lieu, la quantité de provisions consommée dans les asiles pour pauvres par une partie de la société qui ne peut pas, en général, être considérée comme la plus valable, diminue les parts qui seraient allées à des membres plus actifs et plus valables, et donc de la même manière, les force à devenir dépendants. » (1798, p.28.)

Le fossé entre l'analyse de Marx et celle de Malthus est clair. Pour Malthus, la surpopulation est absolue et relève de lois naturelles, alors que chez Marx, la surpopulation n'est que relative à l'accélération de l'accumulation du capital qui est vecteur d'innovations technologiques. Cette surpopulation relative est fabriquée de toutes pièces par le capital qui, d'un côté, accroît la masse de forces de travail disponibles en convertissant des secteurs non capitalistiques en secteurs capitalistes, et d'autre part réduit le contenu de l'accumulation du capital en emplois.

La loi de baisse tendancielle du taux de profit

Au fur et à mesure que diminue le capital variable relativement au capital constant, s'élève de plus en plus la composition organique du capital ; la conséquence immédiate de cette tendance est que le taux de plus-value se traduit par un taux général de profit en diminution continuelle, si le degré d'exploitation reste sans changement.

La baisse du taux de profit résulte donc de l'augmentation de l'intensité capitalistique. Pour Ricardo, elle résulte de la mise en culture de terres de moins en moins fertiles, donc de la dégradation des conditions de production. Elle ne se vérifie que si l'économie est autarcique. Elle est la conséquence d'une survivance pré-capitalistique, à savoir la domination des propriétaires terriens. L'économie capitaliste peut donc y échapper. Certes, Marx considère l'existence de causes qui contrecarrent la loi de baisse du taux de profit. Mais il estime que si de telles causes retardent la mise en œuvre de cette loi, ce n'est que de façon temporaire. C'est pourquoi il parle de loi « tendancielle ». Néanmoins, Marx ne démontre aucunement sa thèse. Un rapprochement avec Ricardo est possible de ce fait, notamment sur la question du commerce extérieur : « Pour autant que le commerce extérieur fait baisser le prix soit des éléments du capital constant, soit des subsistances nécessaires en quoi se convertit le capital variable, il a pour effet de faire monter le taux de profit, en élevant le taux de plus-value et en abaissant la valeur du capital constant. » (Marx, 1894, p. 249.)

La différence avec Ricardo est notable. Pour Ricardo, le choix est entre, d'une part, l'autarcie et l'état stationnaire, et, d'autre part, l'ouverture et l'accumulation ou la croissance. Pour Marx, au contraire, il n'y a pas de choix : le commerce extérieur est inséparable du capitalisme : Marx ne dit-il pas que « la tendance à créer un marché mondial est incluse dans le concept même de capital » (Marx, 1857, p.258) ? Cela résulte de la loi d'accumulation énoncée plus haut.

Comment sont mises en œuvre ces lois ?

« La libre concurrence impose aux capitalistes les lois immanentes de la production capitaliste comme lois coercitives externes. » (Marx, 1867, p.265.)

Les lois d'accumulation et de centralisation sont liées entre elles comme moyens complémentaires d'introduction des innovations technologiques. Elles sont un support pour accroître la force productive. Il convient donc de s'attacher aux rapports entre croissance de la composition organique du capital et concurrence, définie comme « l'action des capitaux les uns sur les autres qui abolit leur indépendance apparente et leur autonomie » (Marx, 1857, p.169).

Tant que « tout va bien », la concurrence joue le rôle d'une amicale de la classe capitaliste, pour reprendre les termes de Marx. Mais lorsqu'il ne s'agit plus de partager les bénéfices, mais les pertes, la concurrence se mue en combat de frères ennemis. C'est le cas lorsque les débouchés deviennent insuffisants pour réaliser intégralement la plus-value extraite de la force de travail.

Il y a donc deux formes de concurrence : la concurrence-amicale et la concurrence-lutte. La première correspond aux phases d'expansion économique, et la seconde aux phases de récession.

Dans le contexte d'expansion, les capitalistes ne sont pas tous amenés à changer leur mode de production, donc d'augmenter la composition organique du capital, si cela se traduit par une baisse du taux de profit. Mais ce type d'introduction permet de diminuer le prix des marchandises. Le capitaliste qui introduit de telles innovations vendra ses marchandises au-dessus du prix de production. Il encaisse une différence entre ses coûts de production et le prix de marché des autres marchandises dont le coût est plus élevé. Son procédé de production est en effet supérieur à la moyenne des procédés sociaux. Mais la concurrence généralise ce procédé et le soumet à la loi générale de la valeur. La baisse du taux de profit intervient alors. Les capitalistes qui travaillent toujours selon l'ancien mode de production sont obligés de vendre leurs produits au-dessous de leur prix de production ; ils sont donc contraints de s'adapter à la nouvelle donne.

La réalisation de la loi de croissance de la composition organique du capital suppose donc la concurrence et plus précisément la concurrence par rapport aux débouchés. Les innovations s'accompagnant d'accumulation, la masse de marchandises en circulation tend à s'accroître. Tant que les débouchés permettent d'absorber toute cette masse de marchandises à la valeur de l'ancienne méthode de production, les capitaux innovateurs font un surprofit et ceux qui n'ont pas innové ne sont pas contraints de le faire. La contrainte surgit lorsque les débouchés ne peuvent plus absorber toutes les marchandises à l'ancienne valeur. Les capitaux à composition organique du capital archaïque doivent innover sous peine de disparaître.

La détérioration du rapport de la demande à l'offre contraint donc les capitaux à innover. C'est une situation de concurrence-lutte caractéristique d'une phase de dépression consécutive à la crise.

VI – L'esquisse de la théorie marxienne de la crise

Marx ne propose pas de théorie achevée de la crise, mais on en trouve des fragments, notamment dans le chapitre VV de la troisième section du Livre III.

Ces bribes d'analyse de la crise ne permettent pas de comprendre son affirmation selon laquelle « la raison ultime de toute véritable crise demeure toujours la pauvreté et la limitation de la consommation des masses » (Marx, 1894, p.145).

Une telle proposition concernant la cause de la crise semble cohérente par rapport à sa théorie de l'exploitation. En effet, il soutient que « le travailleur salarié, contrairement à l'esclave, est un centre autonome de circulation, un échangiste, un individu qui subsiste grâce à l'échange ». Or, « à l'exception bien sûr de ses ouvriers à lui, le capitaliste ne considère pas la masse des ouvriers comme des travailleurs, mais comme des consommateurs, des possesseurs de valeur d'échange – leur salaire – des détenteurs d'argent qu'ils échangent contre ses marchandises. Ce sont, pour lui, autant de centres de circulation, points de départ du procès d'échange et de réalisation de la valeur du capital [...] comme chacun des capitalistes sait que ses ouvriers ne lui font pas face comme consommateurs dans la production, il s'efforce de restreindre autant que possible leur consommateur, c'est-à-dire leur capacité d'échange, leur salaire [...]. Il en résulte que le rapport général fondamental entre le capital et le travail est celui de chacun des capitalistes avec ses ouvriers » (Marx, 1857, p.377). Autrement dit, chaque capitaliste considère ses propres ouvriers comme des sources de production de plus-value. Ils cherchent donc à limiter leur salaire courant. Mais comme chaque capitaliste a le même comportement avec ses ouvriers, les capitalistes tendent tous à limiter les salaires alors même qu'ils sont une source de financement des débouchés pour leurs marchandises, donc une source de réalisation de la plus-value en profit. Le rapport général entre le capital et ses ouvriers est donc contradictoire : il consiste à chercher l'extraction d'un maximum de plus-value, mais ce faisant, il sape les moyens de réaliser cette plus-value en profit.

Les débouchés auraient donc tendance, pour Marx, à poser des limites à l'accumulation, limites qui se révèleraient dans la crise. Sur ce point, la rupture avec Ricardo est nette, puisque ce dernier adhère sans nuance à la loi des débouchés de Jean-Baptiste Say.

Mais pour autant, il semble que l'on ne puisse pas compter Marx parmi les tenants de la crise par la seule sous-consommation. Cette impossibilité vient du texte de Marx dans lequel il explique pourquoi « les conditions de l'exploitation immédiate et celles de sa réalisation ne sont pas identiques. Elles diffèrent non seulement par le temps et le lieu, théoriquement non plus elles ne sont pas liées. Les unes n'ont pour limite que la force productive de la société, les autres les proportions respectives des diverses branches de production et la capacité de consommation de la société. Or, celle-ci n'est déterminée ni par la force productive absolue, ni par la capacité absolue de consommation, mais par la capacité de consommation sur la base de rapports de distribution antagoniques, qui réduit la consommation de la grande masse de la société à un minimum susceptible de varier à l'intérieur de limites plus ou moins étroites » (Marx, 1894, p.257). Il ressort de cette citation qu'une structure inadéquate de la production entre les branches peut être aussi responsable de la crise. Il convient cependant d'observer que le caractère inadéquat de cette proportion entre les branches s'apprécie par rapport à la structure de la demande, donc des revenus. On pourrait de ce fait estimer que la disproportion peut résulter d'un développement de la production des biens de consommation disproportionné par rapport aux revenus salariaux. Reste tout de même une objection qui vient du concept de suraccumulation absolue. La crise signifie suraccumulation du capital. Si cette suraccumulation est absolue, il y a surproduction absolue dès que le capital additionnel destiné à la production capitaliste égalerait zéro. Or, la fin de la production capitaliste est la mise en valeur du capital. Le capital a augmenté par rapport à la population ouvrière dans une proportion telle que ni le temps de travail ne pourrait être prolongé, ni le temps de travail relatif étendu, sans quoi les salaires augmentent. Le capital accru ne produit alors qu'une masse de plus-value identique ou plus basse qu'avant son augmentation. Il s'ensuit une brusque chute du taux de profit. Cette chute est contemporaine d'une hausse des salaires courants liée à l'accroissement relativement trop important de la demande de travail des capitalistes.

Donc, la crise se produirait à un moment où les salaires auraient tendance à augmenter (Marx, 1894, p.112). Il faut supposer que les prix croissent moins vite que les salaires, donc que le pouvoir d'achat s'élève puisque la croissance des salaires se traduit par une baisse du taux de profit. La crise se produirait donc à un moment où la pression du capital pour faire baisser les salaires est inhibée par l'état des rapports de force. Pour lever cette dernière objection, il faudrait faire l'hypothèse que le processus d'accumulation qui est à l'origine de l'accroissement du pouvoir d'achat salarial accroît dans une proportion plus grande encore la masse de valeur à réaliser (donc de l'offre de marchandises), d'où il résulterait une détérioration du rapport de la demande à l'offre génératrice de crise.

VII – Les schémas de reproduction de Marx

Le *Capital* propose plusieurs exposés de la reproduction simple et de la reproduction élargie. Ces schémas confortent l'idée que chez Marx, les crises du capitalisme sont des crises de disproportion entre les secteurs.

Marx construit deux modèles comportant chacun deux secteurs d'activité. Ces deux modèles présentent un mode d'utilisation de la plus-value différent : dans le premier, elle est entièrement consommée par les capitalistes (schéma de reproduction simple) ; dans le second, une partie de la plus-value sert à financer un accroissement de l'avance en capital (dès lors, la reproduction se fait sur une échelle élargie et non plus constante). Les deux secteurs de production sont les suivants :

– la section 1 est le secteur de production des biens de production ; la valeur produite par ce secteur est la suivante :

$$P1 = C1 + V1 + PL1$$

– la section 2 est le secteur de production des biens de consommation ; la valeur produite par ce secteur est la suivante :

$$P2 = C2 + V2 + PL2$$

Le produit social noté (P) est égal à la somme des valeurs produites par les deux secteurs :

$$P = C + V + PL$$

Marx adopte quelques hypothèses simplificatrices : l'économie est fermée ; le capital constant est entièrement remplacé au terme du cycle annuel de production ; et enfin, les prix de marché et les prix de production sont égaux aux prix exposants de la valeur des marchandises.

Dans une économie de reproduction simple, le capital se reproduit à l'identique comme dans le *Tableau économique* de Quesnay. Une telle stagnation de l'activité économique correspond :

– à l'égalité entre la valeur de l'offre des moyens de production du secteur 1 (soit P1) et la valeur de la demande des biens de production, qui émane à la fois du secteur 1 et du secteur 2, soit :

$$C1 + V1 + PL1 = C1 + C2$$

– à l'égalité de l'offre des biens de consommation (soit P2) et la valeur de la demande des biens de consommation qui émane à la fois du secteur 1 et du secteur 2, soit :

$$C2 + V2 + PL2 = V1 + V2 + PL1 + PL2$$

Il en résulte que la condition d'équilibre sur chacun des marchés est donnée par :

$$C2 = V1 + V2$$

Dans un schéma de reproduction simple du capital, la condition d'équilibre de l'état stationnaire est que la valeur des moyens de production demandée par la section 2 soit égale à la somme des salaires distribués dans les deux sections. Comme les décisions des producteurs sont indépendantes les unes des autres, rien n'assure qu'une telle égalité comptable soit vérifiée et donc que la crise ne se produise pas.

Marx s'attaque ensuite à la modélisation d'une économie en croissance. Une partie de la plus-value réalisée est accumulée sous forme d'un accroissement du capital constant et du capital variable, ce qui permet d'accroître l'échelle de la production. Il s'ensuit une modification de la condition d'équilibre obtenue pour le cas de la reproduction simple. Dans cette nouvelle situation, il existe un excédent de moyens de production et de biens de consommation qui doit trouver preneur. Notons $dC1$ et $dC2$ la part de la plus-value de chaque secteur réinvestie dans l'achat de moyens de production, $dV1$ puis $dV2$ la part de la plus-value de chaque secteur consacrée à la distribution d'une masse salariale supplémentaire, et enfin $dU1$ et $dU2$ la part de la plus-value de chaque secteur affectée à la consommation de biens de consommation des capitalistes.
Ainsi, dans le secteur 1, la valeur de l'offre est égale à :

$$P1 = C1 + V1 + PL1 = C1 + V1 + dC1 + dV1 + dU1$$

Tandis que la valeur de la demande adressée au secteur 1 est :

$$D1 = C1 + C2 + dC1 + dC2$$

L'équilibre entre la valeur de l'offre et la valeur de la demande donne la condition suivante :

$$V1 + dV1 + dU1 = C2 + dC2$$

Dans le secteur 2, l'équilibre entre la valeur de l'offre d'un côté, et la valeur de la demande de l'autre, donne :

$$C2 + V2 + dC2 + dV2 + dU2$$
$$= V1 + V2 + dV1 + dV2 + dU2$$
$$V1 + dV1 + dU1 = C2 + dC2$$

Le schéma de reproduction élargie donne donc les conditions d'une croissance équilibrée proportionnée, c'est-à-dire respectant les proportions des valeurs produites dans chaque secteur. Mais les proportions important peu aux capitalistes, rien n'assure que cet équilibre des valeurs sera vérifié. En l'absence de planification sociale, le processus de mise en proportion de l'évolution des deux secteurs est réalisé par les fluctuations économiques et les crises périodiques qui traduisent une surproduction ou une croissance disproportionnée des secteurs.

Chapitre 7

Keynes

« La dénomination d'"économistes classiques" a été inventée par Marx pour désigner Ricardo, James Mill et leurs prédécesseurs, c'est-à-dire les auteurs de la théorie dont l'économie ricardienne a été le point culminant. Au risque d'un solécisme, nous nous sommes accoutumés à ranger dans "l'école classe" les successeurs de Ricardo, c'est-à-dire les économistes qui ont adopté et amélioré sa théorie, y compris notamment Stuart Mill, Marshall, Edgeworth et le Professeur Pigou. » (Keynes, 1936, p.29.) Keynes justifie le risque qu'il prend en regroupant dans une même école des théories diverses, voire divergentes lorsqu'il écrit plus loin : « Dans l'économie ricardienne, qui est à la base de tout ce qui a été enseigné depuis plus d'un siècle, l'idée qu'on a le droit de négliger la fonction de demande globale est fondamentale [...]. Ricardo conquit l'Angleterre aussi complètement que la Sainte Inquisition avait conquis l'Espagne [...]. La grande énigme de la demande effective, à laquelle Malthus s'était attaqué, disparut de la littérature économique. On ne la trouve même pas mentionnée une seule fois dans toute l'œuvre de Marshall, d'Edgewoth et du Professeur Pigou, qui ont donné à la théorie classique sa forme la plus accomplie. » (Keynes, 1936, p.56.)

C'est pourquoi, en rejetant la loi de Say pour pouvoir rendre compte de l'existence d'un chômage involontaire, Keynes a le sentiment de rompre avec la tradition ricardienne maintenue par les néoclassiques, dont il s'est séparé pour divergence de point de vue sur le plan des mesures de politique économique à même de résorber le chômage.

L'objet de la *Théorie générale de l'emploi, de l'intérêt et de la monnaie* (1936), le chômage involontaire, est déjà porteur d'une rupture qui se retrouve à tous les niveaux de son ouvrage. Mais c'est pour des raisons différentes que Keynes pressent que sa théorie ruine le marxisme en sapant ses fondements ricardiens.

I – Keynes sape les « fondements ricardiens du marxisme »

Des interrogations s'installent lorsque Keynes prétend, avec la *Théorie générale*, remettre en cause les fondements ricardiens du marxisme dont on peut difficilement considérer qu'il fait partie de l'école classique.

Les rapports entre la théorie keynésienne telle que formulée dans la *Théorie générale* et celle de Ricardo exposée dans les *Principes de l'Économie Politique* ne sont pas aussi simples qu'il n'y paraît en première lecture.

La condamnation de Ricardo par Keynes est sans ambiguïté lorsqu'il écrit : « On ne peut s'extraire de la lecture de cette correspondance entre Ricardo et Malthus sans le sentiment que, pendant une période de cent ans, l'affaiblissement presque complet du type d'approche défendu par Malthus et la domination totale de celui que préconisait Ricardo ont été un désastre pour le progrès de la science économique. Dans ses lettres, Malthus parlait un langage du simple bon sens, mais, la tête dans les nuages, Ricardo ne parvient pas à en saisir la force.

La solide réfutation de Malthus rencontre un esprit si complètement fermé que Ricardo ne voit même pas ce que Malthus dit. » (Keynes, 1933, p.98.) Cette fermeture de Ricardo vient du fait que « dans l'économie ricardienne, qui est à la base de tout ce qui a été enseigné depuis plus d'un siècle, l'idée qu'on a le droit de négliger la fonction de demande globale est fondamentale » (Keynes, 1936, p.44). Ce « postulatum d'Euclide » de la théorie classique, pour reprendre les termes de Keynes, est équivalent à l'affirmation qu'« il n'existe rien de pareil au chômage involontaire au sens strict du mot » (Keynes, 1936, p.47). Or, l'objectif de Keynes dans la *Théorie générale* est d'élaborer le comportement d'un système où le chômage involontaire est possible. L'opposition Ricardo-Keynes semble donc totale, et elle apparaît dès les premières pages de la *Théorie générale*...

Le postulat keynésien s'oppose au postulat ricardien, mais ces derniers n'occupent pas la même place dans les deux théories. Il est central chez Keynes, puisqu'il constitue l'objet de l'analyse développée dans la *Théorie générale*. Cet ouvrage est une « étude portant principalement sur les forces qui gouvernent les variations de volume de la production et de l'emploi dans leur ensemble » (Keynes, 1936, p.10). Ce postulat est, par contre, secondaire pour Ricardo ; ce dernier écrit en effet à Malthus le 9 octobre 1820 : « L'économie politique est selon vous une enquête sur la nature et les causes de la richesse. J'estime au contraire qu'elle doit être définie une enquête au sujet de la distribution du produit de l'industrie entre les classes qui concourent à sa formation. On ne peut rapporter à aucune loi la quantité des richesses produites, mais on peut en assigner une assez satisfaisante à leur distribution. De jour en jour, je suis plus convaincu que la première étude est vaine et décevante et que la seconde constitue l'objet propre de la science. »

Mais le message de Keynes sur ses rapports avec la théorie ricardienne est brouillé par ce qu'il écrivit à George Bernard Shaw le 1er janvier 1935 : « Pour comprendre mon état d'esprit, toutefois, vous devez savoir que j'écris actuellement un livre de théorie économique qui révolutionnera grandement – non pas, je suppose, dès maintenant, mais au cours des dix prochaines années – la manière dont le monde considère les problèmes économiques. Lorsque ma nouvelle théorie aura été considérablement assimilée et mêlée aux politiques, aux sentiments et aux passions, je ne peux prédire quel sera le résultat final dans son effet sur l'action et les affaires. Mais il y aura un grand changement, et en particulier, les fondements ricardiens sur marxisme seront démolis. » (Keynes, 1973, XIII, p.492.) On pourrait supposer que Keynes considère Marx comme un socialiste ricardien. Mais ce brouillage du message de Keynes a ceci de positif qu'en tentant de le dissiper, on est amené à préciser les points de rupture avec Ricardo.

On peut lire sous la plume de Keynes qu'il a en commun avec Marx une conception de l'économie d'entrepreneurs : « The distinction between a co-operative economy and an entrepreneur economy bears some relation pregnant observation made by

Karl Marx – though the subsequent use to which he puts this observation was highly illogical. He pointed out the nature of production in the actual world is not, as economists seem often to suppose, a case of C-M-C', i-e of exchanging commodity for money in order to obtain another commodity. That may be the standpoint of the private consumer. But it is not the attitude of business, which is a case of M-C-M', i-e of parting with money for commodity in order to obtain more money. » (Keynes 1979, p.89.) Autrement dit, Keynes partage le point de vue de Marx selon lequel la circulation du capital dans une économie de production ne relève pas du schéma M-A-M' (échanger une marchandise contre de la monnaie, pour obtenir une autre marchandise), qui est propre au point de vue du consommateur privé, mais du schéma A-M-A', à savoir avancer de la monnaie pour acheter des marchandises, qui permettront elles-mêmes de récupérer plus de monnaie.

Keynes écrit par ailleurs à propos de la demande effective, qui a été éclipsée par la victoire de l'économie ricardienne, qu'« elle n'a pu survivre qu'à la dérobée, sous le manteau et dans la pénombre de Karl Marx, de Silvio Gesel et du Major Douglas » (Keynes, 1936, p.56). Keynes savait donc que Marx ne partageait pas le point de vue de Ricardo sur les rapports entre l'offre et la demande. Il a même des accents marxiens lorsqu'il redécouvre que le salaire a deux faces : il est à la fois coût de production et source de financement de la demande. Pour les néoclassiques, la demande est toujours suffisante pour écouler l'intégralité de la production ; par conséquent, le salaire est indiffé-rent du point de vue de la vente des produits. Discutant de l'efficacité de la diminution des salaires nominaux dans le recul du chômage, il admet que «lorsque la demande effective reste constante, une réduction des salaires nominaux s'accompagne d'une augmentation de l'emploi ; mais la question à résoudre est précisément de savoir si la réduction des salaires nominaux laissa subsister ou non une demande effective globale qui, mesurée en monnaie, sera égale à la demande antérieure» (Keynes, 1936, p.263). À cette question, il répond par la négative (Keynes, 1936, p.264).

Il est donc clair que Keynes connaissait l'opposition de Marx à la loi des débouchés et qu'il ne pouvait pas le ranger parmi les fondements ricardiens du marxisme.

Par conséquent, quels sont les aspects de la théorie ricardienne qui peuvent être considérés comme fondateurs de l'analyse marxienne et qui auraient été ruinés par la *Théorie générale*? Vient à l'esprit la théorie de la valeur-travail qui est à la base de l'édifice marxien et qui constitue également l'ouverture des *Principes* de Ricardo.

Keynes semble rejeter la théorie de la valeur-travail lorsqu'il écrit la chose suivante : «Tant que les économistes s'occupent de ce que l'on appelle la Théorie de la Valeur, ils ont été habitués à enseigner que les prix sont régis par les conditions de l'offre et de la demande. Les variations du coût marginal, notamment, et l'élasticité de l'offre dans la courte période jouent dans leur formation un rôle prépondérant. Mais lorsque dans un Tome II, ou plus souvent dans un ouvrage séparé, ces économistes abordent la Théorie de la Monnaie et des Prix, on n'entend plus parler de ces notions élémentaires sans doute, mais faciles à comprendre. On évolue dans un monde où les prix sont gouvernés par la quantité de monnaie, par sa vitesse de transformation [...] et tous les autres facteurs du même ordre. Aucun ou presque aucun effort n'est fait pour rattacher ces expressions plus vagues à nos anciens concepts d'élasticité de l'offre et de la demande [...]. Nous avons tous pris l'habitude de nous trouver tantôt d'un côté de la lune, tantôt de l'autre, sans savoir par quel trajet ou parcours ils communiquent, ces deux côtés paraissant reliés en quelque sorte par nos vies de veilles et de songes. Un des buts des chapitres précédents a été de nous libérer de cette double existence et de rétablir une étroite connexité entre la Théorie des Prix dans leur ensemble et celle de la Valeur. La division de l'Économie en Théorie de la Valeur et de la Distribution d'une part, et en Théorie de la Monnaie d'autre part nous paraît erronée. » (Keynes, 1936, p.293-294.) Par ailleurs, la préface de la première édition anglaise de la *Théorie générale* définit l'économie monétaire, objet de son analyse, comme une économie «où les variations des vues sur l'avenir peuvent influer sur le volume actuel de l'emploi et non sur sa seule orientation. Mais la méthode que nous employons pour analyser le rapport entre la variation des vues sur l'avenir et la situation économique actuelle fait intervenir l'action combinée de l'offre et de la demande, et c'est par là qu'elle se rattache à la théorie fondamentale de la valeur» (Keynes, 1936, p.10).

Pour élaborer sa théorie du chômage involontaire, Keynes a pour cadre d'analyse une économie d'emblée monétaire et n'a pas besoin d'initier son analyse par une théorie de la valeur. Or, Ricardo construit son analyse sur la base d'une théorie de la valeur, la théorie de la valeur-travail, même si, on le sait, Sraffa remettra en cause son utilité. Cette théorie de la valeur ricardienne forme la substance du premier chapitre des *Principes*. Il en va de même pour Marx dans *Le Capital* divisé en livres, eux-mêmes divisés en sections. La théorie de la valeur marxienne est présentée dans la section 1 du livre 1.

Les démarches marxienne et ricardienne présentent donc une certaine parenté indéniable qui s'étendrait également au contenu si l'on en croit Schumpeter. Keynes démolit les fondements ricardiens du marxisme en élaborant une théorie du chômage qui ne fait appel à aucune théorie de la valeur. Sur le plan politique, une telle théorie du chômage remet aussi en cause le rôle de l'État tel qu'il est conçu par Marx. Chez Marx, le chômage est à la fois le résultat et la condition du fonctionnement du mode de production capitaliste et l'État, complice de la classe bourgeoise, n'a pas intérêt à interférer dans le cycle d'élargissement ou de rétrécissement de la masse des chômeurs, appelée armée industrielle de réserve. À l'inverse, chez Keynes, le chômage est lié à l'insuffisance de la demande que l'État impartial peut et doit corriger.

Il existe un autre niveau d'analyse sur lequel on peut considérer que Keynes remet en cause la filiation Ricardo-Marx : c'est l'horizon temporel.

L'horizon temporel de la théorie ricardienne est implicitement indiqué lorsqu'il analyse le processus de gravitation, par lequel les prix courants s'alignent sur les prix naturels. Ricardo construit l'ensemble de son raisonnement en éliminant les écarts accidentels entre prix courant et prix naturel, liés aux fluctuations de l'offre et de la demande. Il se désintéresse donc de ces désajustements de courte période. D'ailleurs, l'auteur écrit à Malthus le 24 janvier 1817 la chose suivante : « Il m'apparaît qu'une grande cause de notre différence d'opinion sur les sujets que nous avons si souvent discutés tient à ce que vous avez toujours à l'esprit les effets immédiats et temporaires de changements particuliers – tandis que je mets à l'écart ces effets immédiats et temporaires, pour fixer toute mon attention sur l'état permanent des choses qui en résultent. » (Ricardo, 1951, p.120.) Ainsi, les lois qui dictent l'évolution de la répartition des différentes composantes de la richesse sont établies en éliminant les accidents passagers qui font dévier de la tendance longue. Dans l'*Essai sur l'influence d'un bas prix du blé sur les profits* (1815), Ricardo souligne vouloir analyser une variation du prix du blé bien précise : il analyse les hausses de prix dues à la mise en culture de terres moins fertiles, provoquée elle-même par une augmentation de la richesse. Cela exclut, en clair, les augmentations accidentelles du prix du blé.

Même si c'est pour des raisons différentes, Marx considère que le prix effectif ou prix de marché tend, sur le long terme, à réaliser le prix exposant la valeur des marchandises. Toute son analyse est construite sur l'idée que les échanges se font entre équivalents. En économie capitaliste, les prix de production deviennent le centre de gravitation des prix de marché. Ce sont donc des prix de longue période dont la réalisation est celle de la loi de péréquation ou d'égalisation des taux de profit dont le moteur est la concurrence. Les lois du capital établies par Marx se réalisent sur le long terme. L'apparition d'une armée industrielle de réserve, c'est-à-dire d'un volant de chômage permanent, qui fluctue au gré des fluctuations de l'activité économique, est le résultat des lois d'accumulation et d'innovation technologique. De même, la loi de baisse du taux de profit se vérifie au travers des fluctuations dues à l'existence d'obstacles à sa réalisation. La croissance de la composition organique du capital peut initialement provoquer une croissance des taux de profit de ces capitaux innovateurs mais, avec le temps, la concurrence généralise les innovations et il en résulte une baisse du taux de profit.

Il en va tout autrement pour Keynes.

Keynes a pour ambition de démontrer l'existence d'équilibres de chômage involontaire en dépit de la flexibilité des prix. Son cadre est celui de la courte période. Dès l'introduction au chapitre 3, consacré au principe de la demande effective, il écrit : « Dans un état donné de la technique, des ressources et des coûts, l'emploi d'un certain volume de main-d'œuvre par un entrepreneur lui impose deux sortes de dépenses : en premier lieu, les sommes qu'il alloue aux facteurs de production en échange de leurs services [...] ; en second lieu, les sommes qu'il paye aux autres entrepreneurs pour les choses qu'il est obligé de leur acheter... » (1969, p.49.)

La technique de production est donc fixée dans le cadre de l'exposé de la demande effective, qui est le principe constitutif de sa théorie du chômage. Keynes est encore plus explicite sur son cadre d'analyse lorsqu'il souligne que «la conduite de chaque entreprise individuelle lorsqu'elle fixe le volume de sa production quotidienne (et donc le volume de l'emploi, souligné par nous) est déterminée par ses prévisions de court terme» (Keynes, 1969, p.69).

Est-ce que Keynes sape ainsi les fondements ricardiens du marxisme? Le chômage d'origine technologique et celui lié à l'insuffisance de la demande ne sont nullement incompatibles. Ils peuvent même être liés : à long terme, si les gains de productivité sont plus rapides que la croissance du niveau de production, c'est peut-être en raison (entre autres) d'une insuffisance de la demande effective. Par ailleurs, dans le cadre de la théorie ricardienne de la gravitation des prix de marché autour des prix d'équilibre, l'horizon temporel est le court terme. L'adaptation de la structure de la production à la structure de la demande par transfert de capital et de travail d'une branche à l'autre de l'appareil productif est à l'origine d'un chômage frictionnel constitué de travailleurs en cours de passage d'une activité à une autre. Keynes admet explicitement l'existence de ce type de chômage tout à fait différent mais non incompatible avec le chômage proprement keynésien.

Néanmoins, là où Marx et Ricardo menaient une analyse du chômage essentiellement dans le cadre de la longue période, Keynes s'inscrit dans la courte période et donne une explication du chômage involontaire indépendante de la problématique du progrès technique. On peut éventuellement considérer qu'il s'agit là d'une ligne de démarcation entre les auteurs.

II – Quel est l'objectif de Keynes en écrivant la *Théorie générale de l'emploi, de l'intérêt et de la monnaie* ?

Pour comprendre les racines de la *Théorie générale* de Keynes, il faut remonter jusqu'en 1924. Dès la fin de la Première Guerre mondiale, le chômage apparaît comme un problème non négligeable en Angleterre. Le nombre de chômeurs ne tomba jamais au-dessous d'un million. L'objectif de Keynes, en écrivant la *Théorie générale*, fut de donner les fondements théoriques à ses recommandations de politique économique visant à éliminer le chômage permanent, celui qui subsiste même pendant les périodes d'expansion économique. Cette préoccupation du chômage lui vint en 1924. Jusque-là, Keynes s'était consacré à la question des réparations de guerre. D'ailleurs, à cette époque, il considérait que le problème économique essentiel était l'inflation. C'est ce qui ressort de ses écrits depuis *Les conséquences économiques de la paix* (1919) à la *Réforme monétaire* (1923). C'est en 1924 qu'il commença à se pencher sur le chômage. Il était proche du parti libéral, dont le leader, Llyod George, publia le 12 avril 1924 un programme de grands travaux. Une controverse s'ensuivit, dans laquelle Keynes intervint le 24 mai 1924 avec un article intitulé : « Le chômage appelle-t-il une solution radicale ? » Cet article peut être considéré comme son adhésion publique à la politique des grands travaux. Le parti libéral comptait sur Keynes pour démontrer le bien-fondé de cette politique. Mais pour ce faire, il ne disposait que de l'outil de la théorie néoclassique, par rapport à laquelle il ne songeait même pas à se démarquer en 1924.

Ainsi, il continuait de penser que l'épargne conditionne l'investissement. Le problème était donc de démontrer qu'il était possible de financer un programme d'investissements supplémentaires avec l'épargne existante. Cela n'était concevable que dans la mesure où une partie de l'épargne finançait des investissements extérieurs. La solution consistait donc à financer une politique de grands travaux en ramenant l'épargne investie à l'extérieur vers des emplois intérieurs. Le Trésor se porterait alors emprunteur sur le marché financier pour capter cette épargne qui, faute de débouchés intérieurs, partait vers l'étranger.

Keynes considérait que l'épargne était pléthorique et s'opposait au « point de vue du Trésor » ; selon ce dernier, l'insuffisance de l'investissement était due à celle de l'épargne. Pour pallier cette insuffisance, les tenants de ce point de vue préconisaient une politique d'expansion du crédit ; une politique de grands travaux serait inadéquate, car son seul effet serait de détourner des fonds au détriment des investissements privés, ce que les économistes appellent l'effet d'éviction.

Mais alors, comment canaliser l'épargne vers des emplois intérieurs ? En lui offrant des taux d'intérêt suffisamment élevés. Or, Keynes avait condamné en 1923 la hausse du taux d'escompte par la Banque d'Angleterre ; il était dans une impasse.

Il commence à sortir de cette impasse avec le *Traité sur la Monnaie*, qui était déjà rédigé aux 4/5e en 1928. S'il ne fut publié qu'en 1930, c'est à cause de la recrudescence des activités politiques de Keynes.

Avec les « équations fondamentales » du *Traité sur la Monnaie*, Keynes affranchit l'investissement de la contrainte d'épargne. Il n'y a plus de dépendance de l'investissement vis-à-vis de l'épargne, même si on ne trouve pas encore dans le *Traité* la dépendance de l'épargne par rapport à l'investissement qui marque la *Théorie générale*. Dans le *Traité sur la Monnaie*, l'indépendance relative de l'investissement et de l'épargne n'est que le reflet de l'indépendance des dépenses de consommation et des dépenses d'investissement. Keynes fournit alors à la politique de grands travaux sa justification fondamentale. Le niveau de l'investissement pouvant être inférieur à celui de l'épargne, pour combler l'écart, il convient de stimuler l'investissement en diminuant le taux d'intérêt. Mais une telle baisse ayant un impact négatif sur l'équilibre extérieur, il fallait combler l'écart par la politique de grands travaux.

Le Traité sur la Monnaie fut critiqué au sein du « Circus », c'est-à-dire l'entourage des amis et disciples de Keynes. L'une des critiques les plus fécondes vient sans doute de R. Kahn, ancien élève de Keynes. Il soutient la chose suivante : s'il est vrai qu'un écart entre l'épargne et l'investissement agit sur la production, pourquoi n'y aurait-il pas d'effet en retour de la production sur l'écart entre l'épargne et l'investissement ? Le principe du multiplicateur était ainsi posé par cet élève. Ce principe fut exposé dans un article publié par l'*Economic Journal* en juin 1931 et intitulé « La relation entre l'investissement intérieur et le chômage ». Il fut repris par Keynes moyennant quelques modifications dans la *Théorie générale*. Or, avec la théorie du multiplicateur, c'est l'investissement qui est déterminant et l'épargne déterminée. Cela renforce la politique de grands travaux contre le « point de vue du Trésor ». L'épargne ne peut jamais être insuffisante puisque toujours égale à l'investissement ; mais ce dernier peut être pour assurer le plein-emploi. La *Théorie générale* constitue donc le prolongement du *Traité sur la Monnaie*.

En écrivant la *Théorie générale*, Keynes cherchait donc à construire une théorie pour donner une base scientifique à son diagnostic et à sa prescription relatifs au chômage permanent et aux moyens de le résorber. Le diagnostic est l'insuffisance de l'investissement, le moyen, la politique de grands travaux. Le dernier chapitre de la *Théorie générale* intitulé « Notes finales sur la philosophie sociale à laquelle la théorie générale peut conduire » en témoigne, comme ce qu'il écrit en 1937 : « Ainsi, ce que je propose, c'est finalement une théorie qui vise à expliquer pourquoi la production et l'emploi sont tant sujets à des fluctuations. Cette théorie n'offre pas un remède tout prêt quant à la manière d'éviter ces fluctuations et de maintenir la production à un niveau optimal et stable. Pourtant, c'est bien à proprement parler une théorie de l'emploi, car elle explique pourquoi, dans des circonstances données, l'emploi est ce qu'il est. Naturellement, je ne m'intéresse pas seulement au diagnostic, mais aussi au traitement ; et de nombreuses pages de mon livre y sont consacrées. Mais je considère que mes suggestions en vue d'une guérison, qui, je l'avoue, ne sont pas complètement au point, se situent sur un plan différent de celui de mon diagnostic. Elles ne doivent pas être entendues dans un sens définitif ; elles sont sujettes à toutes sortes d'hypothèses spécifiques et sont nécessairement liées aux conditions particulières du moment. Cependant, les raisons particulières qui me font départir de la théorie traditionnelle vont bien plus loin que cela. Elles sont d'une portée extrêmement générale et sont conçues comme définitives. » (Keynes, 1937, p.154.)

Il y a là un infléchissement par rapport à ce que Keynes écrivait dans la préface de la première édition anglaise de la *Théorie générale* : ce livre « a pour objet principal l'étude de questions théoriques difficiles et il ne traite qu'à titre subsidiaire de l'application de la théorie aux faits » (Keynes, 1936, p.9). L'évolution de cette position peut s'expliquer par la stratégie de Keynes.

III – La stratégie de Keynes

En étudiant la genèse de la *Théorie générale* à partir du *Traité sur la Monnaie*, Levy (1985) distingue deux périodes : au cours de la première, allant de 1930 à 1933, Keynes adopte une stratégie de « table rase » ; durant la seconde période, 1933-1936, elle fit place à la « stratégie de la phagocy-

tose », qui consiste à faire ressortir la généralité de la théorie keynésienne par rapport à la spécialité de la théorie orthodoxe. Ce changement de stratégie amène Keynes à accepter « les superstructures de la théorie conventionnelle pour mieux la détruire de l'intérieur » (Levy, 1985, p.132).
C'est cette stratégie de la phagocytose qui amène sans doute Keynes à minorer l'importance du débouché « politique économique » de son analyse. Cette hypothèse est suggérée par le fait que « ce livre s'adresse surtout à nos confrères économistes » (Keynes, 1936, p.9), imprégnés par la théorie néoclassique et l'idéologie du laisser-faire. Keynes considérait ainsi peut-être que pour induire des changements importants dans le mode de pensée des économistes, il était essentiel de se situer d'un point de vue interne à la théorie existante et non dans une extériorité impuissante à modifier la théorie traditionnelle (Levy, p.298). Annoncer d'emblée que l'objectif de la *Théorie générale* consistait à fournir une base scientifique à la nécessaire intervention de l'État, c'eût été condamner à l'inefficacité la stratégie de la phagocytose.
Cette dernière stratégie a d'ailleurs laissé des traces dans l'analyse de Keynes.
Ainsi, l'auteur de la *Théorie générale* estime qu'« aussitôt que les contrôles centraux ont réussi à établir un volume global de production aussi près que possible au plein-emploi, la théorie classique reprendra tous ses droits » (Keynes, 1936, p.372). Cette restauration de la théorie classique semble être celle de la théorie quantitative de la monnaie qu'il reformule en ces termes : « Tant qu'il existe du

chômage, l'emploi varie proportionnellement à la quantité de monnaie ; lorsque le plein-emploi est réalisé, les prix varient proportionnellement à la quantité de monnaie.» (Keynes, 1937, p.297). Une telle reformulation s'inscrit dans sa conception du statut de la théorie classique comme «la limite des situations d'équilibres possibles». Les théories keynésienne et néoclassique co-existent donc dans le cadre de cette stratégie de la phagocytose.

Keynes va même jusqu'à étendre le champ de la coexistence en dehors du cas de plein-emploi de la main-d'œuvre. «Si le volume de la production est pris comme donnée, c'est-à-dire si on le suppose gouverné par des forces extérieures à la conception de l'école classique, il n'y a rien à objecter à l'analyse de cette école concernant la manière dont l'intérêt individuel détermine le choix des richesses produites, les proportions dans lesquelles les facteurs de production sont associés pour les produire et la répartition entre ces facteurs de la valeur de la production obtenue.» (Keynes, 1936, p.372).

Parfois, les traces de cette stratégie ne sont pas explicites, mais implicites. La théorie du taux d'intérêt formulée par Keynes repose par exemple sur l'hypothèse de l'offre de monnaie exogène. Une telle hypothèse est essentielle pour pouvoir affirmer que la théorie quantitative de la monnaie reprend ses droits en plein-emploi.

Soulignons également que ce que l'on considère comme une position stratégique peut être en fait simplement l'effet de la «difficulté d'échapper aux idées anciennes qui ont poussé leurs ramifications dans tous les recoins de l'esprit des personnes ayant reçu la même formation que la plupart d'entre nous » (Keynes, 1936, p.11). Cette difficulté est sans doute d'autant plus grande que le sujet traité n'entre pas dans les préoccupations centrales de Keynes. Ainsi, lorsque G.F Shove reproche à Keynes le 15 avril 1936 d'accepter trop facilement la théorie néoclassique de la firme, l'auteur de la *Théorie générale* lui répond qu'il a sans doute raison, mais qu'il était trop concentré sur un autre problème et qu'il n'y avait pas suffisamment réfléchi. Lorsqu'une question ne relève pas du cœur du problème qui le préoccupe, Keynes reste donc influencé par la pensée marshallienne qui l'a formé dans sa jeunesse.

IV – Le chapitre 2 de la *Théorie générale*, clé de voûte de la théorie du chômage involontaire

Dans le chapitre 2 de la *Théorie générale*, Keynes affirme que la théorie « classique » repose sur deux postulats. Le premier postulat affirme l'égalité entre la productivité marginale du travail et le salaire réel. Il exprime le fait que les entreprises maximisent leur profit en déterminant le niveau d'emploi. Keynes accepte ce premier postulat : il considère que les entrepreneurs ont la capacité de se situer sur leur courbe de demande de travail.

Le second postulat classique est l'affirmation de l'égalité entre la désutilité marginale du travail et le salaire réel. Cette égalité découle de l'arbitrage des salariés entre travail et loisirs lorsqu'ils déterminent leur offre de travail en fonction du salaire en vigueur sur le marché. Les salariés aboutissent à une telle égalité lorsque leur utilité est maximisée. Keynes rejette ce second postulat, et considère donc que les salariés n'ont pas les moyens de se situer sur leur courbe d'offre de travail.

Dans le chapitre 2 de la *Théorie générale*, Keynes fait reposer son rejet du second postulat sur deux observations :

– La première est qu'une augmentation du niveau général des prix n'entraîne pas un retrait de la main-d'œuvre du marché du travail, contrairement à ce qu'il se passe lorsque le salaire monétaire diminue. Keynes reformule cette proposition en soulignant qu'« il est possible que dans une certaine limite, les exigences de la main-d'œuvre portent sur un minimum de salaire monétaire et non sur un minimum de salaire réel » (Keynes, 1936) ;

– La seconde est qu'alors que la théorie traditionnelle soutient que les négociations salariales aboutissent à la fixation du salaire réel, il est vraisemblable qu'elles portent en fait sur le salaire monétaire.

L'interprétation traditionnelle de ce rejet fait référence à l'analyse de Leontief qui, dans un article de 1936, rappelle que dans un système d'équilibre général avec monnaie, la rationalité des agents économiques implique la propriété d'homogénéité de degré 0 des fonctions d'offre et de demande par rapport aux prix : ces derniers ne sont pas victimes de l'illusion monétaire, et par conséquent, la monnaie est neutre. La thèse de Keynes consisterait à dire que le postulat de rationalité des agents n'est pas vérifié parce que ceux-ci sont victimes de l'illusion monétaire.

En fait, le rejet de ce second postulat repose sur une idée beaucoup plus importante qui est le refus keynésien de la parfaite symétrie de statut entre offreurs et demandeurs de travail. Dans la conception walrassienne et marshallienne, le niveau d'emploi est déterminé conjointement par l'offre et la demande de travail. Tel n'est pas le cas chez Keynes. Lorsqu'il existe du chômage involontaire dans l'économie, le niveau d'emploi est déterminé de façon unilatérale par les entrepreneurs. Ces décisions entrepreneuriales s'imposent aux salariés qui n'ont pas voix au chapitre. Dans le processus de détermination de l'emploi dans l'économie, l'offre de travail est « désactivée ». Il en résulte que le marché du travail est exclu de la loi de Walras : il sera dès lors possible de considérer que tous les marchés sont en équilibre, sauf le marché du travail. En ce sens, Keynes perpétue la tradition des économistes comme Smith, Ricardo, Malthus et Marx qui ont également une vision de la relation salariale comme rapport asymétrique. Pour autant, Keynes va souhaiter contester la tradition ricardienne sur d'autres sujets, et notamment sur la question de la contrainte de débouchés.

V – La contestation keynésienne de la tradition ricardienne ?

La contestation keynésienne de Ricardo est au cœur de la *Théorie générale*. Ce cœur est un objet : expliquer l'existence d'un chômage involontaire. C'est en considérant que les agents économiques prennent en compte le futur dans leurs décisions actuelles que Keynes explique le niveau de chô-

mage : « une économie monétaire est essentiellement une économie où la variation des vues sur
l'avenir peut influer le volume actuel de l'emploi »
(Keynes, 1936, p.10), donc du chômage. Cette influence du futur s'exerce par plusieurs voies : la
demande effective et les déterminants de
l'investissement à travers le multiplicateur.

Le principe de la demande effective

Keynes remet en cause l'idée que le plein-emploi
permanent est réalisé, donc que la loi des débouchés de J.B Say est valide. Dans le cadre de la loi
de Say, le futur du producteur est certain : quel
que soit le niveau de production, ce dernier ne fait
face à aucune contrainte de débouché puisqu'il est
certain de vendre l'intégralité de sa production :
l'offre crée sa propre demande. Keynes va démontrer qu'il n'existe qu'un seul niveau de revenu pour
lequel l'offre peut être égale à la demande.
À partir du moment où la demande peut être différente de l'offre, le futur de l'entrepreneur est
chargé d'incertitude. Avant de décider du niveau
de production et d'emploi à mettre en œuvre,
l'entrepreneur doit faire des hypothèses sur la demande future qui lui sera adressée. Il doit donc
faire des anticipations.
D'après Keynes, les entrepreneurs comparent le
prix d'offre globale associé à un niveau d'emploi et
le prix de demande globale. Le prix d'offre globale
est le prix qui est juste suffisant pour qu'aux yeux
des entrepreneurs, il vaille la peine d'offrir ce niveau d'emploi. Il est égal à la somme des coûts de
production comptabilisés en unités monétaires et

d'un profit minimum acceptable. Le prix de demande globale est le prix maximum que les demandeurs de bien sont prêts à payer pour acquérir les biens offerts pour un niveau d'emploi donné. Ce prix détermine les recettes encaissées par les entrepreneurs pour ce niveau d'emploi. Ces recettes couvrent à la fois les dépenses de consommation mais aussi les dépenses d'investissement.
Tant que le prix de demande est supérieur au prix d'offre, les entrepreneurs ont intérêt à continuer d'augmenter le niveau d'emploi car les recettes sont supérieures au coût anticipé. Pour qu'un niveau de production et d'emploi devienne effectif, il faut que la prévision soit celle d'une égalité entre la recette, qui résulterait de la vente de la production, et le prix d'offre globale correspondant à ce niveau de production. Autrement dit, le niveau d'emploi est déterminé lorsque le prix d'offre globale est égal au prix de demande globale. C'est uniquement en ce point que le niveau de production est susceptible d'être égal à la demande anticipée ; c'est uniquement en ce point que le profit anticipé des entrepreneurs est maximisé. Ainsi, Keynes écrit que « dans un état donné de la technique, des ressources et du coût de facteur par unité d'emploi, le volume de l'emploi, aussi bien dans les entreprises et industries individuelles que dans l'ensemble de l'industrie, est gouverné par le montant du produit que les entrepreneurs espèrent tirer du volume d'emploi au chiffre qu'ils estiment propre à rendre maximum l'excès du produit sur le coût de facteur » (Keynes, 1936, p.49).
Le niveau d'emploi ainsi fixé par les seuls entrepreneurs peut ne pas correspondre au plein-emploi

de la main-d'œuvre. S'il en est ainsi, c'est parce que la demande anticipée par les entreprises n'est pas suffisamment élevée. Le chômage est involontaire. Il y a donc matière ici pour l'État à corriger un tel déséquilibre par des chocs de politique budgétaire ou monétaire.

Le principe du multiplicateur

Les entrepreneurs ne sont pas seulement amenés à faire des prévisions de court terme quant au niveau futur de la demande qui leur sera adressé. Ils font également des prévisions en long terme en décidant du niveau d'investissement à mettre en œuvre. Or, l'investissement exerce des effets multiplicateurs dans l'économie.

Comme on l'a déjà souligné, le profit est maximum au point de demande effective. D'après Keynes, « ce n'est que dans un cas spécial que la demande effective se trouve associée au plein-emploi ; et pour que ce cas se réalise, il faut qu'il y ait entre la propension à consommer et l'incitation à investir une relation particulière » (Keynes, 1936, p.52). Il s'avère donc que l'emploi dépend de la consommation et de l'investissement ; mais il ne faut pas perdre de vue qu'il s'agit « de la consommation attendue et de l'investissement attendu » (Keynes, 1936, p.116). La propension à consommer, base des anticipations relatives aux dépenses de consommation, est gouvernée par « la loi psychologique fondamentale, à laquelle nous pouvons faire confiance, à la fois a priori en raison de notre connaissance de la nature humaine et a posteriori en raison des enseignements détaillés de l'expérience, c'est qu'en moyenne et la plupart du temps, les hommes tendent à accroître leur consommation à mesure que le revenu croît, mais non d'une quantité aussi grande que l'accroissement du revenu. En d'autres termes, Cs étant le montant de la consommation et Rs celui du revenu (mesuré en unités de salaires), ΔCs est de même signe que ΔRs mais d'une grandeur moindre, i.e $\Delta Cs/\Delta Rs$ est positif et inférieur à l'unité » (Keynes, 1936, p.114). Notons que même si Keynes estime que la propension marginale à consommer décroît lorsque le revenu augmente, il construit son analyse en faisant l'hypothèse de sa constance ; par ailleurs, les entrepreneurs ont une propension marginale à consommer probablement moins que la moyenne de la communauté tout entière (Keynes, 1936, p.136). Autrement dit, si on estime que la communauté est constituée de salariés et d'entrepreneurs, la propension marginale à consommer des premiers est supérieure à celle des seconds.

Comme la propension marginale à consommer est inférieure à l'unité et comme il existe une consommation incompressible en dessous de laquelle les consommateurs ne peuvent descendre, non seulement la valeur absolue de l'épargne augmente avec le revenu mais aussi la proportion du revenu qui est épargnée. Puisque l'épargne croît en valeur absolue et relative avec le revenu, il faut que l'investissement en fasse tout autant que tout le revenu soit intégralement dépensé et donc qu'il y ait un équilibre sur le marché des biens.

L'importance de l'impact sur l'emploi d'une période d'une variation de l'investissement au cours de cette période dépend du fait qu'une telle variation ait été ou non prévue par les entrepreneurs du secteur produisant les biens de consommation.

Si « la variation de l'investissement global était prévue assez longtemps à l'avance pour que les industriels travaillant pour la consommation progressent au même rythme que les industries travaillant pour l'investissement, sans autre perturbation pour les prix des biens de consommation que celle résultant dans les conditions de rendements décroissants, de l'augmentation de la quantité produite » (Keynes, 1936, p.138), alors le revenu réel ou niveau de production croît d'un montant qui est un multiple de l'accroissement de l'investissement et l'emploi total d'une quantité qui est multiple de l'emploi primaire, c'est-à-dire l'emploi directement affecté à l'investissement (Keynes, 1936, p.129).

Le passage de la variation de l'investissement prévu à la variation du revenu réel est médiatisé par le multiplicateur qui est un concept identique à celui de propension marginale à consommer.

Partant de l'identité, que Keynes déclare recevable par tout un chacun entre l'épargne et l'investissement (Keynes, 1936, p.83), Keynes en déduit que nécessairement, tout accroissement du revenu qui ne peut être que consommé ou épargné ne peut être que consommé ou investi. Autrement dit, « $\Delta Rs=\Delta Cs+\Delta Is$. Comme la propension marginale à consommer $c=\Delta Cs/\Delta Rs$, cette équation peut s'écrire $\Delta Rs=c\Delta Rs+\Delta Is$, d'où $\Delta Rs=(1/[1-c])*\Delta Is$; ce qui peut s'écrire $\Delta Rs=k*\Delta Is$, où $(1-1/k)$ est égal à la propension marginale à consommer. Nous appelons k le multiplicateur d'investissement. Il nous indique

que lorsqu'un accroissement de l'investissement global se produit, le revenu augmente d'un montant k fois l'accroissement de l'investissement » (Keynes, 1936, p.131).

La formule du multiplicateur et les hypothèses relatives à la propension marginale à consommer permettent de comprendre que la difficulté d'instaurer le plein-emploi est d'autant plus grande que la communauté est plus riche, que son revenu est plus élevé. La propension marginale étant inférieure à 1, « plus la communauté est riche, plus la marge tend à s'élargir entre sa production potentielle et sa production réelle » (Keynes, 1936, p.55). Cela est d'autant plus vrai si la propension marginale à consommer diminue avec l'accroissement de la richesse : plus la propension est faible, plus le coefficient multiplicateur k est faible. Un même accroissement de l'investissement produira donc un accroissement du niveau de production et du niveau d'emploi plus faible lorsque la communauté est plus riche.

Ce principe du multiplicateur est exposé dans la section 1 du chapitre 10 de la *Théorie générale*. Les sections II et III sont consacrées à des développements concernant la multiplication. C'est dans la section IV que Keynes écrit : « Nous avons raisonné jusqu'ici en supposant que la variation de l'investissement global était prévue assez longtemps à l'avance. » (Keynes, 1936, p.138.) Cela signifie-t-il qu'il n'y a pas de processus de multiplication lorsque l'augmentation de l'investissement n'est pas prévue par les entrepreneurs produisant les biens de consommation ? La réponse de Keynes est négative ;

mais il faut alors distinguer les variations du revenu nominal ou monétaire, et les variations du revenu réel ou en volume. Ainsi, « lorsqu'on considère le cas extrême où l'augmentation de l'emploi dans les industries produisant les biens de capital est si complètement imprévue qu'il n'y a tout d'abord aucun accroissement de la production de biens de consommation. Dans ce cas, les efforts des individus nouvellement employés dans les industries produisant les biens de capital pour consommer une certaine proportion de leurs revenus supplémentaires feront monter les prix des biens de consommation jusqu'à ce qu'un équilibre temporaire de l'offre et de la demande s'établisse sous le triple effet de l'ajournement de la consommation produit par la hausse des prix, du changement favorable aux classes épargnantes qu'entraîne la répartition des revenus, l'augmentation des bénéfices consécutive à la hausse des prix et enfin la diminution des stocks qui résulte de la hausse des prix. Dans la mesure où l'équilibre est rétabli par l'ajournement de la consommation, on se trouve en présence d'une réduction temporaire de la propension marginale à consommer, c'est-à-dire du multiplicateur lui-même, et dans la mesure où il y a une diminution des stocks, l'accroissement de l'investissement global reste inférieur à l'accroissement dans les industries produisant les biens de capital. » (Keynes, 1936, p.139.)

Dans le cas où l'accroissement de l'investissement n'est pas prévu à l'avance, le multiplicateur est inférieur à ce qu'il aurait été dans le cas contraire. La baisse de la propension marginale est due à :

l'ajournement des dépenses de consommation consécutive à la hausse des prix ; la modification de la structure des revenus au bénéfice des titulaires du profit dont la propension à consommer est plus faible. La multiplication a donc lieu, dans ce cas, entre les mains des titulaires du profit.

L'analyse des effets non prévus d'un accroissement peut amener à penser, comme Keynes le prétend, que la théorie quantitative de la monnaie reprend ses droits lorsque le plein-emploi est atteint. En effet, si un accroissement de l'investissement imprévu provoque une hausse des prix, c'est parce que l'offre des biens de consommation reste inchangée. Mais l'offre reste également inchangée à la suite d'un accroissement prévu de l'investissement lorsque le plein-emploi est atteint. Dans ce cas, « tout effort pour accroître davantage l'investissement suscite une tendance des prix nominaux à monter sans limites » (Keynes, 1936, p.134).

L'investissement

L'investissement a chez Keynes deux déterminants : l'efficacité marginale du capital et le taux d'intérêt. C'est par l'intermédiaire de l'efficacité marginale que les idées que les agents économiques se font sur le futur agissent sur le présent. L'investissement est déterminé lorsque l'efficacité marginale du capital égalise le taux d'intérêt du marché : « Le flux effectif de l'investissement courant sera grossi jusqu'à ce qu'il n'y ait plus aucune catégorie de capital dont l'efficacité marginale soit supérieure au taux d'intérêt courant. En d'autres termes, le flux d'investissement sera porté au point de la courbe de demande de capital où l'efficacité marginale du capital en général tombe au niveau du taux d'intérêt du marché. » (Keynes, 1936, p.150.)

L'efficacité marginale du capital

Quand un entrepreneur achète un bien d'équipement, appelé par Keynes «bien de capital», il achète le droit de percevoir une série de revenus futurs qu'il espère tirer de la vente des biens qu'il produira avec ce capital technique, déduction faite des dépenses courantes nécessaires à l'obtention de cette production. Cette série de revenus futurs, Keynes l'appelle «rendement escompté de l'investissement». Le prix d'offre du bien de capital est quant à lui le prix d'acquisition de l'équipement, ou encore son coût de remplacement. La relation entre le prix d'offre du bien de capital et son rendement escompté donne l'efficacité marginale du capital. Keynes définit cette dernière comme le taux d'escompte ou taux d'actualisation qui, appliqué à la série de revenus futurs, rend la valeur actuelle des annuités égale au prix d'offre de ce capital.

Lorsque l'investissement dans un type quelconque de capital augmente sur une période, l'efficacité marginale du capital diminue en raison de l'augmentation du prix d'offre. Par conséquent, Keynes indique qu'«on peut tracer pour chaque type de capital une courbe indiquant de combien l'investissement dans ce capital doit s'accroître au cours de la période pour que son efficacité marginale baisse à un chiffre quelconque. On peut ensuite, en additionnant tous les types de capital, les flux d'investissement qui correspondent à une même valeur de l'efficacité marginale, tracer la courbe reliant les diverses valeurs du flux de l'investissement global aux valeurs de l'efficacité marginale en général qui en résultent. Nous appellerons cette courbe tantôt la courbe de demande de capital, tantôt la courbe d'efficacité marginale du capital» (Keynes, 1936, p.149-150).

L'efficacité marginale du capital dépend donc étroitement des anticipations de long terme des entrepreneurs qui doivent prévoir les recettes tirées de l'investissement à réaliser sur toute la durée de vie de l'équipement. Elle est donc fortement dépendante du moral et de la psychologie des entrepreneurs. Ainsi, le concept de productivité marginale du capital qui lui semble voisin est bien différent : l'efficacité marginale est une variable anticipée par les entrepreneurs, alors que la productivité marginale est connue au moment de la décision d'investir. Cette différence prend tout son sens lorsque Keynes aborde l'explication du cycle économique. Le cycle est, d'après Keynes, «la conséquence d'une variation cyclique de l'efficacité marginale du capital» (Keynes, 1936, p.311) ; c'est la chute soudaine de l'efficacité marginale qui fournit l'explication de la crise, point de passage entre deux phases du cycle. Ainsi, Keynes précise que «tant que l'essor se poursuit, le rendement courant de l'investissement nouveau se montre plutôt satisfaisant. La désillusion se produit parce que la confiance dans le rendement escompté se trouve tout à coup ébranlée, parfois du fait que le rendement courant manifeste une tendance à décliner au fur et à mesure des progrès continus du volume des biens durables nouvellement créés » (Keynes, 1936, p.315). Cette tendance au déclin du rendement courant tend à déprimer le rendement anticipé et fait donc chuter l'efficacité marginale du capital. Cela provoque une diminution de l'investissement qui provoque la crise.

Keynes accorde une place très importante à la chute de l'efficacité marginale du capital et minore l'effet de la hausse du taux d'intérêt, l'autre déterminant de l'investissement.

La conception keynésienne du taux d'intérêt

La théorie de la détermination du taux d'intérêt permet de combler le vide laissé par la théorie du multiplicateur. C'est ce qui ressort de l'article publié par Keynes en 1937 intitulé « Alternative Theories of Rate of Interest » : « Comme je l'ai dit précédemment, la nouveauté initiale réside dans mon affirmation selon laquelle ce n'est pas le taux d'intérêt mais le niveau des revenus qui assure l'égalité entre l'épargne et l'investissement. Les arguments qui conduisent à cette conclusion initiale sont indépendants de ma théorie du taux d'intérêt qui la suit, et en fait, j'avais atteint ce résultat avant de parvenir à cette dernière. Mais le résultat de tout ceci fut que le taux d'intérêt restait suspendu en l'air. Si le taux d'intérêt n'est pas déterminé par l'épargne et l'investissement comme un prix l'est par l'offre et la demande, comment est-il déterminé ? » (Keynes, 1937, p.212.)

L'idée que le revenu assure l'égalisation de l'épargne et de l'investissement est expliquée par la théorie du multiplicateur. Ce dernier est en substance identique au concept de propension marginale à consommer. La consommation et l'épargne sont une fonction du revenu et non du taux d'intérêt. Il y a là rupture avec la théorie néoclassique. Mais même si le montant de l'investissement est déterminé par le taux d'intérêt, l'épargne n'en dépend plus. Il n'est donc plus possible de considérer le taux d'intérêt comme le prix permettant d'équilibrer les montants investis et épargnés.

Comment l'épargne et l'investissement s'égalisent donc ? C'est la théorie du multiplicateur qui répond à cette question : un accroissement de l'investissement engendre un accroissement du revenu qui lui-même provoque un accroissement de l'épargne d'un niveau égal à celui de l'investissement. Comment est alors déterminé le taux d'intérêt ? Keynes présente un modèle de détermination du taux d'intérêt reposant sur le concept de préférence pour la liquidité et l'hypothèse d'exogénéité de l'offre de monnaie. Le taux d'intérêt est alors considéré comme le prix de la renonciation à la liquidité, alors qu'il était pour les néoclassiques le prix de la renonciation à la consommation présente.

À chaque niveau d'emploi correspond un prix d'offre correspondant à la somme des coûts de production et d'un profit minimum acceptable. Le prix de demande effective est un prix d'offre particulier : c'est celui qui maximise le profit anticipé de l'entrepreneur. Keynes considère par ailleurs que la théorie classique est « une de ces jolies techniques très raffinées qui tentent de parler du présent en faisant abstraction du fait que nous avons une connaissance limitée de l'avenir» (Keynes, 1937, p.146). Les anticipations des entrepreneurs, dans le cadre du principe de la demande effective, peuvent donc être différentes des grandeurs réalisées. Le prix effectif peut être différent du prix anticipé de demande effective. Keynes substitue donc à la distinction néoclassique entre prix réel et prix monétaire, la distinction entre prix anticipé et prix réalisé, ces deux derniers étant monétaires. Ce statut des prix dans le cadre du principe de la demande effective tient à la remise en cause du second postulat classique, qui découle du constat «qu'une situation où la main-d'œuvre stipule dans une certaine limite en salaires nominaux plutôt qu'en salaires réels n'est pas une simple possibilité, mais constitue le cas normal» (Keynes, 1936, p.34). En effet, le salaire nominal étant le principal constituant du coût de production entrant dans le prix d'offre globale, ce dernier ne peut être que monétaire. La dimension monétaire des prix et de la production mise en œuvre par les entrepreneurs constitue un point d'ancrage du temps vecteur d'incertitude : se pose alors le problème de la liquidité de l'économie et la possibilité de thésaurisation. Cette dernière peut être justifiée comme moyen d'apaiser notre inquiétude face un avenir à propos duquel nous ne savons rien (Keynes, 1937, p.147). L'inquiétude des agents fonde la préférence pour la liquidité. Keynes estime que «le concept de thésaurisation peut être considéré comme une première approximation du concept de préférence pour la liquidité. À vrai dire, si on remplaçait "thésaurisation" par la "tendance à thésauriser", les deux concepts seraient strictement identiques » (Keynes, 1936, p.185). Cette identification est confirmée par le fait que le taux d'intérêt, qui est « la récompense pour la renonciation à la liquidité » (Keynes, 1936, p.178) est aussi « la récompense pour la non-thésaurisation » (Keynes, 1936, p.192).

La liquidité peut en fait désigner deux choses distinctes : la monnaie elle-même, mais aussi l'attribut que possède à des degrés divers tout actif. La monnaie possède cet attribut au plus haut degré. Pour Keynes, il y a trois attributs que les différents types de richesses durables possèdent à des degrés divers :

— certaines richesses engendrent un rendement ou un produit noté q ;

— la plupart des richesses, à l'exception de la monnaie, sont sujettes aux détériorations, qu'elles soient utilisées ou non ; elles ont donc un coût de conservation noté c ;

— elles offrent un degré de sécurité qui dépend de la capacité de cette richesse à s'échanger sans risque de perte en capital et sans délai comme n'importe quel autre actif ; on notera ce degré de sécurité la prime de liquidité l.

Ainsi, le rendement total attendu de la propriété d'une richesse est égal à q-c+l, à savoir son rendement, moins son coût de conservation, plus sa prime de liquidité. Ce montant constitue le taux d'intérêt spécifique de chacune des richesses. Dans le cas de la monnaie, la prime de liquidité qu'on notera L est grande, son rendement et son coût de conservation sont quant à eux négligeables. L est le taux d'intérêt de la monnaie (Keynes, 1936, p.232).

Ainsi, la préférence pour la liquidité chez Keynes est une préférence pour la monnaie. Les agents économiques ont une préférence pour la monnaie parce que « la possession de monnaie réelle apaise notre inquiétude ; et la prime que nous exigeons pour nous en séparer est la mesure de notre degré d'inquiétude » (Keynes, 1937, p.147).

C'est ce concept de préférence pour la liquidité ou pour la monnaie, associé à l'idée que l'élasticité de production et de substitution de la monnaie est égale à zéro, qui cause, selon Keynes, le chômage involontaire.

Revenons sur les caractéristiques de la monnaie.

Si l'on considère les biens, l'élasticité de production, donc l'emploi, par rapport aux prix est positive : lorsque le prix d'un bien augmente, sa production et donc l'emploi augmentent également. Pour qu'une telle élasticité de la production de monnaie soit positive, il faudrait non seulement que l'offre de monnaie soit endogène, mais aussi que l'augmentation de sa production suscite une augmentation proportionnelle de l'emploi, ce qui est hautement irréaliste.

L'élasticité de substitution de la monnaie est nulle. Cela vient de ce que la monnaie possède au plus haut degré l'attribut de liquidité. De ce fait, la monnaie est le seul actif à pouvoir satisfaire la préférence pour la liquidité qui vient de l'incertitude liée au futur. Si le taux d'intérêt augmente, les agents économiques ne se détourneront pas de la monnaie pour acheter des biens.

Ainsi, supposons qu'avant toute hausse du taux d'intérêt, le plein-emploi soit atteint. Si la demande de monnaie s'accroît et que la demande de bien diminue parallèlement, il en résulte une baisse de la production et de l'emploi et une augmentation du chômage. L'élasticité de substitution de la monnaie étant nulle, la hausse du taux d'intérêt ne provoque pas une réorientation de la demande vers les biens. Le fait que l'élasticité soit nulle empêche donc un retour vers le plein-emploi. La hausse du taux d'intérêt ne provoque pas non plus une hausse de la production et de l'emploi dans le secteur de la monnaie, puisque l'élasticité de production de la monnaie est nulle.

L'hypothèse de nullité de l'élasticité de substitution de la monnaie est donc importante selon Keynes pour comprendre comment, avec l'introduction de la monnaie, il devient possible de penser la persistance du chômage. La base de cette hypothèse est que la monnaie se distingue de tous les autres actifs parce qu'elle possède un degré absolu de liquidité[1].

Keynes réalise alors une entorse à la logique et la cohérence en considérant que la demande totale de monnaie exprime la préférence pour la liquidité (Keynes, 1936, p.181 et 203). La demande totale de monnaie comprend non seulement les demandes de monnaie pour motif de spéculation et de précaution, mais aussi la demande de monnaie pour motif de transaction. La demande totale de monnaie devient le co-déterminant du taux d'intérêt avec l'offre de monnaie supposée gouvernée par la banque centrale, donc exogène. La confrontation de l'offre de monnaie et de la demande totale de monnaie permet la fixation du taux d'intérêt.

---

[1] Un tel raisonnement réalisé par Keynes a été critiqué par Kaldor en 1961, Benetti en 1985 et Deleplace en 1988.

Cette hypothèse d'exogénéité de l'offre de monnaie ne va pas sans poser de problème, ce dont Keynes était probablement conscient.

Le premier problème vient de ce que, pour Keynes, il revient à l'État d'ajuster la propension à consommer et l'incitation à investir de telle sorte que le chômage soit résorbé (Keynes, 1936, p.373). Cette intervention de l'État peut prendre deux voies : la politique budgétaire/fiscale d'une part, et la politique monétaire d'autre part. Le premier type d'intervention a reçu son fondement théorique de la théorie du multiplicateur (une augmentation de la dépense publique entraîne des effets multiplicateurs sur le niveau d'emploi), et le second type d'intervention est fondé sur la théorie du taux d'intérêt (une augmentation de l'offre de monnaie de la banque centrale fait baisser le taux d'intérêt, augmenter l'investissement et l'emploi). Mais Keynes émet des réserves quant à l'efficacité de la voie d'intervention monétaire.

Ces réserves sont de deux types. D'une part, le pouvoir de l'autorité monétaire quant à la fixation des taux a des limites, et cela pour quatre raisons : « 1°) Il est des limites que l'autorité monétaire s'impose à elle-même en ne consentant à opérer que sur des créances d'un type particulier ; 2°) Il se peut que, une fois le taux d'intérêt tombé à un certain niveau, la préférence pour la liquidité devienne virtuellement absolue [...] ; 3°) Lorsque la fonction de liquidité s'aplatit complètement en raison d'une hausse ou d'une baisse rapide des prix, le taux d'intérêt perd toute stabilité [...] ; 4°) Reste enfin l'obstacle qui empêche le taux effectif de l'intérêt de baisser au-dessous d'un certain chiffre ; cet obstacle réside dans les coûts intermédiaires de la mise en contact de l'emprunteur et du dernier prêteur et dans la rémunération que le prêteur exige en sus de l'intérêt pur en considération du risque, spécialement du risque moral. » (Keynes, 1936, p.215-216.)

D'autre part, il est improbable, selon Keynes, que la politique monétaire parvienne à déterminer un flux d'investissement optimal.

Cette réserve de Keynes quant à l'efficacité de la politique monétaire est peut-être à relier à son opposition au « point de vue du Trésor », qui soutient l'idée qu'une politique d'expansion du crédit doit être menée pour lutter contre le chômage. Keynes, lui, envisage contre ce point de vue une politique budgétaire de grands travaux, en agissant directement via la dépense publique. Keynes a donc jeté la suspicion sur sa propre théorie de l'intérêt en considérant que la véritable théorie était à venir (Keynes, 1937, p.213 et 215).

Le second problème de l'hypothèse d'exogénéité de l'offre de monnaie est de nature logique. À compter du moment où l'investissement détermine le niveau d'épargne via le revenu global, on accepte l'idée que l'investissement est un préalable à l'épargne. Se pose alors la question de savoir comment est financé l'investissement. C'est dans des articles postérieurs à la *Théorie générale* que Keynes répond à cette question avec le concept de « finance ». La finance permet entre autres choses de combler l'intervalle entre le moment où l'investissement est décidé, et celui où il est réalisé et l'épargne constituée. Si l'investissement est stable dans le temps, la finance peut venir d'un fonds de roulement ; mais si l'investissement est croissant, le supplément de finance engendre une demande de monnaie nouvelle. Ce service de financement initial de l'investissement peut émaner des banques via la création monétaire. L'offre de monnaie serait donc endogène. Keynes va même jusqu'à reconnaître que c'est le financement de toute production qui requiert un financement initial (Keynes, 1939, p.282). Ce constat ruine la théorie de la détermination du taux d'intérêt telle que Keynes l'a formulée dans la *Théorie générale*.

Les fluctuations conjoncturelles du chômage involontaire

Les variations conjoncturelles du chômage, qui épousent les phases du cycle économique, sont traitées dans le chapitre 22 de la *Théorie générale* intitulé « Notes sur le cycle économique ». Cette question est l'occasion de comparer les analyses de Marx et Keynes de la crise économique.

La théorie de la valeur de Marx est à la base de son analyse du capital dans la mesure où c'est sur elle qu'il construit sa théorie de l'exploitation. Elles constituent le fondement des indices parcellaires que Marx nous livre à propos de sa vision de la crise économique. Marx affirme que « la raison ultime de toute véritable crise demeure toujours la pauvreté et la limitation de la consommation des masses » (Marx, 1894, p.145). En effet, la crise vient de ce que « les conditions de l'exploitation immédiate et celles de sa réalisation ne sont pas identiques. Elles diffèrent non seulement par le temps et le lieu, théoriquement non plus elles ne sont pas liées. Les unes n'ont pour limite que la force productive de la société, les autres les proportions respectives des diverses branches de production et la capacité de consommation de la société. Or, celle-ci n'est déterminée ni par la force productive absolue, ni par la capacité absolue de consommation, mais par la capacité de consommation sur la base de rapports antagoniques, qui réduit la consommation de la grande masse de la société à un minimum susceptible de varier seulement à l'intérieur de limites plus ou moins étroites » (Marx, 1894, p.257). Marx développe son idée de façon différente en expliquant que chaque capital individuel fait face à ses travailleurs comme des sources de plus-values dont il faut réduire le salaire pour diminuer les coûts, alors même que ces forces de travail, en percevant un salaire, permettent l'écoulement de la production et la conversion de la plus-value en profit. Il existe donc une contradiction entre le rapport général entre le capital et le travail, qui tend à écraser la rémunération de la force de travail, et le fait que cette rémunération est la source de financement des débouchés du capital.

Les débouchés auraient donc tendance à poser des limites à l'accumulation, limites dues à la limitation du pouvoir d'achat qui se révèle dans la crise.

Keynes propose une théorie de la crise qui ne suppose aucune théorie de la valeur et qui ne présente pas, a priori, de parenté avec celle de Marx, si ce n'est au niveau de la caractéristique de la crise.

Ainsi, Keynes explique la crise par une chute brutale de l'efficacité marginale du capital. Cette chute s'accompagne d'un fort regain de la préférence pour la liquidité qui fait augmenter le taux d'intérêt et accentue la crise. Mais selon Keynes, c'est bien la chute de l'efficacité marginale du capital qui pose le problème le plus important. En effet, « l'efficacité marginale du capital ne dépend pas seulement de l'abondance ou de la rareté actuelle des biens capitaux et du coût actuel de leur production, mais encore des prévisions actuelles relatives à leur rendement futur » (Keynes, 1936, p. 313). La chute de l'efficacité marginale est attribuable à un pessimisme exagéré quant au rendement futur : « Une des caractéristiques du boom, c'est que les investissements dont le rendement effectif serait par exemple de 2% en état de plein-emploi sont réalisés avec l'espoir d'un rendement disons de 6% et sont évalués sur cette base. Lorsque la désillusion survient, cet espoir est remplacé par une prévision exagérément pessimiste. Les investissements qui, en étant de plein-emploi, rapporteraient effectivement 2% paraissent devoir rapporter moins que rien. » (Keynes, 1936, p.319.) Cette désillusion se produit parce que la confiance dans le rendement escompté se trouve ébranlée. C'est pourquoi il est difficile d'enrayer une telle baisse qui procède de la psychologie des entrepreneurs. Dans ce type de situation, aucune réduction possible du taux d'intérêt ne suffit à contrebalancer la tendance à la baisse de l'investissement. La restauration de l'efficacité marginale prend en effet du temps. Plusieurs raisons expliquent cela : « Il y a certaines raisons, d'abord la longévité des biens durables en liaison avec leur taux normal de croissance dans une époque donnée, ensuite les coûts de conservation des excédents de stock, qui expliquent que la période descendante ne soit pas d'un ordre de grandeur fortuit ; qu'elle n'oscille pas, par exemple, entre un an et dix ans, mais qu'elle témoigne d'une certaine régularité et reste comprise en des limites rapprochées, disons trois et cinq ans. » (Keynes, 1936, p.315.) Le temps nécessaire à la restauration de l'efficacité marginale est celui que prennent « l'usure, le dépérissement et la désuétude » des biens capitaux pour créer une rareté évidente de ces derniers (Keynes, 1936, p.315).

La crise traduit chez Keynes un surinvestissement qui ne signifie pas que « tout investissement supplémentaire serait un pur gaspillage de ressources » (Keynes, 1936, p.318), mais qu'il y a trop de capital investi compte tenu du rendement escompté relativement à celui considéré comme normal. Keynes a donc sur ce point des accents marxiens, car chez Marx, la crise révèle une suraccumulation de capital. Mais cette crise ne signifie pas qu'on produit trop de subsistances par rapport à la population existante. Elle signifie au contraire qu'on en produit trop peu pour satisfaire la masse des besoins humains. On produit trop de moyens de travail et de subsistances pour pouvoir les faire fonctionner à un certain taux de profit. La solution à la crise réside dans la mise en sommeil et même une destruction partielle de capital (Marx, 1894, p.266).

Malgré ces similitudes entre Keynes et Marx, Keynes paraît loin de l'analyse marxienne. Mais on peut défendre l'idée que Keynes considère l'analyse de Marx comme partielle mais juste.

Après avoir exposé son analyse du cycle, Keynes passe en revue les autres conceptions de la crise et des moyens pour éviter la récession. Il fait quelques développements sur les théories de la sous-consommation selon lesquelles le chômage serait dû « à des habitudes sociales et à une répartition de la richesse qui se traduisent par une trop faible propension à consommer » (Keynes, 1936, p.321). Il estime ainsi que la seule différence entre ces doctrines et la sienne, c'est que les théories de la sous-consommation accordent une place trop importante à la consommation, au détriment de l'investissement. « Personnellement, nous sommes frappés par les avantages sociaux d'une accumulation de l'équipement en capital qui suffirait à mettre fin à sa rareté. Mais ce n'est là qu'un jugement de valeur et non un impératif théorique. » (Keynes, 1936, p.322.)

Keynes présente donc les doctrines de la sous-consommation comme partielles mais justes. La question qui se pose alors est de savoir si Keynes comptait Marx parmi les théoriciens de la sous-consommation ; si la réponse est positive, il faut en tirer la conclusion que Keynes a bel et bien sapé les fondements ricardiens du marxisme, en englobant dans une explication plus générale la cause de la crise sans avoir recours à aucune théorie de la valeur.

Une telle question se justifie, car Keynes, dans ce chapitre, ne mentionne aucun auteur pour représenter le courant de la sous-consommation. On peut supposer qu'il pensait à Malthus ; a priori, rien n'exclut qu'il ait pensé à Karl Marx. Mais il n'est pas possible d'apporter une réponse définitive à cette question. Il est seulement possible de chercher des indices éclairant une hypothèse plutôt qu'une autre.

Un indice de réponse positive est le fait que Keynes envisage qu'il soit possible d'éviter la crise par une modification des habitudes sociales et/ou une modification de la répartition de la richesse au profit des salariés, ces derniers ayant une propension à consommer plus forte que les titulaires de profit. Néanmoins, cette modification de la répartition ne peut pas résulter d'un accroissement de l'emploi, qui pourrait provoquer un accroissement de la masse salariale, puisqu'elle doit en être la cause. Reste un accroissement du pouvoir d'achat salarial individuel. Mais ensuite, comme l'emploi augmente, il faut que le salaire réel diminue puisque l'accroissement de l'emploi entraîne une baisse de la productivité marginale du travail (premier postulat classique). Au niveau de la masse salariale, la diminution du salaire réel individuel est compensée par l'augmentation de l'emploi. Mais du point de vue de la consommation, la compensation au niveau de la masse salariale doit s'accompagner d'une croissance, puisque si le revenu individuel diminue, la consommation décroît, mais moins vite. Donc, la propension moyenne à consommer de chaque travailleur augmente, de même que la propension à consommer de la communauté des travailleurs.

La parenté est alors grande avec Marx, puisque pour ce dernier, c'est l'insuffisance du pouvoir d'achat salarial qui est générateur de crise. Une réserve doit cependant être émise : l'augmentation du pouvoir d'achat salarial, qui résout le problème de la réalisation de la valeur, engendrerait une dégradation des conditions d'exploitation, donc une dégradation du taux de plus-value.

L'absence de référence à la théorie de la valeur n'empêche donc pas Keynes d'accepter l'idée que le cycle provient d'une mauvaise répartition des richesses, et lui permet d'être cohérent par rapport à son objectif de donner un fondement scientifique à sa prescription contre le chômage alors même que la théorie marxienne de la valeur interdit d'envisager un remède aux cycles.

Conclusion

Un économiste comme Wolfesperger pense qu'un recours à l'HPE est inutile parce que la science progresse. En introduction d'un ouvrage de Jean-Baptiste Say, il affirme que le pèlerinage perpétuel aux sources a quelque chose de pathétique parce qu'il a tous les aspects d'une fuite en avant. On pourra qualifier cette thèse d'absolutiste. La thèse relativiste permet également de soutenir ce point de vue, mais pour des raisons différentes.

Le point commun des thèses relativistes est de considérer que l'origine de l'évolution et de la diversité théorique doit être recherchée à l'extérieur de la sphère théorique elle-même. Certains ont ainsi pu considérer que Ricardo n'aurait pas développé sa théorie du commerce international s'il n'avait pas nourri une aversion pour les propriétaires fonciers ; ou encore que Ricardo a développé une théorie de la valeur-travail parce que le capital fixe était un facteur de production peu utilisé à l'époque. Certains spécialistes de la pensée économique ont montré que le développement des thèses marxistes s'explique par le contexte de la grande dépression des années 30. On peut alors se demander, si le contexte économique et social explique les hypothèses et le contenu des théories économiques, pourquoi, au même moment, Ricardo développe une théorie de la valeur-travail alors que Malthus assimile la valeur au prix courant, qui est le produit de la confrontation de l'offre et de la demande. Et ces différences entre les auteurs ne sont guère ponctuelles : si Malthus, les physiocrates et Smith se demandent par quels moyens augmenter la richesse, Ricardo pense que cette problématique est vaine. Concernant le développement de la pensée marxiste, on peut se demander pourquoi la théorie de l'équilibre général a connu son essor en 1939 avec la publication d'un ouvrage de Hicks, *Valeur et Capital*, en 1939, alors même qu'aucune place n'est laissée à la problématique du chômage propre au contexte des années 30. Plus près de nous, s'opposent actuellement deux approches de la détermination des prix : celle des néoclassiques et celle des néo-ricardiens. La seule situation économique et sociale ne peut permettre de rendre compte du surgissement des théories à moins de développer une caricature d'analyse marxiste.

La thèse absolutiste, quant à elle, affirme que la science économique améliore de façon continue ses instruments d'analyse, et l'histoire de la pensée économique est l'histoire de cette amélioration progressive. Pour Mark Blaug, la théorie économique progresse, même si de nombreux détours théoriques ont été nécessaires pour réaliser cette progression. Le passage d'une analyse à une autre serait la marque, d'après Schumpeter, d'un progrès. D'après l'auteur, « toute espèce de connaissance qui a fait l'objet d'efforts conscients pour l'améliorer est une science » (Schumpeter, 1954, p.30). Schumpeter s'oppose cependant à Wolfelsperger sur la question de la fécondité de l'histoire de la pensée économique : « Notre esprit est susceptible de tirer une inspiration nouvelle de l'étude de l'histoire des sciences [...]. La productivité de cette expérience est illustrée par le fait que les idées fondamentales qui finalement s'épanouirent dans la théorie de la relativité apparurent d'abord dans un ouvrage sur l'histoire de la mécanique. » (Schumpeter, 1954, p.27.) La question des rendements illustre l'affirmation de Schumpeter. Sraffa mit en évidence l'impossibilité logique de faire l'hypothèse de rendements non proportionnels dans le cadre d'un régime de concurrence parfaite. Marshall n'aurait pas remis en cause la tradition selon laquelle les rendements sont décroissants en agriculture et croissants dans l'industrie, ce qui est incompatible avec le cadre d'analyse de l'auteur. Bien qu'il ait conscience d'un tel problème, il faut attendre Pigou et sa courbe en U pour avoir une tentative de résolution. Mais le principe de cette solution se trouve en fait chez Turgot qui avait soutenu au XVIIIe siècle que la phase des rendements décroissants était précédée d'une phase de rendements croissants. Ainsi, comme l'indique Schumpeter, certains résultats d'analyse économique se perdent en chemin et restent inutilisés pendant des siècles. Faire l'histoire de l'analyse permet d'éviter cet écueil. En outre, « le plus haut éloge que l'on puisse faire de l'histoire de toute science ou de la science en général est qu'elle nous dévoile les démarches de l'esprit humain [...]. Elle offre le spectacle de la logique en action, de la logique incarnée dans le concret, de la logique liée à la vision et au projet » (Schumpeter, 1954, p.28). C'est donc aussi un avantage pédagogique de l'histoire de la pensée économique : le spectacle de la logique est un moyen de former les étudiants à la logique.

Bibliographie

Benetti, Carlo (1974), *Valeur et répartition*, PUG/ Maspero, Paris.

Benetti, Carlo et Cartelier, Jean (1975), « Prix de production et étalon », in Benetti, Berthomieu, Cartelier, *Économie classique, Économie vulgaire*, PUG/Maspero, Grenoble, p.9-30.

Blaug, Mark (1981), *La pensée économique, origine et développement*, Economica, Paris.

Bortkiewicz L. von (1907), « Essai de rectification de la construction théorique fondamentale de Marx dans le troisième livre du *Capital* », *Jahrbücher für Nationalökonomie und Statistik*, XXXIV, sept, pp.319-335, trad. française, Cahiers de l'ISEA, janvier 1959, pp.20-36.

Clark, John-Bates (1898), *The Distribution of Wealth*, Cosimo Classics, New York, 2005.

Deleplace, Ghislain (1976), « Production de marchandises par des marchandises, une critique de l'économie politique ricardienne », *Cahiers d'Économie Politique*, n°3, 1976, pp.36-54.

Deleplace, Ghislain (2018), *Histoire de la pensée économique*, Dunod, Paris.

Denis, Henri (1966), *Histoire de la pensée économique*, PUG, 9e édition, 1990.

Engels Friedrich (1878), *Anti-Dühring*, Éditions sociales, Paris, 1973.

Keynes, John Maynard (1923), *La réforme monétaire*, trad. française, Éditions du Sagittaire, Paris, 1924.

Keynes, John Maynard (1933), *Essays in Biography*, Collected Writings, vol. X, Londres Macmillan, 1972.

Keynes, John Maynard (1936), *Théorie générale de l'Emploi, de l'Intérêt et de la Monnaie*, Payot, Paris.

Keynes, John Maynard (1937), « La théorie générale de l'emploi », *Quaterly Journal of Economics*, vol. 51, pp.209-233, trad. française dans *Revue française d'Économie*, vol. 5, n°4, automne 1990, pp.141-156.

Keynes, John Maynard (1937), « Alternative Theories of Rate of Interest », *Economic Journal*, juin, in Collected Writings, 1973, XIV, pp.215-223.

Keynes, John Maynard (1937), « The Ex-Ante Theory of the Rate of Interest », *Economic Journal*, juin, in Collected Writings, 1973, XIV, pp.201-215.

Keynes, John Maynard (1939), « Process of Capital Accumulation », *Economic Journal*, in Collected Writings, 1973, XIV, pp.278-285.

Hicks, John (1937), « Mr Keynes and the Classics : a Suggested Interpretation », *Econometrica*, avril, vol. 5, pp.147-159.

Lange, Oscar (1942), « Say's Law: A Restatement and Criticism », In Lange, McIntyre, Yterna Ed., Studies in *Mathematical Economics and Econometrics*, Chicago.

Levy, Paul (1988), « L'histoire inachevée de la préférence pour la liquidité », *Économie appliquée*, Tome XLI, n°2, pp.289-330.

Malthus, Robert (1798), *Essai sur le principe de population*, Flammarion, 1999, Paris.

Malthus, Robert (1820), *Principes d'Économie Politique*, Calmann-Lévy, Paris, 1969.

Marshall, Alfred (1890), *Principes d'Économie Politique*, trad. française, Giard et Brière, 1906, LGDJ et Gordon & Breach, 1971.

Marshall, Alfred (1923), *Money, Credit and Commerce*, MacMillan, Londres.

Marx, Karl (1843), *Critique du droit hégélien*, Éditions sociales, Paris, 1975.

Marx, Karl (1846), *L'idéologie allemande*, in Rubel, « *Œuvres* », 3 tomes, Gallimard, Paris, 1982.

Marx, Karl (1867), *Le Capital*, Livre 1, Éditions sociales, Paris, 1971, 1948, 1950.

Marx, Karl (1894), *Le Capital*, Livre III, Paris, Éditions sociales, 1969.

Marx, Karl (1971), *Un chapitre inédit du « Capital »*, UGE, Paris.

Patinkin, Don (1965), *La monnaie, l'intérêt et les prix*, trad. française, PUF, Paris, 1972.

Pibram, Karl (1983), *Les fondements de la pensée économique*, trad. française, Economica, Paris, 1986.

Quesnay, François (1758), *Le Tableau Économique des physiocrates*, Calmann-Lévy, 1969.

Quesnay, François (1767) « Maximes générales du gouvernement économique d'un royaume agricole », in *Physiocratie*, 1er volume, reproduit dans *François Quesnay et la physiocratie*, INED-PUF, Paris, 1958, pp.949-976.

Reveyrol, Antoine (2000), *La pensée économique de Walras*, Dunod, Paris.

Ricardo, David (1815), *Essai sur l'influence d'un bas prix du blé sur les profits*, Economica, Paris, 1988.

Ricardo, David (1817-1820), *Des principes de l'économie politique et de l'impôt*, Flammarion, 1971.

Ricardo, David (1951-1955), *The Works and Correspondence of David Ricardo*, Cambridge University Press, 10 volumes.

Say, Jean-Baptiste (1953), *J.Say, textes choisis*, par Reynaud, Dalloz, Paris.

Schumpeter, J.A (1954), *Histoire de l'analyse économique*, trad. française, Gallimard, Paris, 1983, 3 tomes.

Segura, André (1991), « IS-LM et la demande de monnaie », *Revue française d'Économie*, vol. VI, hiver.

Segura, André (1993), « Synthèse post-classique ou marxo-keynésienne », *Revue française d'Économie*, vol. VIII, 1.

Segura, André (2000), *Histoire de la pensée économique*, Université de Toulon.

Smith, Adam (1776), *Enquête sur la nature et les causes de la Richesse des Nations*, PUF, Paris, 1995.

Sraffa, Piero (1925), « Sur les relations entre coût et quantités produites », trad. française in Faccarello, 1975, *Piero Sraffa, Écrits d'Économie Politique*, Economica, Paris, pp.51-68.

Sraffa, Piero (1926), « Les lois des rendements en régime de concurrence », trad. française in Faccarello, 1975, *Piero Sraffa, Écrits d'Économie Politique*, Economica, Paris, pp.69-119.

Sraffa, Piero (1960), *Production de marchandises par des marchandises*, trad. française, Dunod, Paris, 1970.

Walras, Léon (1874-1877), *Éléments d'Économie Politique Pure*, LGDJ, Paris, 1952.

Walras, Léon (1898), *Études d'Économie appliquée*, Economica, Paris, 1992.

Wicksteed, Phillip (1910), *Common Sense of Political Economy*, London, Macmillan, réédité en 1933.

Dans la même collection

Money Monnaie Monnaies

Du sumérien au bitcoin : dettes et crises monétaires

de Simone Wapler

Découvrez les autres collections de JDH Éditions

Magnitudes

Drôles de pages

Uppercut

Nouvelles pages

Versus

Les Collectifs de JDH Éditions

Case Blanche

Hippocrate & Co

My Feel Good

F-Files

Black Files

Quadrato

Baraka

Sporting Club

Tierra Latina

Les Pros de l'Immo

Suivez **JDH Éditions** sur les réseaux sociaux
pour en savoir plus sur les auteurs, les nouveautés,
les projets…

Découvrez notre boutique en ligne sur
www.jdheditions.fr